Panfletos abolicionistas
Reformas Nacionais: O Abolicionismo,
de Joaquim Nabuco
Manifesto da Confederação Abolicionista do Rio de Janeiro,
de André Rebouças e José do Patrocínio

JOAQUIM AURÉLIO BARRETO NABUCO DE ARAÚJO nasceu no Recife, em 1849, filho de José Tomás Nabuco de Araújo, logo senador e conselheiro de Estado, proeminente no Partido Liberal. Em 1866, ingressou na Faculdade de Direito em São Paulo, mas se graduou no Recife. Por meio da rede de relações de seu pai, obteve postos diplomáticos nos Estados Unidos e em Londres, e elegeu-se deputado pelo Partido Liberal em 1878. No Parlamento, engajou-se na campanha pela abolição, e em 1880 fundou com André Rebouças a Sociedade Brasileira Contra a Escravidão. Esse ativismo impediu sua reeleição. Tornou-se, então, correspondente do *Jornal do Commercio* em Londres, entre 1882 e 1884, quando aprofundou relações com abolicionistas europeus e publicou *Reformas Nacionais: O Abolicionismo*. Retornou ao Brasil como um dos candidatos a deputado pelo movimento abolicionista em 1884, mas se elegeu apenas nas eleições seguintes, de 1885 e 1887. Voltou à Câmara dos Deputados em 1885, reelegendo-se em 1887. Dado seu protagonismo no Parlamento, foi o responsável pelo encaminhamento formal da abolição na Câmara dos Deputados.

Com a proclamação da República, Nabuco combateu o novo regime como membro do Partido Monarquista e por meio de artigos e dos livros *Um estadista do Império* (1896) e *Minha formação* (1900). Com Machado de Assis, fundou a Academia Brasileira de Letras. No governo Campos Sales, aceitou posto diplomático na Europa e lá serviu até 1905, quando assumiu a recém-criada embaixada do Brasil em Washington, onde morreria em 1910. Seu corpo foi velado, com honras, no Rio de Janeiro e no Recife, onde está sepultado.

ANDRÉ PINTO REBOUÇAS nasceu em Cachoeira, na Bahia, em 1838, filho do rábula e conselheiro Antônio Pereira Rebouças. Em 1854, ingressou na Escola Central, que formava militares e engenheiros. Entre 1861 e 1862, viveu na Inglaterra e na França, estudando engenharia. De volta ao Brasil, em 1863, tornou-se inspetor de fortalezas, de Santos a Santa Catarina, e depois dirigiu obras em Minas Gerais, Maranhão, Pará e Ceará. Com o início da guerra com o Paraguai, tornou-se primeiro-tenente do corpo de engenheiros do Exército e, em seguida, professor da Escola Central, inspetor da companhia de gás e diretor da Companhia Docas Pedro II. Em 1867, passou a trabalhar em projeto de lei para a criação de impostos sobre a escravatura, e no ano seguinte iniciou articulações políticas em torno da emancipação. Ao longo das duas décadas subsequentes, dedicou-se a construir pontes entre o movimento abolicionista, a elite social e as instituições políticas. Foi um dos fundadores da Associação Central Emancipadora e da Sociedade Brasileira Contra a Escravidão, ambas em 1880, e da Confederação Abolicionista, em 1883. Com José do Patrocínio, iniciou as conferências-concerto de propaganda abolicionista e redigiu o *Manifesto da Confederação Abolicionista do Rio de Janeiro*. Foi, ainda, o redator do projeto de lei aprovado em 13 de maio de 1888.

No pós-abolição, dedicou-se a combater o indenizismo e a apoiar um possível Terceiro Reinado. Em 15 de novembro de 1889, foi um dos articuladores da malograda resistência monarquista. Acompanhou a família imperial no exílio. Viveu em Lisboa até 1891, depois foi para Cannes e Luanda. A partir de 1893, residiu em Funchal, na Ilha da Madeira, onde reescreveu seus projetos de reforma, agora com novo foco: a África. Em 1898, foi encontrado ao pé de um penhasco, do qual caiu ou se atirou. Seu corpo foi transladado para o Brasil e está sepultado no Rio de Janeiro.

JOSÉ CARLOS DO PATROCÍNIO nasceu em Campos dos Goytacazes, interior do Rio de Janeiro, em 1854, filho de uma escrava liberta e um padre. Sem reconhecimento formal do pai, viveu sob sua tutela até a adolescência, quando se mudou para a capital do Império. Trabalhou como servente-aprendiz de farmácia e ingressou na Faculdade de Medicina, mas não conseguiu se formar, barrado por preconceito racial. Diplomou-se em farmácia, em 1874, e passou a escrever em jornais liberais e republicanos. Em 1875, tornou-se redator fixo da seção parlamentar da *Gazeta de Notícias*, onde escrevia contra a escravidão, o Império e o clericalismo. Em 1881, graças ao dote obtido com o casamento, comprou a *Gazeta da Tarde* e a transformou no maior jornal abolicionista do país. Tornou-se líder da movimentação abolicionista no espaço público, participando ou incentivando a criação de numerosas associações e conferências antiescravistas. Com Rebouças, fundou em 1883 a Confederação Abolicionista, que visava articular todas as associações abolicionistas no Brasil. Nesse mesmo ano, desencadeou a campanha pela libertação de territórios no Ceará, que levaria à declaração da província como a primeira livre da escravidão no país, em 1884. Foi várias vezes candidato, mas elegeu-se apenas em 1885, à vereança do Rio de Janeiro.

No pós-abolição, permaneceu aliado a André Rebouças e Joaquim Nabuco na resistência ao indenizismo, mas rompeu com ambos em 1889, quando das articulações para a derrubada da monarquia. Republicano histórico, foi José do Patrocínio quem, como vereador, proclamou oficialmente a República, em 15 de novembro de 1889. No entanto, logo se indispôs com o novo regime, tendo sido preso e deportado para Fernando de Noronha. Patrocínio foi um dos membros fundadores da Academia Brasileira de Letras e o introdutor do primeiro automóvel no Brasil. Morreu no Rio de Janeiro, em 1905, quando construía um balão.

ANGELA ALONSO nasceu em Ida Iolanda, interior de São Paulo, em 1969. Especialista em movimentos políticos e intelectuais, doutorou-se em sociologia pela Universidade de São Paulo (USP), com pós-doutorado na Universidade Yale. É professora titular do Departamento de Sociologia da USP e pesquisadora do Cebrap, que presidiu entre 2015 e 2019. É autora de *Ideias em movimento: A geração 1870 na crise do Brasil Império* (2001), *Joaquim Nabuco: Os salões e as ruas* (Companhia das Letras, 2007) — ambos vertidos para o francês (Le Poisson Volant, 2015 e 2017) — e *Flores, votos e balas: O movimento abolicionista brasileiro* (1868-88) (Companhia das Letras, 2015), com versão revista em inglês, sob o título *The Last Abolition: The Brazilian Antislavery Movement, 1868-1888* (Cambridge University Press, 2021). É coorganizadora de *Joaquim Nabuco na República* (com Kenneth David Jackson, 2012), *1964: Do golpe à democracia* (com Miriam Dolhnikoff, 2016) e *Conflitos: Fotografia e violência política no Brasil, 1889-1964* (com Heloísa Espada, 2017). Em 2001, recebeu o prêmio CNPq-Anpocs de melhor tese em ciências sociais por *Ideias em movimento*. Em 2009, foi agraciada com bolsa-prêmio da Fundação Guggenheim. Em 2016, ganhou o prêmio Jabuti (categoria ciências humanas) e o prêmio de melhor livro do ano da Academia Brasileira de Letras por *Flores, votos e balas*.

Panfletos abolicionistas

Reformas Nacionais: O Abolicionismo
de Joaquim Nabuco

Manifesto da Confederação Abolicionista do Rio de Janeiro
de André Rebouças e José do Patrocínio

Organização, introdução e notas de
ANGELA ALONSO

COMPANHIA DAS LETRAS

Copyright © 2024 by Penguin-Companhia das Letras
Copyright da introdução e das notas © 2024 by Angela Alonso

Grafia atualizada segundo o Acordo Ortográfico da Língua Portuguesa de 1990, que entrou em vigor no Brasil em 2009.

Penguin and the associated logo and trade dress are registered and/or unregistered trademarks of Penguin Books Limited and/or Penguin Group (USA) Inc. Used with permission.

Published by Companhia das Letras in association with Penguin Group (USA) Inc.

PREPARAÇÃO
Osvaldo Tagliavini Filho

REVISÃO
Valquíria Della Pozza
Huendel Viana

Dados Internacionais de Catalogação na Publicação (CIP)
(Câmara Brasileira do Livro, SP, Brasil)

Nabuco, Joaquim, 1849-1910.
    Panfletos abolicionistas : Reformas Nacionais : O Abolicionismo,
de Joaquim Nabuco ; Manifesto da Confederação Abolicionista
do Rio de Janeiro, de André Rebouças e José do Patrocínio /
Joaquim Nabuco, André Pinto Rebouças, José Carlos do Patrocínio ;
organização, introdução e notas de Angela Alonso. — 1ª ed. —
São Paulo : Penguin-Companhia das Letras, 2024.

    ISBN 978-85-8285-197-5

    1. Abolicionismo 2. Abolicionistas – Brasil 3. Araújo, Joaquim
Aurélio Barreto Nabuco de, 1849-1910 4. Escravidão – Brasil
5. Movimentos antiescravagistas – História – América I. Rebouças,
André Pinto, 1838 – 1898. II. Patrocínio, José Carlos do, 1853-1905.
III. Alonso, Angela. IV. Título.

24-193002   CDD-B869.3

Índice para catálogo sistemático:
1. Escravidão : Abolição : Brasil : História B869.3
Tábata Alves da Silva — Bibliotecária — CRB-8/9253

Todos os direitos desta edição reservados à
EDITORA SCHWARCZ S.A.
Rua Bandeira Paulista, 702, cj. 32
04532-002 — São Paulo — SP
Telefone: (11) 3707-3500
www.penguincompanhia.com.br
www.companhiadasletras.com.br
www.blogdacompanhia.com.br

Sumário

Sobre esta edição 9
O abolicionismo, biografia de um clássico 17
— Angela Alonso

REFORMAS NACIONAIS: O ABOLICIONISMO 47
— Joaquim Nabuco

Prefácio 51
I. O que é o abolicionismo? A obra do presente
e a do futuro 54
II. O partido abolicionista 60
III. O mandato da raça negra 66
IV. O caráter do movimento abolicionista 72
V. "A causa já está vencida" 79
VI. Ilusões até a Independência 89
VII. Antes da lei de 1871 101
VIII. As promessas da "lei de emancipação" 112
IX. O tráfico de africanos 126
X. A ilegalidade da escravidão 136
XI. Os fundamentos gerais do abolicionismo 145
XII. A escravidão atual 151
XIII. Influência da escravidão sobre a nacionalidade 167
XIV. Influência sobre o território e a população do interior 176
XV. Influências sociais e políticas da escravidão 195
XVI. Necessidade da abolição — Os perigos da demora 220
XVII. Receios e consequências — Conclusão 231

MANIFESTO DA CONFEDERAÇÃO
ABOLICIONISTA DO RIO DE JANEIRO   265
— André Rebouças e José do Patrocínio

Notas   297
Cronologia   307
Escritos sobre escravidão e abolição: Joaquim Nabuco,
    André Rebouças e José do Patrocínio   321
Sugestões de leitura   325

Sobre esta edição

Quem lê os jornais de 13 de maio de 1890 encontra notícias de grandes procissões cívicas, manifestações públicas e espetáculos artísticos em várias partes do Brasil. Houve bailes de gala e, no dia 17, até um de Carnaval, organizado pelo Clube dos Fenianos, em honra aos abolicionistas. A celebração republicana repetia a monarquista do ano anterior. A mudança de regime não empanara o júbilo cívico. República e monarquia celebraram a abolição com feriado, como se ela fosse um consenso nacional. Nunca foi.

A escravidão vigorou no país por quatro séculos, isto é, por quase todo o período monárquico, porque houve escravistas politicamente organizados, dispostos a defendê-la. A campanha pela abolição foi, por isso, mais comprida e arriscada do que de modo geral se imagina. De 1868 a 1888, centenas de homens e mulheres, negros e brancos, se engajaram, criando associações civis, fazendo viagens de propaganda, promovendo eventos artísticos, lançando candidaturas eleitorais e criando rotas de fugas orientadas de cativos. Mobilização regada a suor, lágrimas e sangue, longe da imagem idílica da canetada da "princesa redentora".

A ação antiescravista nunca prescindiu da propaganda escrita. O movimento abolicionista foi prodigioso em gerar poemas, romances, peças, artigos, panfletos. Disparatadas em argúcia e estilo, essas publicações se assemelhavam no essencial: eram críticas à escravidão e aos escravistas e defendiam a abolição do trabalho escravo.

Escritos para a quentura da política, eram textos de ocasião, fadados a morrer com o abolicionismo e a dormir o sono eterno na poeira dos arquivos. Raros ganharam edições subsequentes. Os versos de Castro Alves são a exceção que justifica essa regra na poesia. Um panfleto de Joaquim Nabuco logrou a mesma proeza na prosa. A longevidade do interesse por *Reformas Nacionais: O Abolicionismo* tem a ver com os sucessos da carreira ulterior de Nabuco e com o empenho de gerações de editores, que mantiveram o texto sob luz direta, reeditado avulso ou como parte da obra completa de seu autor. Tais edições, sem a contraparte de escritos contemporâneos, conferiram ao panfleto uma excepcionalidade, como se fosse o único a levantar as teses que levanta, quando as levanta. Mas não foi este o caso.

O intuito desta edição é repor o texto em seu contexto, acompanhando-o de seu gêmeo. Trata-se de escrito de teses semelhantes, publicado em simultâneo, de autoria conjunta de duas outras figuras resplandecentes da campanha abolicionista: André Rebouças e José do Patrocínio.

A coincidência não é acaso. O ano de 1883 foi de aceleração da mobilização abolicionista. Entre 1868 e 1878, André Rebouças, Luiz Gama e Abílio Borges tinham desencadeado a campanha e desenvolvido estilos de ativismo antiescravista — lobby junto a autoridades, associativismo, conferências públicas, ações judiciais — que se disseminavam por todas as províncias do Império. A partir de 1878, animados pela chegada do Partido Liberal ao governo — o partido incluía a abolição gradual da escravidão em sua carteira de reformas — e pela promessa de aplicação da Lei do Ventre Livre, que deveria vigorar, de fato, a partir de 1879, os abolicionistas se coordenaram nacionalmente para apertar o sistema político. É desse final de década o engajamento de José do Patrocínio, que seria o líder da propaganda no espaço público, e de

SOBRE ESTA EDIÇÃO

Joaquim Nabuco, que assumiria idêntico posto no Parlamento. Rebouças, negro como Patrocínio mas aristocrata como Nabuco, foi a ponte para a aliança.

Patrocínio e Rebouças deslancharam propaganda de rua. Suas "conferências-concerto" ajuntavam modinhas e óperas a discursos políticos e se encerravam com a libertação de escravos no palco dos teatros. Por esses meios, a opinião pública nacional se familiarizou com as três retóricas antiescravistas, de uso comum pelo movimento: a abolição seria ato de compaixão, porque a escravidão ofendia a sensibilidade civilizada; de justiça, porque contrariava os direitos natural e positivo; e de progresso, porque o escravismo era duplo anacronismo, social e econômico.

Bem-sucedida a estratégia das conferências-concerto, iniciou-se a campanha de libertação de territórios, que consistia em persuadir proprietários de escravos a libertá-los ou vendê-los a preços baixos em uma sequência espacial — primeiro um quarteirão inteiro, depois uma rua, por fim toda a cidade. Funcionou onde havia poucos escravos, movimento abolicionista organizado e colaboração das autoridades políticas: o Ceará. Os abolicionistas concentraram ali seus esforços e, em 1º de janeiro de 1883, José do Patrocínio declarou Acarape a primeira cidade "libertada" do Império. O movimento logrou o mesmo feito em outras cidades, e até marcou prazo, que efetivamente se cumpriria, para declarar o Ceará a primeira província livre do país: 25 de março de 1884.

A ofensiva abolicionista gerou crise política nacional. Foi quando Rebouças e Patrocínio organizaram a Confederação Abolicionista, para coordenar nacionalmente as iniciativas, visando repetir noutras províncias o que se passava no Ceará. O movimento impressionava e pressionava, tentando fazer andarem as instituições políticas. Foi nessa crescente de mobilização que Nabuco escreveu um panfleto, em Londres, e Rebouças e Patrocínio, um manifesto, no Rio de Janeiro. Ações casadas.

A Confederação Abolicionista se formalizou em agosto de 1883. Aristides Lobo compunha a comissão de redação do manifesto, mas, muito identificado com o Partido Republicano, acabou excluído da assinatura do documento. Rebouças e Patrocínio foram os redatores, embora o texto saísse sem autoria na forma impressa, modo de enfatizar seu caráter coletivo.

Nabuco estava vivendo em Londres desde 1882. Permanecia ativo na campanha, mas a distância cobrava preço. Por isso escreveu, almejando manter-se no alto da crista abolicionista. Não era iniciativa solitária; pensou em coleção de panfletos. A série *Reformas Nacionais* deveria ser um conjunto de textos curtos de defesa de reformas que os abolicionistas vinculados ao Partido Liberal defendiam — além da abolição, a descentralização administrativa e as reformas do ensino e do sistema eleitoral. Teriam todos o mesmo título, alterando-se subtítulo e autor. Embora a coleção nunca tenha ido adiante, Nabuco escreveu e nomeou seu escrito como um primeiro volume, chamando-o de *Reformas Nacionais: O Abolicionismo*.

Era, portanto, um escrito de circunstância, sem a intenção de livro acabado. Esse sentido se perdeu nas edições subsequentes, que deram ao panfleto o estatuto de "obra" e de obra solteira, produzida de moto próprio. Esta edição recupera o estatuto original de panfleto do texto de Nabuco e o insere em seu contexto de produção, apresentando-o sob seu nome completo e em companhia de seu gêmeo, o *Manifesto da Confederação Abolicionista do Rio de Janeiro*, jamais republicado.

A leitura sucessiva dos dois textos escancara a similitude de teses, referências e vocabulário. Ambos recorrem às três retóricas abolicionistas — compaixão, direito, progresso — e exibem os mesmos traços de época. O ponto é patente em dois tópicos sensíveis ao leitor de hoje: a racialização dos argumentos e o uso indistinto de "escravo" e "escravizado".

SOBRE ESTA EDIÇÃO

Na época da redação dos textos de Nabuco e de Patrocínio e Rebouças, as teorias raciais estavam se desenvolvendo nas ciências sociais, que se estruturavam como disciplinas, tendo a biologia como referente de cientificidade. "Raça", por isso, é termo oscilatório em escritos do período, frisando características ora físicas, ora culturais, ora territoriais, em graus variados de determinismo.

O *Manifesto* e *Reformas Nacionais: O Abolicionismo* são desse tempo e dele não escapam. De um lado, fogem de um determinismo forte — a atribuição de caráter fixo, "adiantado" ou "atrasado", a certa "raça" — ao apontarem a dimensão socialmente construída da escravidão. Mas, de outro, pagam pedágio ao se valerem do próprio termo. No *Manifesto*, que é muito mais curto, "raça" aparece menos, mas chama a atenção o tamanho da diferença: enquanto Patrocínio e Rebouças recorrem à palavra uma única vez, Nabuco o faz em abundância, com 73 usos. A menção no *Manifesto* é à escravidão como "hecatombe de uma raça". Já em *Reformas Nacionais: O Abolicionismo*, o termo aparece referido, na maior parte das vezes, à "raça negra". O sentido deletério se reserva, contudo, à "raça amarela", os chineses, que os escravistas queriam importar em substituição aos africanos. E há ainda menções às "raças" "branca", "meridional", "africana", "indígena" e até mesmo "inglesa". Escrevendo em Londres, Nabuco usava a noção muitas vezes como sinônimo de cultura ou de povo, mas noutras, como se fazia então na Europa, como um marcador biológico, que atribuía características distintivas a cada etnia.[1]

Quando se trata de "escravizado", a relação entre o *Manifesto* e *Reformas Nacionais: O Abolicionismo* se inverte. Parte do trabalho argumentativo dos abolicionistas no mundo todo consistiu em apresentar a vítima da escravidão como uma pessoa, não um objeto de compra, venda e uso. Ao longo da campanha brasileira pela abolição, houve esforço coletivo de suscitar uma nova sensibilidade que desnaturalizasse a escravidão. Nisso a retórica da compaixão foi crucial. A imagem do africano aprisionado, torturado e submetido foi disseminada em poemas, romances, panfletos e artigos de imprensa. Seu fulcro era apresentar o escravo como objeto de comiseração, para desencadear solidariedade. No entanto, foi por meio de outra retórica, a do progresso, enraizada nas teorias científicas da época, que os abolicionistas brasileiros passaram a tratar a escravidão como uma instituição *social*, baseada na relação de dominação entre dois grupos sociais, um "escravizador" e outro "escravizado". A palavra "escravizado" frisava, então, o caráter de pessoa reduzida a coisa, graças a um fenômeno socialmente criado — em vez de da ordem da natureza — e, por isso, desmontável. O termo "escravizado" se popularizou nas conferências-concerto no início dos anos 1880, e já em 1881 apareceu nas páginas da *Gazeta da Tarde*, o jornal de José do Patrocínio.[2] A palavra se tornou uma estratégia lexical de todo o movimento abolicionista.

Contudo, o uso avulso de "escravizado" — sem a contraparte relacional, "escravizador" — gerou problemas de consistência para os próprios abolicionistas. Para seguir falando contra os "senhores", que eram os proprietários ("escravizador" poderia remeter aos traficantes de africanos), seguiram também falando de "escravos". É o que se vê no *Manifesto*. Rebouças e Patrocínio não escreveram aí "escravizado" uma vez sequer, ao passo que mencionaram "escravo" em 46 ocasiões. Já Nabuco, embora também pendesse para "escravo" (530 ocorrências), frisou o caráter relacional da instituição, grafando "escravizado" por cinco vezes.

Dada essa historicidade da distinção, preferiu-se manter, na introdução e nas notas acrescidas a esta edição, o uso de "escravo". A razão é de coerência. Embora a difusão contemporânea de "escravizado" tenha um sentido político nobre, substituir um termo apenas não cancela a linguagem escravista. Seria preciso substituir todo o seu léxico, a começar por "escravidão", mas que alcança vários ou-

SOBRE ESTA EDIÇÃO   15

tros termos de aparência menos suspeita, como "senhor",
"senhora", "moleque", que estão ainda hoje no português
corrente. A politização do legado escravista requisita pro-
blematizar a língua "brasileira" por inteiro.

Os textos utilizados como base para esta edição são
os originais, conforme publicados em 1883. O *Manifesto*
jamais recebeu outra publicação. *Reformas Nacionais:
O Abolicionismo* tampouco foi republicado pelo próprio
Nabuco. A segunda edição, de 1938, iniciativa de herdeiros, pela Companhia Editora Nacional, resumiu o título
para *O abolicionismo*. Aqui se optou por retomar o nome
original, tal qual na primeira edição, conforme Nabuco o
definiu: *Reformas Nacionais: O Abolicionismo*.

Estão no rodapé as notas redigidas pelos autores, e no
final do volume vêm as notas adicionadas a esta edição.
Uma cronologia dos principais eventos do processo abolicionista até a abolição da escravidão completa o volume.

Como o texto de Nabuco acabou por se tornar um clássico brasileiro, muitas vezes republicado, citado e comen-
tado, incluiu-se aqui sua "biografia", na qual se trata de
seu nascimento, de suas relações com seu "irmão", o *Manifesto da Confederação Abolicionista do Rio de Janeiro*,
e de sua vida longa, sem desfecho à vista.

Notas

1. De outro lado, o termo "cria", que descrevia o nascido
    de mãe escrava, nunca comparece no *Manifesto*, ao pas-
    so que se apresenta por nove vezes, embora sempre em
    ângulo crítico, em *O abolicionismo*.
2. *Gazeta da Tarde*, 19 maio 1881.

O abolicionismo,
biografia de um clássico[1]

ANGELA ALONSO

Reformas Nacionais: O Abolicionismo é o livro mais cultuado do século XIX brasileiro, excluídos os de um amigo de seu autor, Machado de Assis. Lançado em 1883, segue vivíssimo século e meio depois. Um clássico. Mas o que significa um clássico? J. M. Coetzee opina: "O clássico se define por sobreviver".[2] É obra que dura. Sobrevive porque segue lida, debatida, admirada, contestada. *Reformas Nacionais: O Abolicionismo* cabe no molde. Mas não nasceu clássico. Teve vida tortuosa até chegar ao topo da estante e conquistar seu posto na prateleira dos incontornáveis.

1. Dimensões de um clássico

Reformas Nacionais: O Abolicionismo tem duas dimensões que contribuíram para sua elevação à nobreza dos livros, a categoria de "clássico": as teses e o estilo.

Nas teses, avança quatro. Uma é a da ilegitimidade da escravidão, sem amparo no direito natural. Outra é de sua ilegalidade, ausente da Constituição e sem certificação jurídica, dada a inexistência de um código negreiro. O anacronismo da escravidão é a terceira. Nabuco, como toda a sua geração, trocou a ênfase política da historiografia imperial pelo foco na dinâmica socioeconômica, inspirado na "política científica" europeia. A partir do esquema evolutivo da *História de Roma*, de Theodor Mommsen, que traçava linha reta no Ocidente, do feudalismo aristocrático ao capitalismo democrático, definiu a escravidão como instituição "fóssil", inconciliável com a civilização moderna.

Raciocínio que a leitura de *O Brasil e as colônias portuguesas*, de Oliveira Martins, particularizou. Daí decorre a quarta tese. A metrópole teria transmitido sua decadência, legando ao Brasil um trinômio vicioso: latifúndio, monocultura, escravidão. Essa análise histórico-estrutural da gênese da sociedade brasileira calça o ponto cardinal: a escravidão seria uma herança colonial que se enraizou e se espalhou até formar sistema e alicerce de todas as instituições, costumes e formas de pensar no Brasil.

Como empresa econômica principal, a escravidão teria se entranhado território adentro, força motriz da ocupação, e, de par com a monocultura, esgotado e concentrado a terra, dando à luz feudos isolados. Teria tolhido as atividades urbanas e assim impedido a aparição de um operariado assalariado e de classes médias, ao mesmo tempo que condenava o estrato mais baixo de livres à dependência dos grandes proprietários rurais.

Pilar de todas as profissões, lastro de todos os negócios, teceu rede de relações de clientela, viciando a sociedade inteira no seu usufruto. Impediu que se completasse a independência nacional, possível apenas com um corpo de cidadãos livres, e que se desenvolvesse uma opinião pública autônoma. Desvirtuou o sistema político, pois a ocupação de cargos e o direito de voto se ancoravam na propriedade de terras e escravos. Deixou sequela duradoura na cultura, marcando a composição étnica do povo e seus costumes e estruturando todo o modo de vida brasileiro — família, religião, trabalho.

Nabuco, assim, desenha a escravidão como instituição total — "sangue do organismo social" —, entranhada na

O ABOLICIONISMO, BIOGRAFIA DE UM CLÁSSICO

formação de sociedade, Estado e cultura nacionais. Seria também fenômeno relacional, de interdependência entre senhor e escravo, aprisionando ambos em sua lógica perversa.

Tentacular, resistiria à morte por simples obra legislativa. Extinta a instituição na letra da lei, "a obra da escravidão" ainda sobreviveria nos costumes e nas maneiras de pensar e mesmo de sentir dos brasileiros. Daí por que a abolição demandaria, por complemento, uma verdadeira "refundação" nacional, uma nova independência. Para fomentar tal sociedade nova, a abolição precisaria vir de par com a pequena propriedade e a atração de imigrantes europeus de renda média — nisso Nabuco endossava projetos anteriores de Aureliano Tavares Bastos e André Rebouças, admiradores do modelo de desenvolvimento norte-americano.

A crítica contundente desaguava em programa moderado, com promessa de "anistia do passado" e concessão de indenização, na forma de anos de serviços, aos proprietários de escravos. *Reformas Nacionais: O Abolicionismo* conclamava a opinião pública, os políticos, o imperador, os abolicionistas e mesmo os proprietários de escravos para agirem juntos, numa "conciliação" nacional. Nabuco preferia as vias institucionais e legais, sem incitar a rebelião escrava. Falava em nome dos escravos, reivindicando para os abolicionistas o "mandato da raça negra". Aliás, o livro é ambivalente nessa tópica. Embora aponte o caráter socialmente construído da desigualdade, às vezes resvala para juízos sobre a inferioridade de negros e chineses (aventados por escravistas para substituir os africanos). Nisso não ia sozinho. As teorias raciais estavam se consolidando por aquele tempo, e pode-se pinçar ideias semelhantes em textos da maioria dos abolicionistas — e não apenas dos brasileiros. Antiescravismo e antirracismo não se confundiam.

Se o fardo negativo Nabuco divide com seus contemporâneos, no positivo saiu ganhando. As teses relativas à centralidade da escravidão na formação nacional entraram para a história do pensamento brasileiro como se fossem exclusivas de Nabuco.

Sem dúvida, em sua pena acharam o mais fino enunciador, mas eram ideias comuns a todo o movimento abolicionista. Compareceram em discursos, artigos e livros de contemporâneos, caso de *Fórmula da civilização brasileira* (1883), de Aníbal Falcão, e em *Agricultura nacional: Estudos econômicos; Propaganda abolicionista e democrática* (1884), de André Rebouças. Essas prosas menos nobres tiveram leitores imediatos, mas não contínuos. Não subiram ao panteão do clássico. Pouca gente hoje os lê, enquanto seguem avolumados os leitores de Nabuco. Isso tem a ver com outra dimensão do livro: o estilo.

Na redação, *Reformas Nacionais: O Abolicionismo* discrepa dos clássicos posteriores do autor. Enquanto *Um estadista do Império* é livro de historiografia, na linha dos tratados austeros, e *Minha formação* tem escrita literária, com propensão ao lírico, *Reformas Nacionais: O Abolicionismo* é apaixonado e vem na forma do panfleto, combinando menções ao repertório moral do abolicionismo estrangeiro e à tradição local dos liberais radicais dos anos 1860.

Na composição, manda a perspectiva comparada, que pavimenta o caminho para demonstrar o isolamento internacional que o Brasil se autoimpunha ao manter a escravidão. E o confronto com outros casos oferece o leque de desfechos funestos que o prolongamento do escravismo poderia gestar: numa ponta a guerra civil, como a norte-americana, noutra a rebelião escrava, tal qual a do Haiti.

Três tópicas recorrentes — compaixão, direito, progresso — na retórica do movimento abolicionista organizam a argumentação. A retórica da compaixão faz a condenação moral do escravismo por meio de linguagem romântica, hiperbólica, sentimental, que desenha o escravo como uma vítima de duplo barbarismo, o tráfico

O ABOLICIONISMO, BIOGRAFIA DE UM CLÁSSICO   21

e a escravidão. Já a retórica do direito denota a base podre da propriedade escrava, fincada no crime de tráfico, ao passo que a liberdade seria um direito natural. Por essa via, Nabuco enfatizou a ilegitimidade — em face do direito natural — e a ilegalidade — perante o direito positivo — da escravidão. Por fim, a retórica do progresso alavanca uma análise genética da sociedade brasileira, calçada em argumentos e noções das ciências sociais, para apontar o passado arcaico — latifúndio, monocultura, escravismo — como incompatível com a civilização futura. Na analogia com a doença, a escravidão seria a "ferida de nossa pátria". Por isso, exortava a nação a suplantar a herança colonial nefasta, curar o "cancro".

As três tópicas bordavam os textos abolicionistas brasileiros. Mas o que distingue *Reformas Nacionais: O Abolicionismo* não é a presença delas, e sim a força retórica que o autor lhes deu, com metáforas e metonímias de grande efeito dramático. A maioria dos abolicionistas escrevia no ponto morto, abusando de formalismos arcaicos, derramamentos românticos e jargão científico, sem refinamento nem dosimetria. Nabuco destoou. A prosa mais seca, de poucas notas e citações, amaciava-se com figuras de linguagem e pitadas de mitologia greco-romana, muito apreciadas pelos estabelecidos da elite imperial, e as modernas metáforas científicas, ao gosto da nova geração. A coroar tudo, a simbologia judaico-cristã — a escravidão como "mancha de Caim" —, à maneira dos movimentos abolicionistas inglês e norte-americano. Uma retórica para inundar as mentes e amolecer os corações.

De onde veio esse estilo? Ainda em 1870, quando o movimento abolicionista começava, com os pioneiros Luiz Gama, Abílio Borges e André Rebouças, Nabuco se pôs a escrever *A escravidão*.[3] Intenção e miolo desse livro inconcluso anunciavam *Reformas Nacionais: O Abolicionismo*. O resto não. Era escrita de um jovem em formação, que emulava seus ídolos e a gente graúda do debate, num fraseado afetado e abundante em clichês. Talvez por isso o autor abortou o embrião. O livro que veio a termo em 1883 guarda com ele parentesco de teor, mas pertence a outra família no estilo. Entre coisa e outra houve um editor.

Por dois anos, entre 1882 e 1884, Nabuco ganhou a vida em Londres como correspondente do *Jornal do Commercio*, o mais importante jornal brasileiro do século XIX. Esteve então sob as ordens precisas, inflexíveis e certeiras de Francisco Picot. O editor pautava, emendava, corrigia e reclamava dos artigos de Nabuco. O aspirante a jornalista já fora deputado, escrevera discursos, proferira conferências, sonhara com a literatura — publicara poemas e se aconselhara com Machado de Assis, amigo de seu irmão. Julgava-se pronto. Picot logo mostrou-lhe que não estava.

Foi sob suas ordens expressas e incontestáveis que estudou economia e política internacional. O emprego requisitava dar conta dos assuntos do dia, sobretudo noticiar os que orientassem seus leitores, membros da elite imperial, a tomar decisões de investimento e de linha política. Isso obrigou Nabuco a estudar a dinâmica dos mercados, os humores da bolsa, a geopolítica. Por exemplo, Picot mandava tratar da dinâmica dos juros e dos empréstimos internacionais.[4] Assim, na marra, Nabuco adquiriu profundidade analítica em assuntos nos quais antes era diletante.

Outro impacto do editor foi sobre a prosa do correspondente. Nabuco aprendeu também na base de tentativa e erro a conter seus excessos para caber nas colunas estreitas do jornal. Picot era meticuloso, atento a todo detalhe, exigia acuidade e chicoteava arroubos e barrigas. Fez a diferença. Com estilo fluido e frases diretas, *Reformas Nacionais: O Abolicionismo* diverge de discursos parlamentares e artigos anteriores de Nabuco. A experiência inglesa empurrou-o rumo à elegância suprema, a precisão.

Assim o livro ganhou as qualidades que o clássico requisita: teses potentes e estilo sedutor. *Reformas Nacionais: O Abolicionismo* já nasceu como produto intelectual mais sofisticado da propaganda abolicionista brasileira, em forma e conteúdo.

Mas, para se estabelecer como clássico, não basta a um livro estar bem escrito e dizer coisas profundas. Precisa da aceitação do público. A epopeia de *Reformas Nacionais: O Abolicionismo* em busca de seus leitores foi tortuosa dentre os póstumos. E ainda mais custosa dentre seus contemporâneos.

2. Conjuntura política e situação biográfica

Quem lê *O abolicionismo* hoje sabe do renome político e intelectual de Nabuco. Mas, em 1883, sua aura estava ainda em construção. O destino do livro era, como o de seu autor, uma incógnita.

E quem era Joaquim Aurélio Barreto Nabuco de Araújo naquela hora? Era filho de um líder proeminente do Partido Liberal, que o encaminhara para a mesma carreira. Aos 34 anos, Nabuco passara pelas posições formativas da elite política imperial: o curso de direito, postos diplomáticos no exterior (em Washington e Londres) e a cadeira no Parlamento.

Ingressara na Câmara em 1879, pouco depois da morte do pai. A orfandade lhe permitiu migrar da ala moderada de Nabuco de Araújo para a facção esquerda do Partido Liberal, que retomava o programa de reformas modernizadoras de Aurélio Tavares Bastos, líder pouco antes desaparecido. Nabuco iniciou a carreira parlamentar nesse momento de vácuo de lideranças e passou a disputar o posto com discursos antiescravistas.

Seguiu a trilha dos liberais radicais ao fazer política fora das instituições, discursando em conferências e escrevendo nos jornais. Em 1880, firmou aliança com o movimento pela abolição da escravidão, que se organizava na sociedade desde o fim dos anos 1860. Aliou-se ao empresário André Rebouças para fundar a Sociedade Brasileira Contra a Escravidão e o periódico *O Abolicionista*, ambos em 1880. No ano seguinte, viajou à Europa em busca de apoio internacional para a abolição.

O pendor à esquerda desagradou o lado mais precavido do Partido Liberal, que ocupava o governo. Choques e entreveros com lideranças estabelecidas resultaram na perda de apoio para as eleições seguintes, de 1882, na qual não se reelegeu.

Foi então que, sem mandato nem fortuna, empregou-se como correspondente do *Jornal do Commercio* em Londres. Redigiu *Reformas Nacionais: O Abolicionismo* nessa condição de autoexilado, sem o termômetro diário da política brasileira.

Nesse momento, Nabuco investia em aprofundar suas relações no meio político europeu, em especial com a British and Foreign Anti-Slavery Society (BFASS), que capitaneara a campanha pela abolição nas colônias inglesas. Assim ganhou trunfos para consolidar sua posição dentro do movimento abolicionista.

Mas, no estrangeiro, perdia protagonismo no Brasil. À frente da campanha estavam André Rebouças e José do Patrocínio, que coordenaram o ativismo em escala nacional, operando em três frentes: imprensa, associativismo e manifestações no espaço público. Patrocínio era proprietário da *Gazeta da Tarde*, periódico de médio porte transformado em porta-voz do movimento na Corte, matando assim, por inanição, *O Abolicionista* de Nabuco. Organizavam séries de eventos de propaganda, com conferências e espetáculos, e teceram uma rede política pelo Império inteiro, conectando as cerca de duas centenas de associações antiescravistas em atividade. Sedimentaram toda essa operação fundando a Confederação Abolicionista (CA), em 1883.

Nacionalização que se acelerou nos anos de ostracismo de Nabuco, entre 1882 e 1884. A Sociedade Libertadora Cearense e a CA puseram em marcha uma campanha de

O ABOLICIONISMO, BIOGRAFIA DE UM CLÁSSICO

libertação de territórios no Ceará, isto é, a compra ou cessão de alforrias em sequência espacial. A tática resultou na declaração de Fortaleza como a primeira capital de província "livre" de escravidão, em 1883. Esse arrojo abolicionista produziu crise de governo e levantou uma reação política escravista possante.

Assim, enquanto Nabuco encarava o frio londrino, a política fervia na pátria. Numa conferência em abril de 1883, o abolicionista e republicano paulista Ubaldino do Amaral o acusou de estar fora do clima e da cena. Ausente no momento crítico, apagava-se "na memória dos próprios amigos, como já o fez esquecer aos que o temiam".[5] Conjuntura abrasadora e liderança claudicante empurraram Nabuco a agir. Não podendo discursar, escreveu.

Uma visita de Rebouças na segunda metade de 1882 teve parte nisso. Foram juntos a Brighton, conhecer a sede da BFASS e sua biblioteca. Devem ter discutido o projeto de livro futuro, já que apenas então Nabuco fez a primeira referência à redação de *Reformas Nacionais: O Abolicionismo*:

> Acho-me em Brighton, preparando-me para voltar a Londres [...] mas [...] desejoso de terminar na paz deste isolamento e com o auxílio da biblioteca desta cidade — na qual se acha parte da livraria de Cobden [...] um trabalho que encetei sobre o abolicionismo no Brasil. [...] O meu amigo André Rebouças, que passou uma semana em Brighton, volta amanhã para Londres [...].[6]

Escreveu rápido, nas solidões do British Museum. Em nenhum momento concebeu um tratado, mas um "volume de propaganda". Apostava assim em influir sobre o rumo da abolição: "Estou trabalhando num livro de propaganda sobre o abolicionismo e quando tiver a fortuna de o ver impresso mandar-lhe-ei um exemplar pedindo-lhe desde já o seu concurso para a propagação da obra".[7]

Nabuco datou o livro de "8 de abril", mas apenas em junho fez tratativas com o editor George Leuzinger.[8] A impressão foi feita pela Kingdom, mediante acordo para que o autor pagasse os custos. Nenhum editor julgava que vendesse, menos ainda que desse lucro. Quando o livro ficou pronto, em fins de agosto, Nabuco oscilou entre euforia e cautela. Escreveu para a Itália, tentando cavar uma tradução que nunca houve.[9] E se preocupou em ao menos evitar o prejuízo: "Os meus livros já partiram para o Rio e devem a esta hora estar postos à venda. Interesse-se para que a venda seja um sucesso. Gastei cerca de 2:000$ com essa obra e devo tirar pelo menos as despesas da impressão".[10]

Entre navios lentos e correios confusos, exemplares aportaram no Brasil apenas em outubro. A essa altura, o entusiasmo do panfletista cedera ao temor do empregado. Escreveu ao cunhado que auscultasse o efeito de suas críticas sobre a elite social, a ver se salvava seu cargo de correspondente no estrangeiro: "Tenho medo, isto muito entre nós dois, somente que o *Jornal* [*do Commercio*] se pronuncie contra o meu livro. [...] Veja igualmente se a *Gazeta de Notícias*, se por acaso o *Jornal* se desgostasse de mim, quereria empregar-me".[11] Remeteu o livro ainda a lideranças políticas, caso do liberal Antônio Saraiva e aos abolicionistas. A Rebouças pediu empenho na divulgação.

O epicentro da ação estava no Ceará. Os abolicionistas tinham marcado 25 de março de 1884 como prazo para completar a campanha de libertação da província. Nabuco julgou que, como síntese dos argumentos antiescravistas, seu livro seria lido e usado na propaganda local, por isso o dedicou aos cearenses. E, como vários abolicionistas em seus panfletos, aproveitou a epígrafe para homenagear o revolucionário negro Toussaint Louverture, que liderara a revolta escrava no Haiti.[12]

O ABOLICIONISMO, BIOGRAFIA DE UM CLÁSSICO

3. A recepção

Entre intenção de autor e recepção de público há uma vala. Neste caso, um desfiladeiro. Nabuco contava com o livro para se catapultar a deputado nas eleições seguintes, representando a primeira província livre de escravidão do país. Esse era seu plano para os abolicionistas cearenses, que, por sua vez, tinham outros. Embora pedisse e insistisse, viu seus apelos por candidatura ignorados. Os abolicionistas locais lançaram-se a si mesmos.[13]

O problema eleitoral de Nabuco ultrapassava o Ceará. Nascia da discrepância entre a campanha da Confederação Abolicionista, que reivindicava alforrias sem compensações financeiras aos proprietários de escravos, e *Reformas Nacionais: O Abolicionismo*, texto no qual não há frase cabal demandando a abolição sem indenização aos senhores.

Essa diferença gerou embaraço e marcou a recepção pouco entusiástica ao livro tão logo aportou no país. Temia-se que elogiá-lo soasse como recuo do movimento abolicionista. Para os correligionários, confrontava de menos. Para a elite política imperial, afrontava demais. *Reformas Nacionais: O Abolicionismo* ganhou, assim, em seu nascimento, duas apreciações opostas. Nenhuma delas contribuiu para o seu sucesso.

UM LIVRO RADICAL

Provavelmente, o primeiro leitor de *O abolicionismo* foi o pai postiço de Nabuco, ministro plenipotenciário do Brasil em Londres, o barão de Penedo. No início de agosto, recebeu exemplar ainda não encadernado.[14] Chegou-lhe em seguida outro, já pronto. Sua carta de resposta é a resenha inaugural de *Reformas Nacionais: O Abolicionismo*, e ressaltava quatro feitos. Um era de ordem estética:

Recebi o volume encadernado do seu livro *O aboli-cionismo*, tendo-me chegado antes o *primeiro exemplar* que me mandou, apenas brochado, para que eu lesse sem perda de tempo [...]. Como escrito literário é admirável pela grandeza da concepção, força de dialética e elegância formal. [...] A edição é bonita, e a impressão perfeita.[15]

Além do estilo, outra faceta que o próprio Nabuco acentuava era a filiação à tradição liberal imperial: "É um livro de família, diz V. [você], tanto fala dos Andrada [...]. V. é homem de sentimento, de crença, de tradição, e é por isso que no Velho Testamento a cada passo se fala dos Patriarcas [...]".

Terceiro aspecto sublinhado por Penedo é o que até hoje mais se aponta no livro, a profundidade analítica: "Produto de aturado estudo e meditação de um espírito superior e generoso, é mais que um *ensaio* histórico e filosófico; é um *tratado* da questão magna [a abolição]".[16]

Apesar de enaltecer as qualidades, Penedo previa leituras menos generosas. Vaticinou o infortúnio político de obra e autor, quando ancorasse no Brasil:

No ponto de vista político, ele [o livro] tem para os seus adversários um defeito capital, intrínseco, insaciável, porque é essencial à causa que ele defende; e é o tornar bem patente o mal da escravidão. Nisso é completo o seu triunfo. Por esse lado não espere o mesmo acolhimento que lhe auguro do país em geral [...]. É, pois, muito provável que os seus oponentes recebam o seu livro nas pontas das lanças, e o antagonismo o denuncie como um facho incendiário atirado de longe no seio do país [...].[17]

Assim, do ângulo de um membro da elite imperial fixado no exterior — esta é a quarta dimensão —, o livro era uma bomba, fadado a receber "os golpes que se apressarem a dar-lhe os seus adversários".[18] A leitura de outro político, seu colega de Partido Liberal, Sancho de Barros Pimentel, que deixava a presidência de província do Ceará, era similar. Como Nabuco, Pimentel se equilibrava entre sistema político e movimento abolicionista e calculou os impactos do ativismo sobre a carreira. Aconselhou, por isso, dissociar o livro da Confederação Abolicionista, de modo a se apartar dos defensores da abolição imediata e não indenizada, verdadeiro horror dos partidos. Recomendava, ainda, que a primeira notícia do livro se fizesse por veículo neutro. Se saísse na *Gazeta da Tarde*, o jornal de Patrocínio, pareceria expressão do movimento, o que dificultaria a seu autor nova candidatura ao Parlamento.[19]

UM LIVRO MODERADO

Se para o sistema político o livro era radical demais, para o movimento abolicionista era excessivamente moderado. Enquanto Nabuco o escrevia, Rebouças e Patrocínio redigiram o *Manifesto da Confederação Abolicionista do Rio de Janeiro*. Os dois textos ficaram prontos no mesmo momento, agosto de 1883.

O *Manifesto* sistematizava ideias compartilhadas pela maioria dos membros do movimento abolicionista. Era convergente com *Reformas Nacionais: O Abolicionismo* em moldar uma tradição abolicionista brasileira, elencando políticos do passado favoráveis à emancipação, e no enquadramento da abolição como uma refundação nacional. E também fazia uso das três retóricas abolicionistas: direito, compaixão, progresso. Como Nabuco, o *Manifesto* apresentava a liberdade como direito natural e juridicamente garantido — "a escravidão atual não tem uma origem genuinamente legal". Invocava a compaixão, lembrando "o suor e o sangue da criatura oprimida pela lei parricida", ao longo de "três séculos de dor". E reivindicava o progresso, combatendo o trinômio escravidão, latifúndio e monocultura como gerador de ineficiência econômica e da subordinação social dos estratos mais baixos aos grandes proprietários de terra. Como *Reformas Nacionais: O Abolicionismo*, o *Manifesto* dizia que a escravidão matava o desenvolvimento urbano, obstava o crescimento dos mercados e impedia a conformação de uma ética do trabalho. Atravancava a modernização. Daí por que exortava o Estado a se libertar de "uma política sem horizontes além do eito da fazenda".[20]

Em teor, portanto, os textos eram gêmeos, sem serem univitelinos. As diferenças brotavam das circunstâncias de redação. Em Londres, Nabuco escreveu opúsculo denso, analítico, explicativo da lógica da escravidão brasileira, mas com desfecho moderado. No cotidiano do ativismo, Rebouças e Patrocínio geraram manifesto menos fundamentado, mas mais agressivo. O *Manifesto* andava além de *Reformas Nacionais: O Abolicionismo*. Embora não o dissesse com todas as letras, o *Manifesto* foi lido contextualmente, como expressão coletiva, de escala nacional, da demanda de abolição sem indenização, com prejuízo econômico dos proprietários, pois esta era a reivindicação que os membros da Confederação Abolicionista faziam publicamente. Esta plataforma estava clara na série de catorze artigos de imprensa de Rebouças, publicados na *Gazeta da Tarde* sob o título "Abolição imediata e sem indenização" a partir de maio de 1883.[21]

Aí Rebouças propunha criar, por via fiscal, um mercado de pequenas propriedades, para induzir a "democracia rural": o Estado deveria introduzir impostos sobre a grande propriedade e dar crédito ao pequeno produtor, assim incentivando novos padrões de organização para economia e sociedade. Projeto redistributivo, de afronta ao latifúndio, como contou a Nabuco: "Abolição trará a subdivisão do solo na província de São Paulo; os fazendeiros não poderão sustentar por mais tempo o monopólio

O ABOLICIONISMO, BIOGRAFIA DE UM CLÁSSICO

territorial. [...] A abolição está virtualmente feita [...].
Agora cumpre tratar de eliminar os latifundiários".[22]

A variação entre o *Manifesto* e *Reformas Nacionais:
O Abolicionismo*, portanto, era tópica, já que os dois pediam a abolição. Mas enquanto o livro de Nabuco deixava no ar o método de fazê-la, os artigos de imprensa de
Rebouças explicitavam o que ia nas entrelinhas do *Manifesto*, a abolição completa e imediata, sem a indenização
sempre reclamada pelos proprietários. A diferença era
pequena, mas, em política, equivalia a um fosso.

Reformas Nacionais: O Abolicionismo fundamentava
a causa, dava as razões do movimento. O *Manifesto* indicava uma política, a linha de ação imediata. Cada qual
apontava uma direção. *Reformas Nacionais: O Abolicionismo* pedia "mandato da raça negra" para conclamar a
opinião pública, partidos, imperador e proprietários de escravos para um pacto nacional, visando abolir por meios
paulatinos e indenizados. Já o *Manifesto* exigia a ação do
Parlamento no sentido da abolição imediata. Pedia medida legislativa, mas vinha da associação que coordenava a
estratégia nacional de libertação de territórios — já avançada no Ceará — à revelia da lei.[23] O *Manifesto* expressava o movimento nacional, encabeçado pela Confederação
Abolicionista, que afrontava o status quo, e assim foi entendido na Câmara dos Deputados. Perto disso, *Reformas
Nacionais: O Abolicionismo* era texto moderado.

Daí não se segue uma distinção entre facções do movimento abolicionista. Nabuco e Rebouças trabalhavam
juntos. O desencontro de tom nada deve a dissonâncias de
princípios. Decorre de variações de conjuntura. Na fatura
do *Manifesto* entrou a estratégia de libertação de territórios usada no Ceará, *sem indenização* aos proprietários.
Boa parte da imprensa abolicionista negava o direito de
propriedade de escravos, mas sua efetivação em uma capital provincial, Fortaleza, alicerçara a ambição de generalizar o feito para o país inteiro.

Nabuco até então tinha por estratégia prioritária emular o abolicionismo parlamentar inglês de William Wilberforce: apresentar projetos de abolição sucessivos e ir ganhando adeptos dentro do sistema político, até obter maioria favorável. Calculava que a abolição total requisitava a forma de lei e, portanto, era impossível sem aprovação nas instituições políticas. Mas ante a promessa de libertação do Ceará, para março de 1884, e a crise política que a campanha abolicionista gerava, Nabuco acelerou seu passo. Estando longe, organizou evento com políticos e abolicionistas em Londres, para garantir a legitimidade externa da ousada ação no Ceará. E preparou-se para mudar de tom na volta.

DIFUSÃO

Nabuco pesou os dois lados de sua moeda, a carreira no sistema político e a inserção no movimento abolicionista. Pendera para o lado institucional, ao conceber o livro como o primeiro de uma série de panfletos que os demais membros do bloco parlamentar abolicionista deveriam redigir. Por isso, em cima, na primeira página, a edição original traz *Reformas Nacionais* como título da série, seguido abaixo por *O abolicionismo*. Nos anúncios do livro em jornal vinha o título inteiro: *Reformas Nacionais — O Abolicionismo*.

Nabuco pediu a outros liberais abolicionistas que o secundassem na empreitada: Sancho Barros Pimentel deveria escrever sobre descentralização administrativa ou "reforma da representação" (isto é, reforma eleitoral), Rui Barbosa sobre liberdade religiosa e Rodolfo Dantas sobre educação. Para si guardou outro volume, talvez inspirado por Picot e que jamais redigiu, sobre "a reconstrução financeira e as relações exteriores".[24]

Mas a ideia da série, como seu livro, chegou atrasada.

O ABOLICIONISMO, BIOGRAFIA DE UM CLÁSSICO

A CA já pusera em prática plano assemelhado: o *Manifesto* inaugurara a coleção Confederação Abolicionista, com discursos proferidos em atos de campanha, distribuída gratuitamente.

Nabuco, então, decidiu pender de vez para o lado da mobilização social. Assumiu o risco de afundar seus navios na política institucional, ao assentir que a *Gazeta da Tarde*, porta-voz do movimento, publicasse resumo e prefácio de *Reformas Nacionais: O Abolicionismo*. Também lá saiu resenha do abolicionista Joaquim Serra, embora, em seguida, viesse outra, do abolicionista Domingos Jaguaribe, na casa em que Nabuco se empregava, o *Jornal do Commercio*.[25] O autor, ainda em Londres, foi designado delegado da CA na Europa, e a *Gazeta da Tarde* transcreveu seu longo discurso em Milão, quando lá representou a BFASS. Tudo intermediado por Rebouças.

Mais importante, Rebouças pôs a CA para divulgar *O abolicionismo*: "A Confederação Abolicionista vai comprar uns cem exemplares para distribuí-los por pessoas, indicadas pelo [Joaquim] Serra, para propagá-lo em jornais das províncias. Mandaste, pelo menos, uns quinhentos para o Ceará?".[26]

O movimento só encampou o livro porque Rebouças contornou seu desfecho moderado, de maneira algo capciosa: encomendou uma "sinopse". Nessa versão reduzida entrariam as resenhas, informou Rebouças: "O nosso amigo Miguel Antonio Dias — o melhor dos mulatos, está preparando um panfleto com os elogios feitos ao livro para distribuí-lo gratuitamente".[27] A versão do "incansável chefe abolicionista" Dias ganhou 5 mil cópias, que ato contínuo seguiram para as províncias.[28] Mesmo assim, era difusão modesta perto dos 18 mil exemplares do *Manifesto* que a CA distribuiu apenas na Corte.

UM LIVRO EM SEGUNDO PLANO

Nada se sabe do teor e do destino do panfleto produzido por Miguel Antonio Dias. Mas deve ter tido tom vizinho ao dos textos que Nabuco escreveu entre a publicação do livro em Londres, em agosto de 1883, e seu retorno ao Brasil, em 1884. Isto é, mais próximo do *Manifesto* do que de *Reformas Nacionais: O Abolicionismo*. Na crescente de radicalização do movimento, Nabuco radicalizou também.

Para ganhar ascendência e candidatura ao Parlamento em nome do movimento abolicionista, preparou seu retorno com *Henry George: Nacionalização do solo — Apreciação da propaganda para abolição do monopólio territorial na Inglaterra*. O panfleto, saído em janeiro de 1884, comentava *Progress and Poverty* [*Progresso e pobreza*] (1877), do norte-americano Henry George, que diagnosticava a concentração fundiária como causa da miséria e propunha abolir a propriedade privada, numa massiva nacionalização do solo sem indenização aos proprietários. Embora condenasse o fim da propriedade privada, Nabuco simpatizava com taxação específica como estímulo à pequena propriedade, nos moldes do que o primeiro-ministro inglês William Gladstone implementava na Irlanda. Andava no trilho liberal, não no socialista, aventando a desapropriação quando necessário, desde que respeitados direitos adquiridos, o que supunha propício para países novos como o Brasil, de terras virgens abundantes.

O pacote composto de imposto territorial, pequena propriedade, imigração de famílias europeias e política tarifária como complementos da abolição era a "democracia rural" que Rebouças defendia desde os anos 1870. Dada a sintonia de ideias, Rebouças incluiu este texto de Nabuco na série de opúsculos da CA, com edição de 3 mil exemplares. No mesmo passo, a *Gazeta da Tarde* publi-

O ABOLICIONISMO, BIOGRAFIA DE UM CLÁSSICO

cou, a partir de agosto de 1884, uma "Seleta abolicionista", coletânea de máximas que Rebouças pinçou a dedo em O abolicionismo.[29]

A dupla propaganda afetou a imagem de Nabuco no Brasil. Jornais escravistas o descreveram como niilista e petroleiro — sinônimos de anarquista e incendiário, no vocabulário oitocentista. Com o empurrão de Rebouças e a mudança de tom, Nabuco adentrou a campanha eleitoral de 1884 mais à esquerda do que estava em 1883. Desse modo, garantiu seu lugar dentre as lideranças do movimento abolicionista, posição que se consolidaria daí até 1888.[30]

Assim, Reformas Nacionais: O Abolicionismo, nascido em 1883, já envelhecera em 1884, até mesmo aos olhos do próprio autor. Nos anos finais da campanha abolicionista, houve menções ao livro, por Nabuco e por correligionários, mas sempre ressaltando a doença escravista, não o remédio homeopático. Em si, o livro teve bem menos impacto na campanha do que sonhara o autor durante a escrita. Mais decisivo para a legenda e a liderança de Nabuco entre seus contemporâneos foi outro volume: o de seus discursos nas campanhas eleitorais de fins de 1884 e início de 1885, coligidos em brochura logo em seguida e mais diretos na defesa da abolição imediata e sem indenização e da reforma agrária, além de cáusticos com latifundiários, elite imperial e Coroa.[31]

Depois da refrega abolicionista e das festas da Abolição, o texto sumiu da cena. Nabuco se voltou para outros temas, escreveu outros livros. Cogitou uma história do abolicionismo, mas nem sua correspondência pessoal, nem seu diário dão pistas de que tenha considerado reeditar Reformas Nacionais: O Abolicionismo. Pensava nele como panfleto de ocasião, e apostava mais em Um estadista do Império como passaporte para a posteridade.

4. A produção social de um clássico

RECUPERAÇÃO

Pouco antes de sua morte, em 1910, o prestígio de Nabuco esmaecera. Os modernistas, ao começarem seu movimento em 1922, apartaram-se das ideias e do estilo do autor e se vacinaram contra o que Mário de Andrade chamou de "moléstia de Nabuco".[32] Houve, sim, leitores de *Reformas Nacionais: O Abolicionismo* na Primeira República, mas nem tantos.

A obra de Nabuco circulava pouco, e a memória de seus feitos desbotava. Em 1919, a família investiu em mantê-la viva por duas frentes. De um lado, operou a filha escritora. Carolina começou a redigir, naquele ano, a biografia do pai, publicada uma década depois.[33] Nela destaca *O abolicionismo* — já sem o "Reformas nacionais" — como peça central da campanha e Nabuco como seu principal líder, elidindo sua ausência do país na fase decisiva do processo abolicionista.

De outro lado, agiu o filho diplomata.[34] Maurício Nabuco, "ao saber da indisponibilidade dos livros de Nabuco, difíceis de achar mesmo em sebos, decidiu reeditá-los e procurou seu principal editor, a Casa Garnier".[35] Entre 1919 e 1939, trabalhou para publicar as obras completas do pai. Em 10 de novembro de 1921, a família fez acordo com a editora, "na qual reconhecia que havia excedido os limites autorizados na tiragem. Comprometia-se, outrossim, a ter sempre à venda as obras de Nabuco. Contudo, Garnier não fez o que se comprometera, e fomos, mais tarde, obrigados a mover ação contra eles".[36] A questão se alongou. Em 1934, os herdeiros de Nabuco venceram o processo judicial e puderam "contratar uma *edição uniforme* das obras de Joaquim Nabuco",[37] que saiu em conjunto pela Companhia Editora Nacional, de São Paulo, e pela Civilização Brasileira, do Rio de Janei-

O ABOLICIONISMO, BIOGRAFIA DE UM CLÁSSICO

ro, aos poucos, até 1941. A tiragem variou por título. *Reformas Nacionais: O Abolicionismo*, relançado em 1938 como *O abolicionismo*, teve mil exemplares. Nem mesmo a família o via como muito vendável, pois apostou mais em *Minha formação*, que saiu com tiragem de 6 mil.[38]

Quem secundou os esforços dos filhos para sacudir a poeira da história acumulada sobre as obras de Nabuco foi outro parente, Gilberto Freyre. Sua atuação foi crucial na sobrevivência de toda a obra nabuquiana. Além de citar *Reformas Nacionais: O Abolicionismo* em *Casa-grande & senzala*, Freyre iniciou, nos anos 1940, uma campanha de consagração de Nabuco. Vendo a proximidade do centenário de seu nascimento, em 1949, Freyre, então deputado federal, amealhou recursos públicos para celebrações, instigou Luís Viana Filho a produzir nova biografia (saída em 1949), fomentou a publicação das obras completas[39] e coligiu um volume com os discursos parlamentares de Nabuco. Em artigos de jornal e ensaios avulsos, entre 1947 e 1950, Freyre destacou ângulos para enaltecer ora a pessoa, ora as ideias do "intérprete do Brasil", ora as ações do "gigante" político Nabuco, seu candidato a ícone nacional.[40]

Operação bem-sucedida. Além das celebrações do centenário de nascimento de Nabuco, Freyre emplacou uma organização para zelar por sua memória: o Instituto Joaquim Nabuco, depois Fundação Joaquim Nabuco (Fundaj), fundada no Recife, na ocasião de seu centenário.[41] Desde 1949, a Fundaj preserva documentos e difunde obras de Nabuco, incluído *Reformas Nacionais: O Abolicionismo*, naturalmente.

Disponibilidade e visibilidade garantiram novo surto de difusão de livros e ideias de Nabuco. *Minha formação* e *Um estadista do Império* foram ganhando novas edições avulsas. *Reformas Nacionais: O Abolicionismo* demorou mais.

CONSAGRAÇÃO

Três momentos ulteriores foram decisivos para a consagração do livro.

O primeiro vai de fins dos anos 1960 até meados dos 1980. Nessa fase, o livro foi reclassificado: passou de panfleto político a ensaio sociológico. As novas leituras o interpretaram a partir do marxismo, transformando o texto de Nabuco em análise estrutural e crítica radical da sociedade escravista brasileira. Essa chave "livro radical" apareceu primeiro em *Joaquim Nabuco: teoria e práxis* (1973), de Paula Beiguelman; seguido por *Capitalismo e escravidão no Brasil meridional* (1977), de Fernando Henrique Cardoso, e, na década seguinte, em *As desventuras do liberalismo: Joaquim Nabuco, a Monarquia e a República* (1984), de Marco Aurélio Nogueira.[42] Nessas leituras, o livro registraria a "consciência-limite" de seu tempo, ao apontar as contradições do Brasil oitocentista, sobretudo as incompatibilidades entre escravidão e capitalismo. Assim, *Reformas Nacionais: O Abolicionismo* deixava de ser um libelo político referido à sua conjuntura, para se metamorfosear em texto seminal da sociologia do Brasil, capaz de oferecer elementos para a crítica do presente e orientar projetos de transformação política.

O segundo momento de releitura de *O abolicionismo* foi em torno do centenário da abolição da escravidão, em 1988. Aí uma nova historiografia da escravidão, interessada nos atores socialmente subalternos, negou a relevância de Nabuco e de seu livro para o processo de abolição. Pesquisadores como Célia Azevedo (1987), Sidney Chalhoub (1990) e Maria Helena Machado (1994) enfatizaram um abolicionismo "popular" em contraponto ao abolicionismo "parlamentar" de Nabuco.[43] *Reformas Nacionais: O Abolicionismo* perdia a aura de radical, rebaixado, como seu autor, a conservador, por apresentar saída moderada.

O ABOLICIONISMO, BIOGRAFIA DE UM CLÁSSICO

Dois intelectuais influentes reagiram na direção oposta, reafirmando o teor radical do livro. Em *Escravidão e razão nacional*, ainda em 1988, José Murilo de Carvalho valorizou a leitura crítica de Nabuco acerca da sociedade brasileira, ao passo que Antonio Candido, com sua própria legitimidade de ícone da esquerda, resgatou não só o livro como também seu autor, reinstalando-o no panteão dos "radicais" brasileiros, operação explícita no título de seu artigo de 1990: "Radicalismos".[44]

A retomada produziu novo interesse pelo livro, originando teses, artigos, seminários, dentro da linha de pesquisa que também se consolidava na época, autonomeada "pensamento social brasileiro", no interior da qual o texto de Nabuco ganhou estatuto de primeira grandeza.[45]

Terceiro momento do processo de consagração acompanhou nova efeméride, o centenário da morte de Nabuco, em 2010. Com incentivo da Fundaj e da família, mas também por iniciativas autônomas de universidades, especialistas e admiradores, vieram os eventos, novas edições, matérias de imprensa, celebrações.[46] Aí a projeção foi internacional, graças à proliferação de centros de estudos sobre o Brasil no exterior nas últimas décadas. Grupos de brasilianistas e cátedras de Brasil e América Latina nos Estados Unidos (caso da Universidade Yale e da Universidade de Wisconsin) e na Europa (Institute for the Study of the Americas e University of London) promoveram seminários e publicações. Também a Academia Brasileira de Letras e o Itamaraty organizaram encontros para promover a memória de um de seus membros em países como Itália, França, Inglaterra, Espanha e Portugal. Nessa leva de celebrações, contudo, *Reformas Nacionais: O Abolicionismo* virou mais um dentre os muitos escritos e feitos de Nabuco.

Livro de cauda longa, nunca sumiu de fato, e achou sempre leitores para detratá-lo ou engrandecê-lo. Tanto se lê como obra de interpretação sociológica do Brasil, como fazem muitos cientistas sociais, quanto se consulta como roteiro de ação política em prol de pacto nacional por reformas. Do segundo sentido é exemplo a foto de Fernando Henrique Cardoso, logo depois de eleito presidente em 1995, carregando *Reformas Nacionais: O Abolicionismo* consigo.

Desde o centenário, contudo, o texto pena ostracismo discreto. O movimento negro investiu em divulgar e exaltar o panteão de atores políticos e autores negros e negras soterrados na história da abolição. Para esse lado, o panfleto de Nabuco perdeu a aura. Seja pelas características do autor — um aristocrata branco —, seja pelo que seu texto enuncia — a terminologia racial da época e a ideia do "mandato da raça negra", interpretada como espécie de tutela —, perdeu leitores entre os ativistas negros. Essa sangria é uma longa decorrência do título do artigo de Célia Azevedo, de 2001: "Quem precisa de São Nabuco?".

Contudo, tem quem ainda reze a tal santo. As edições seguem saindo, como o texto segue objeto de estudiosos, comentadores e admiradores.[47] A história de *Reformas Nacionais: O Abolicionismo* é, pois, vívida e aberta. Lido e relido, amado e rechaçado por leitores distintos e épocas diferentes, vem ganhando sentidos conforme quem o lê e em qual contexto a leitura acontece. Assim o livro se metamorfoseia, ora radical, ora conservador, ora reformista.

Obra aberta a interpretações discrepantes, a incitar ódios e amores, é mesmo um clássico. Como observa Coetzee, "o questionamento do clássico, não importa quão hostil seja, é parte da história do clássico, inevitável e mesmo bem-vindo".[48] Ainda lemos *Reformas Nacionais: O Abolicionismo* atraídos por suas qualidades como por seus limites. E outros o lerão também porque, velho de mais de século, ainda fala de um Brasil que, em assombrosa medida, segue o mesmo.

O ABOLICIONISMO, BIOGRAFIA DE UM CLÁSSICO

Notas

1. Este texto se aproveita de raciocínios e documentos já utilizados em Angela Alonso, *Ideias em movimento: A geração 1870 na crise do Brasil-Império* (São Paulo: Paz & Terra, 2002), *Joaquim Nabuco: Os salões e as ruas* (São Paulo: Companhia das Letras, 2007) e *Flores, votos e balas: O movimento abolicionista brasileiro (1868-88)* (São Paulo: Companhia das Letras, 2015).

2. Tradução minha. No original, *"The classic defines itself by surviving"* (J. M. Coetzee, "What Is a Classic?: A Lecture", em *Stranger Shores: Literary Essays, 1986-1999*. Nova York: Viking, 2001).

3. O inédito sairia editado apenas postumamente (Recife: Fundação Joaquim Nabuco; Massangana, 1988 [1870]).

4. Carta de Francisco Picot a Joaquim Nabuco, 2 de abril de 1882 (Acervo Fundaj).

5. Discurso de Ubaldino do Amaral reproduzido na *Gazeta da Tarde* de 23 de abril de 1883.

6. Carta de Joaquim Nabuco ao barão de Penedo, 4 de outubro de 1882 (Acervo Fundaj).

7. Carta de Joaquim Nabuco a Domingos Jaguaribe, 10 de março de 1883 (Acervo Fundaj).

8. Carta de George Leuzinger a Joaquim Nabuco, 28 de junho de 1883 (Acervo Fundaj).

9. Embora Alesso Tatellani mencione em 1883 que já tivesse traduzido um pequeno trecho do livro para o italiano, não há notícias de que a tradução tenha se completado ou a edição tenha sido publicada. Carta de Alesso Tatellani a Joaquim Nabuco, 3 de outubro de 1883 (Acervo Fundaj).

10. Carta de Joaquim Nabuco a Hilário de Gouvêa, 11 de outubro de 1883 (Acervo Fundaj).

11. Ibid.

12. A dedicatória a Toussaint Louverture aparece noutro texto contemporâneo, de Miguel Lemos: *O positivismo e a escravidão moderna* (Rio de Janeiro: Igreja Positivista do Brasil, 1884).

13. Carta de José Corrêa do Amaral a Joaquim Nabuco, 30 de julho de 1883 (Acervo Fundaj).

42 PANFLETOS ABOLICIONISTAS

14. Carta de Joaquim Nabuco ao barão de Penedo, 14 de agosto de 1883 (Acervo Fundaj).

15. Carta do barão de Penedo a Joaquim Nabuco, 2 de setembro de 1883 (Acervo Fundaj). Grifos do original.

16. Ibid.

17. Ibid.

18. Ibid.

19. Carta de Sancho Barros Pimentel a Joaquim Nabuco, 6 de agosto de 1883 (Acervo Fundaj).

20. *Manifesto da Confederação Abolicionista do Rio de Janeiro*, 1883, pp. 7, 9, 10, 20, 17, 18 e 14.

21. Carta de Joaquim Nabuco a José Corrêa do Amaral, 31 de maio de 1883 (Acervo Fundaj). Carta de Joaquim Nabuco ao barão de Penedo, 14 de agosto de 1883 (Acervo Fundaj). Ver texto de 24 de agosto de 1883 em André Rebouças, *Diário e notas autobiográficas* (Rio de Janeiro: José Olympio, 1938).

22. Os artigos foram compilados como "Propaganda abolicionista. Agricultura nacional", anunciado na *Gazeta da Tarde* em 6 de novembro de 1883; o trecho referido está em carta de André Rebouças a Joaquim Nabuco, 24 de setembro de 1883 (Acervo Fundaj).

23. O *Manifesto*, como *Reformas Nacionais: O Abolicionismo*, não afrontava as instituições políticas, antes se dirigia a elas: "Filha legítima da lei, a propaganda abolicionista tem o direito de transpor os umbrais do Parlamento [...]. Augustos e digníssimos senhores representantes da nação brasileira: consumai-a na lei" (*Manifesto da Confederação Abolicionista do Rio de Janeiro*, 1883, pp. 3 e 21).

24. Carta de Joaquim Nabuco a Sancho de Barros Pimentel, 31 de agosto de 1883 (Acervo Fundaj). *Gazeta da Tarde*, 31 de agosto, 25 de setembro e 6 de outubro de 1883. Carta de Joaquim Nabuco a Domingos Jaguaribe, 21 de dezembro de 1883 (Acervo Fundaj).

25. "Muito obrigado pelo que escreveu sobre o meu livro, ou antes sobre mim, no *Jornal do Commercio*" (Carta de Joaquim Nabuco a Domingos Jaguaribe, 21 de dezembro de 1883 [Acervo Fundaj]).

26. Carta de Joaquim Nabuco a André Rebouças, 24 de setembro de 1883 (Acervo Fundaj).

O ABOLICIONISMO, BIOGRAFIA DE UM CLÁSSICO 43

27. Carta de André Rebouças a Joaquim Nabuco, 24 de setembro de 1883 (Acervo Fundaj).

28. Carta de Miguel Antonio Dias a Joaquim Nabuco, 8 de outubro de 1883 (Acervo Fundaj). *Gazeta da Tarde*, 14 e 18 de maio e 31 de agosto de 1883; 8, 10, 11, 16, 18, 22 e 26 de janeiro de 1884. Carta de André Rebouças a Joaquim Nabuco, 24 de setembro de 1883 (Acervo Fundaj). Rebouças incumbiu Miguel Antonio Dias de redigir o resumo (Carta de Miguel Antonio Dias a Joaquim Nabuco, 8 de outubro de 1883 [Acervo Fundaj]). O panfleto foi produzido e distribuído, conforme anúncio na *Gazeta da Tarde*, em 3 de outubro de 1883, mas, apesar de consulta a vários arquivos, não localizei nenhuma edição.

29. Ver André Rebouças, *Diário e notas autobiográficas*, p. 303. A *Gazeta da Tarde* publicou a "Seleta abolicionista", com trechos do livro, a partir de 8 de agosto de 1884.

30. Joaquim Nabuco, 1884, pp. 5, 5-6, 9, 12 e 10. Cartas de André Rebouças a Joaquim Nabuco, 4 e 22 de março de 1884 (Acervo Fundaj). Carta de José Corrêa do Amaral a Joaquim Nabuco, 9 de maio de 1884 (Acervo Fundaj). Carta de Joaquim Nabuco a José Corrêa do Amaral, 23 de maio de 1884 (Acervo Fundaj).

31. Ver Joaquim Nabuco, *Campanha abolicionista no Recife: Eleições de 1884, discursos de Joaquim Nabuco* (Rio de Janeiro: Comissão Central Emancipadora; Leuzinger & Filhos, 1885). No volume estão doze das conferências que Nabuco fez em teatros e em praça pública durante as campanhas eleitorais das duas eleições seguidas, de 1884 e 1885, com prefácio do abolicionista pernambucano Aníbal Falcão.

32. Carta de Mário de Andrade a Carlos Drummond de Andrade, em 1924: "o doutor Chagas descobriu que grassava no país uma doença que foi chamada moléstia de Chagas. Eu descobri outra doença, de que todos estamos infeccionados: a moléstia de Nabuco" (Carlos Drummond de Andrade, *Carlos & Mário: Correspondência de Carlos Drummond de Andrade e Mário de*

Andrade — 1924-1945. Rio de Janeiro: Bem-Te-Vi, 2002, p. 70).

33. Carolina Nabuco, *A vida de Joaquim Nabuco*. São Paulo: Companhia Editora Nacional, 1929.

34. Maurício Nabuco, *Reflexões e reminiscências*. Rio de Janeiro: Nova Fronteira, 2001.

35. Ibid., p. 135.

36. Ibid., pp. 137-8.

37. Ibid., p. 140. Grifos do original.

38. "A aprovação dos críticos e a abundância dos artigos publicados promoveram intensamente a venda. A primeira edição esgotou-se em um mês. Não posso esquecer a alegria que senti no dia em que apareceram, um no Rio, outro em São Paulo, os artigos consagradores de Alceu Amoroso e Plínio Barreto" (Carolina Nabuco, *Oito décadas: memórias*. Rio de Janeiro: Nova Fronteira, 2000, pp. 112-3).

39. *Obras completas de Joaquim Nabuco*. São Paulo: Instituto Progresso Editorial, 1949. 14 v.

40. Os artigos de Freyre sobre Nabuco foram coligidos em Gilberto Freyre, *Em torno de Joaquim Nabuco*, org. de Edson Nery da Fonseca e Jamile Pereira Barbosa (São Paulo: A Girafa, 2010).

41. Projeto de lei da Câmara dos Deputados, de número 34, criando o Instituto Joaquim Nabuco de Pesquisas Sociais, foi apresentado na Câmara pelo deputado Gilberto Freyre em 1948 e recebeu a sanção do presidente Eurico Gaspar Dutra em 21 de julho de 1949. A institucionalização foi, contudo, longa, com regulamentações tramitando por comissões de Câmara e Senado até 1952. Veja-se, por exemplo, o parecer de número 488, da Comissão de Constituição e Justiça do Senado Federal (Rio de Janeiro: Departamento de Imprensa Nacional, Brasil, 1952).

42. Ver Paula Beiguelman, "Joaquim Nabuco: teoria e práxis", em *Joaquim Nabuco: Política* (São Paulo: Ática, 1982 [1973]); Fernando Henrique Cardoso, *Capitalismo e escravidão no Brasil meridional: O negro na sociedade escravocrata no Rio Grande do Sul* (Rio de Janeiro: Paz

O ABOLICIONISMO, BIOGRAFIA DE UM CLÁSSICO

& Terra, 1977); Marco Aurélio Nogueira, *As desventuras do liberalismo: Joaquim Nabuco, a Monarquia e a República* (São Paulo: Paz & Terra, 1984).

43. Ver Célia Azevedo, *Onda negra, medo branco* (São Paulo: Paz & Terra, 1987); Sidney Chalhoub, *Visões da liberdade* (São Paulo: Companhia das Letras, 1990); Maria Helena Machado, *O plano e o pânico* (Rio de Janeiro: UFRJ; São Paulo: Edusp, 1994).

44. Ver José Murilo de Carvalho, "Escravidão e razão nacional" (*Dados — Revista de Ciências Sociais*, v. 31, n. 3, pp. 287-308, 1988); Antonio Candido, "Radicalismos" (*Estudos Avançados*, v. 4, n. 8, pp. 4-18, 1990).

45. Parte dessa recuperação é a homenagem de Caetano Veloso, que musicou trechos de *Minha formação* no disco *Noites do Norte*, de 2000.

46. Minha biografia crítica de Nabuco (*Joaquim Nabuco: Os salões e as ruas*, op. cit.) antecedeu, avulsa, esta fase celebratória.

47. Há profusa bibliografia sobre *O abolicionismo* e outras edições disponíveis. As mais recentes são a da Edições Câmara (2019), com introdução de Evaldo Cabral de Mello, e a da UnB (2003), com introdução de Izabel Marson e Célio Tasinafo.

48. *"The interrogation of the classic, no matter how hostile, is part of the history of the classic, inevitable and even to be welcomed"* (J. M. Coetzee, "What Is a Classic?: A Lecture", em *Stranger Shores: Literary Essays, 1986-1999*. Nova York: Viking, 2001.

Reformas Nacionais:
O Abolicionismo

JOAQUIM NABUCO
(1883)

Ao Ceará

Il fait jour dans votre âme ainsi que sur vos fronts,
La nôtre est une nuit où nous nous égarons.
Lamartine, Toussaint Louverture[1]

Prefácio

Este volume é o primeiro de uma série cujo fim é apresentar à massa ativa dos cidadãos brasileiros, com os melhores fundamentos que seja possível ao autor estabelecer, as reformas que para nós são realmente *vitais*,* considerando-se que a vida de um país não é só vegetativa, mas é também moral.

Por numerosas razões, aduzidas, por assim dizer, em cada página do presente volume, a emancipação dos escravos e dos *ingênuos*,[2] e a necessidade de eliminar a escravidão da constituição do nosso povo, isto é, o abolicionismo, devia ter precedência às demais reformas. De fato, todas as outras dependem dessa que é propriamente a substituição dos alicerces da nossa pátria. Os volumes seguintes terão por objeto: a reforma econômica e financeira, a instrução pública, a descentralização administrativa, a igualdade religiosa, as relações exteriores, a representação política, a imigração europeia; e, quem quer que seja o escritor, serão todos inspirados pelo mesmo pensamento — o de elevar o Brasil à categoria de membro útil da humanidade, e habilitá-lo a competir no futuro com as outras nações da América do Sul, que estão ainda crescendo a seu lado, fazendo dele uma comunhão voluntária para todos os associados, liberal e progressiva, pacífica e poderosa.

*Os grifos ao longo do texto são do original. [N.E.]

Já existe felizmente em nosso país uma consciência nacional — em formação, é certo — que vai introduzindo o elemento da dignidade humana em nossa legislação, e para a qual a escravidão, apesar de hereditária, é uma verdadeira mancha de Caim que o Brasil traz na fronte. Essa consciência, que está temperando a nossa alma, e há de por fim humanizá-la, resulta da mistura de duas correntes diversas: o arrependimento dos descendentes de senhores, e a afinidade de sofrimento dos herdeiros de escravos.

Não tenho portanto medo de que o presente volume não encontre o acolhimento que eu espero por parte de um número bastante considerável de compatriotas meus, a saber: os que sentem a dor do escravo como se fora própria, e ainda mais, como parte de uma dor maior — a do Brasil, ultrajado e humilhado; os que têm a altivez de pensar — e a coragem de aceitar as consequências desse pensamento — que a pátria, como a mãe, quando não existe para os filhos mais infelizes, não existe para os mais dignos; aqueles para quem a escravidão, degradação sistemática da natureza humana por interesses mercenários e egoístas, se não é infamante para o homem educado e feliz que a inflige, não pode sê-lo para o ente desfigurado e oprimido que a sofre; por fim, os que conhecem as influências sobre o nosso país daquela instituição no passado e no presente, o seu custo ruinoso, e preveem os efeitos da sua continuação indefinida.

Possa ser bem-aceita por eles esta lembrança de um correligionário ausente, mandada do estrangeiro,[3] de onde se ama ainda mais a pátria do que no próprio país — pela contingência de não tornar a vê-la, pelo trabalho constante da imaginação, e pela saudade que Garret nunca teria pintado ao vivo se não tivesse sentido a nostalgia — e onde o patriotismo, por isso mesmo que o Brasil é visto como um todo no qual homens e partidos, amigos e adversários se confundem na superfície alumiada pelo sol dos trópicos, parece mais largo, generoso e tolerante.

REFORMAS NACIONAIS: O ABOLICIONISMO

Quanto a mim, julgar-me-ei mais do que recompensado, se as sementes de liberdade, direito e justiça, que estas páginas contêm, derem uma boa colheita no solo ainda virgem da nova geração; e se este livro concorrer, unindo em uma só legião os abolicionistas brasileiros, para apressar, ainda que seja de uma hora, o dia em que vejamos a Independência completada pela Abolição, e o Brasil elevado à dignidade de país livre, como o foi em 1822 à de nação soberana, perante a América e o mundo.

Joaquim Nabuco
Londres, 8 de abril de 1883

I
O que é o abolicionismo?
A obra do presente e a do futuro

Uma pátria respeitada, não tanto pela grandeza do seu território como pela união de seus filhos; não tanto pelas leis escritas, como pela convicção da honestidade e justiça do seu governo; não tanto pelas instituições deste ou daquele molde, como pela prova real de que essas instituições favorecem, ou, quando menos, não contrariam a liberdade e desenvolvimento da nação.

Evaristo Ferreira da Veiga[4]

Não há muito que se fala no Brasil em Abolicionismo e partido abolicionista. A ideia de suprimir a escravidão, libertando os escravos existentes, sucedeu à ideia de suprimir a escravidão, entregando-lhe o milhão e meio de homens de que ela se achava de posse em 1871 e deixando-a acabar com eles. Foi na legislatura de 1879-80 que pela primeira vez se viu dentro e fora do Parlamento um grupo de homens fazer da *emancipação dos escravos*, não da limitação do cativeiro às gerações atuais, a sua bandeira política, a condição preliminar da sua adesão a qualquer dos partidos.[5]

A história das oposições que a Escravidão encontrara até então pode ser resumida em poucas palavras. No período anterior à Independência e nos primeiros anos subsequentes, houve na geração trabalhada pelas ideias liberais do começo do século um certo desassossego de consciência pela necessidade em que ela se viu de realizar a emancipação nacional, deixando grande parte da população em cativeiro pessoal. Os acontecimentos políticos porém absorviam a atenção do povo, e com a revolução de 7 de abril de 1831 começou um período de excitação que durou até a Maioridade. Foi somente no Segundo Reinado que o progresso dos costumes públicos tornou possível a primeira resistência séria à Escravidão. Antes de 1840 o Brasil é presa do tráfico de africanos; o estado do país é fielmente representado pela pintura do mercado de escravos no Valongo.

A primeira oposição nacional à Escravidão foi promovida tão somente contra o Tráfico. Pretendia-se suprimir a escravidão lentamente, proibindo a importação de novos escravos. À vista da espantosa mortalidade dessa classe, dizia-se que a escravatura, uma vez extinto o viveiro inesgotável da África, iria sendo progressivamente diminuída pela morte, apesar dos nascimentos.

Acabada a importação de africanos pela energia e decisão de Eusébio de Queirós, e pela vontade tenaz do Imperador — o qual chegou a dizer em despacho que preferia perder a coroa a consentir na continuação do Tráfico —, seguiu-se à deportação dos traficantes e à lei de 4 de setembro de 1850 uma calmaria profunda. Esse período de cansaço, ou de satisfação pela obra realizada — em todo o caso de indiferença absoluta pela sorte da população escrava —, durou até depois da Guerra do Paraguai, quando a Escravidão teve que dar e perder outra batalha. Essa segunda oposição que a Escravidão sofreu, como também a primeira, não foi um ataque ao acampamento do inimigo para tirar-lhe os prisioneiros, mas uma limitação apenas do território sujeito às suas correrias e depredações.

Com efeito, no fim de uma crise política permanente que durou de 1866 até 1871, foi promulgada a lei de 28 de setembro, a qual respeitou o princípio da inviolabilidade do domínio do senhor sobre o escravo, e não ousou penetrar, como se fora um local sagrado, interdito ao próprio Estado, nos *ergástulos* agrários; e de novo, a esse esforço de um organismo debilitado para minorar a medo as consequências da gangrena que o invadia, sucedeu outra calmaria da opinião, outra época de indiferença pela sorte do escravo, durante a qual o governo pôde mesmo esquecer-se de cumprir a lei que havia feito passar.

Foi somente oito anos depois que essa apatia começou a ser modificada e se levantou uma terceira oposição à Escravidão, desta vez, não contra os seus interesses de expansão, como era o Tráfico, ou as suas esperanças, como a fecundidade da mulher escrava, mas diretamente contra as suas posses, contra a legalidade e a legitimidade dos seus *direitos*, contra o escândalo da sua existência em um país civilizado e a sua perspectiva de embrutecer o *ingênuo* na mesma senzala — onde embrutecera o escravo.

Em 1850 queria-se suprimir a escravidão, acabando com o Tráfico; em 1871, libertando desde o berço, mas de fato depois dos 21 anos de idade, os filhos de escrava ainda por nascer; hoje quer-se suprimi-la, emancipando os escravos em massa e resgatando os *ingênuos* da servidão da lei de 28 de setembro. É este último movimento que se chama Abolicionismo, e só este resolve o verdadeiro problema dos escravos, que é a sua própria liberdade. A opinião em 1845 julgava legítima e honesta a compra de africanos, transportados traiçoeiramente da África, e introduzidos por contrabando no Brasil. A opinião em 1875 condenava as transações dos traficantes, mas julgava legítima e honesta a matrícula depois de trinta anos de cativeiro ilegal das vítimas do Tráfico. O Abolicionismo é a opinião que deve substituir por sua vez esta última, e para a qual todas as transações de domínio sobre entes humanos são crimes que só diferem no grau de crueldade.

O Abolicionismo, porém, não é só isso e não se contenta com ser o advogado ex officio da porção da raça negra ainda escravizada; não reduz a sua missão a promover e conseguir — no mais breve prazo possível — o resgate dos escravos e dos *ingênuos*. Essa obra — de reparação, vergonha ou arrependimento, como a queiram chamar — da emancipação dos atuais escravos e seus filhos é apenas a tarefa imediata do Abolicionismo. Além dessa há outra maior, a do futuro: a de apagar todos os efeitos de um regime que, há três séculos, é uma escola de desmoralização e inércia, de servilismo e irresponsabilidade para a casta dos senhores, e que fez do Brasil o Paraguai da escravidão.

Quando mesmo a emancipação total fosse decretada amanhã, a liquidação desse regime daria lugar a uma série infinita de questões, que só poderiam ser resolvidas de acordo com os interesses vitais do país pelo mesmo espírito de justiça e humanidade que dá vida ao Abolicionismo. Depois que os últimos escravos houverem sido arrancados ao poder sinistro que representa para a raça negra a maldição da cor, será ainda preciso desbastar, por meio de uma educação viril e séria, a lenta estratificação de trezentos anos de cativeiro, isto é, de despotismo, superstição e ignorância. O processo natural pelo qual a Escravidão fossilizou nos seus moldes a exuberante vitalidade do nosso povo, durou todo o período do nosso crescimento, e enquanto a nação não tiver consciência de que lhe é indispensável adaptar à liberdade cada um dos aparelhos do seu organismo de que a Escravidão se apropriou, a obra desta irá por diante, mesmo quando não haja mais escravos.

O Abolicionismo é assim uma concepção nova em nossa história política, e dele muito provavelmente, como adiante se verá, há de resultar a desagregação dos atuais partidos. Até bem pouco tempo a Escravidão podia esperar que a sua sorte fosse a mesma no Brasil que no Império Romano, e que a deixassem desaparecer sem contorções nem violência. A política dos nossos homens de Estado foi toda até hoje inspirada pelo desejo de fazer a escravidão dissolver-se insensivelmente no país.

O Abolicionismo é um protesto contra essa triste perspectiva, contra o expediente de entregar à morte a solução de um problema, que não é só de justiça e consciência moral, mas também de previdência política. Além disso, o nosso sistema está por demais estragado para poder sofrer impunemente a ação prolongada da escravidão. Cada ano desse regime que degrada a nação toda, por causa de alguns indivíduos, há de ser-lhe fatal, e se hoje basta, talvez, o influxo de uma nova geração, educada em outros princípios, para determinar a reação e fazer o corpo entrar de novo no processo, retardado e depois suspenso, do crescimento natural; no futuro, só uma operação nos poderá salvar — à custa da nossa identidade nacional —, isto é, a transfusão do sangue puro e oxigenado de uma raça livre.

O nosso caráter, o nosso temperamento, a nossa organização toda, física, intelectual e moral, acha-se terrivelmente afetada pelas influências com que a escravidão passou trezentos anos a permear a sociedade brasileira. A empresa de anular essas influências é superior, por certo, aos esforços de uma só geração, mas, enquanto essa obra não estiver concluída, o Abolicionismo terá sempre razão de ser.

Assim como a palavra "Abolicionismo", a palavra "Escravidão" é tomada neste livro em sentido lato. Esta não significa somente a relação do escravo para com o senhor; significa muito mais: a soma do poderio, influência, capital, e clientela dos senhores todos; o feudalismo estabelecido no interior; a dependência em que o comércio, a religião, a pobreza, a indústria, o Parlamento, a Coroa, o Estado enfim, se acham perante o poder agregado da minoria aristocrática em cujas senzalas centenas de milhar[es] de entes humanos vivem embrutecidos e moralmente mutilados pelo próprio regime a que estão

REFORMAS NACIONAIS: O ABOLICIONISMO

sujeitos; e por último, o espírito, o princípio vital que anima a instituição toda, sobretudo no momento em que ela entra a recear pela posse imemorial em que se acha investida, espírito que há sido em toda a história dos países de escravos a causa do seu atraso e da sua ruína.

A luta entre o Abolicionismo e a Escravidão é de ontem, mas há de prolongar-se muito, e o período em que já entramos há de ser caracterizado por essa luta. Não vale à Escravidão a pobreza dos seus adversários, nem a própria riqueza; não lhe vale o seu imenso poderio que os abolicionistas conhecem melhor talvez do que ela: o desenlace não é duvidoso. Essas contendas não se decidem nem por dinheiro, nem por prestígio social, nem — por mais numerosa que esta seja — por uma clientela mercenária. "O Brasil seria o último dos países do mundo, se, tendo a escravidão, não tivesse um partido abolicionista: seria a prova de que a consciência moral ainda não havia despontado nele."* O Brasil seria o mais desgraçado dos países do mundo, devemos acrescentar hoje que essa consciência despontou, se, tendo um partido abolicionista, esse partido não triunfasse: seria a prova de que a Escravidão havia completado a sua obra e selado o destino nacional com o sangue dos milhões de vítimas que fez dentro do nosso território. Deveríamos então perder para sempre a esperança de fundar um dia a pátria que Evaristo sonhou.

*Manifesto da sociedade brasileira contra a escravidão. [Esta e as notas de rodapé subsequentes são dos autores.]

II
O partido abolicionista

Não há maior honra para um partido do que sofrer pela
sustentação de princípios que ele julga serem justos.
W. E. Gladstone[6]

O sentido em que é geralmente empregada a expressão
"partido abolicionista" não corresponde ao que de ordinário se entende pela palavra "partido". A este respeito algumas explicações são necessárias.[7]

Não há dúvida de que já existe um núcleo de pessoas identificadas com o movimento abolicionista, que sentem dificuldade em continuar filiadas nos partidos existentes, por causa das suas ideias. Sob a bandeira da abolição combatem hoje Liberais, Conservadores, Republicanos, sem outro compromisso, e este tácito e por assim dizer de honra política, senão o de subordinarem a sujeição partidária a outra maior, a consciência humana. Assim como na passada legislatura diversos Liberais julgaram dever votar pela ideia abolicionista de preferência a votar pelo seu partido,[8] também nas seguintes encontrar-se-ão Conservadores prontos a fazer outro tanto e Republicanos que prefiram combater pela causa da liberdade pessoal dos escravos a combater pela forma de governo da sua aspiração.

A simples subordinação do interesse de qualquer dos atuais partidos ao interesse da emancipação basta para mostrar que o partido abolicionista, quando surgir, há de satisfazer um ideal de pátria mais elevado, compreensivo e humano, do que o de qualquer dos outros partidos já formados, os quais são todos mais ou menos sustentados e bafejados pela Escravidão. Não se pode, todavia, por enquanto, chamar *partido* a corrente de opinião, ainda não encaminhada para o seu destino, a cuja expansão assistimos.

Entende-se por *partido* não uma opinião somente, mas uma opinião organizada para chegar aos seus fins; o Abolicionismo é por ora uma agitação, e é cedo ainda para se dizer se será algum dia um partido. Nós o vemos desagregando fortemente os partidos existentes, e até certo ponto constituindo uma igreja à parte composta dos cismáticos de todas as outras. No Partido Liberal a corrente conseguiu pelo menos pôr a descoberto os alicerces mentirosos do Liberalismo entre nós. Quanto ao Partido Conservador, devemos esperar a prova da passagem pelo poder que desmoralizou os seus adversários, para sabermos que ação o Abolicionismo exercerá sobre ele. Uma nova Dissidência, com a mesma bandeira de 1871, valeria um exército para a nossa causa. Restam os Republicanos.

O Abolicionismo afetou esse partido de um modo profundo, e a nenhum fez tanto bem. Foi a lei de 28 de setembro — e a ideia, adrede espalhada entre os fazendeiros, de que o Imperador era o chefe do movimento contra a Escravidão —, que de repente engrossou as fileiras Republicanas com uma leva de voluntários saídos de onde menos se imaginava.[9] A *República* compreendeu a oportunidade dourada que se lhe oferecia, e não a desprezou; o partido, não falo da opinião, mas da associação, aproveitou largamente as simpatias que lhe procurava a corajosa defesa, empreendida notavelmente pelo sr. Christiano Otoni, dos interesses da grande propriedade. Como era natural, por outro lado, o Abolicionismo, depois de muitas hesitações, impôs-se ao espírito de grande número de

Republicanos como uma obrigação maior, mais urgente, mais justa, e a todos os respeitos mais considerável, do que a de mudar a forma de governo com o auxílio de proprietários de homens. Foi na forte democracia[10] escravagista de São Paulo que a contradição desses dois estados sociais se manifestou de modo mais evidente.

Supondo que a República seja a forma natural da democracia, ainda assim o dever de elevar os escravos a homens precede toda a arquitetura democrática. O Abolicionismo num país de escravos é para o Republicano *de razão* a República oportunista, a que pede o que pode conseguir e o que mais precisa, e não se esteriliza a querer antecipar uma ordem de coisas da qual o país só pode tirar benefícios reais quando nele não houver mais *senhores*. Por outro lado, a teoria inventada para contornar a dificuldade sem a resolver, de que pertence à Monarquia acabar com a escravidão, e que o Partido Republicano nada tem com isso, lançou para muitos que se haviam alistado nas fileiras da República um clarão sinistro sobre a aliança contraída em 1871.

É com efeito difícil hoje a um Liberal ou Conservador, convencido dos princípios cardeais do desenvolvimento social moderno e do direito inato — no estado de civilização — de cada homem à sua liberdade pessoal, e deve sê-lo muito mais para um Republicano, fazer parte homogênea de organizações em cujo credo a mesma natureza humana pode servir para base da democracia e da escravidão, conferir a um indivíduo, ao mesmo tempo, o direito de tomar parte no governo do país e o de manter outros indivíduos — porque os comprou ou os herdou — em abjeta subserviência forçada durante toda a vida. Conservadores constitucionais; Liberais, que se indignam contra o governo pessoal; Republicanos, que consideram degradante o governo monárquico da Inglaterra e da Bélgica; exercitando dentro das porteiras das suas fazendas, sobre centenas de entes rebaixados da dignidade de *pessoa*, poder maior que o de um chefe africano nos seus domínios, sem nenhuma lei escrita que o regule, nenhuma opinião que o fiscalize, discricionário, suspeitoso, irresponsável: o que mais é preciso para qualificar, segundo uma frase conhecida, essa audácia com que os nossos partidos assumem os grandes nomes que usam — de *estelionato político*?[11]

É por isso que o Abolicionismo desagrega dessas organizações os que as procuram por causa daqueles nomes históricos, segundo as suas convicções individuais. Todos os três partidos baseiam as suas aspirações políticas sobre um estado social cujo nivelamento não os afeta; o Abolicionismo, pelo contrário, começa pelo princípio, e, antes de discutir qual o melhor modo para um povo *livre* de governar-se a si mesmo — é essa a questão que divide os outros —, trata de tornar esse povo livre, aterrando o imenso abismo que separa as duas castas sociais em que ele se extrema.

Nesse sentido o Abolicionismo deveria ser a escola primária de todos os partidos, o alfabeto da nossa política, mas não o é; por um curioso anacronismo houve um Partido Republicano muito antes de existir uma opinião abolicionista, e daí a principal razão por que essa política é uma babel na qual ninguém se entende. Qual será, porém, o resultado da desagregação inevitável? Irão os abolicionistas, separados pela sinceridade das suas ideias de partidos que têm apenas interesses e ambições pessoais como razão de ser e os princípios somente por pretexto, agrupando-se lentamente num partido comum, a princípio unidos pela proscrição social que estão sofrendo, e depois pela esperança da vitória? Haverá um partido abolicionista organizado, com a intuição completa da sua missão no presente e no futuro, para presidir a transformação do Brasil escravo no Brasil livre, e liquidar a herança da Escravidão?

Assim aconteceu nos Estados Unidos, onde o atual Partido Republicano, ao surgir na cena política, teve que dominar a rebelião, emancipar 4 milhões de escravos, estabelecer definitivamente o novo regime da liberdade e da igualdade em Estados que queriam formar nas praias do golfo do México a maior potência escravocrata do mundo. É natural que isso aconteça no Brasil; mas é possível também que — em vez de fundir-se num só partido por causa de grandes divergências internas entre Liberais, Conservadores e Republicanos — o Abolicionismo venha a trabalhar os três partidos de forma a cindi-los sempre que seja preciso — como foi em 1871 para a passagem da Lei Rio Branco[12] — reunir os elementos progressistas de cada um numa cooperação desinteressada e transitória, numa aliança política limitada a certo fim; ou que venha mesmo a decompor e reconstituir diversamente os partidos existentes, sem todavia formar um partido único e homogêneo.

O advento do Abolicionismo coincidiu com a eleição direta,[13] e sobretudo com a aparição de uma força, a qual se está solidificando em torno da imprensa — cuja barateza e distribuição por todas as classes é um fato importante na história da democratização do país — força que é a opinião pública. Todos esses elementos devem ser tomados em consideração quando se quer saber como o Abolicionismo há de, por fim, constituir-se.

Neste livro, entretanto, a expressão "partido abolicionista" significará tão somente o movimento abolicionista, a corrente de opinião que se está desenvolvendo do Norte ao Sul. É claro que há no grupo de pessoas que têm manifestado aderir àquele movimento mais do que o embrião de um partido. Caso amanhã, por qualquer circunstância, se organizasse um gabinete abolicionista, se o que constitui um partido são pretendentes a posições ou honras políticas, aspirantes a lugares remunerados, clientes de ministros, caudatários do Governo — aquele núcleo sólido teria uma cauda adventícia tão grande pelo menos como a dos partidos oficiais.

Basta considerar que, quanto mais se fracionam esses partidos no governo, mais lhes cresce o séquito. O poder é infelizmente entre nós — e esse é um dos efeitos mais incontestáveis do servilismo que a escravidão deixa após si — a região das gerações espontâneas. Qualquer ramo, por mais murcho e seco, deixado uma noite ao alento dessa atmosfera privilegiada, aparece na manhã seguinte coberto de folhas. Não há como negar o influxo desse *fiat*: é toda a nossa história. "O poder é o poder", foi uma frase que resumiu a sabedoria da experiência de todos os nossos homens públicos, e sobre a qual assentam todos os seus cálculos. Nenhuma opinião remotamente distante do Governo pode ostentar o pessoal numeroso dos dois partidos que se alternam no exercício do patronato e na guarda do cofre das graças, distribuem empresas e favores, e por isso têm em torno de si, ou às suas ordens e sob o seu mando — num país que a escravidão empobreceu e carcomeu —, todos os elementos dependentes e necessitados da população. Isso mesmo caracteriza a diferença entre o Abolicionismo e os dois partidos constitucionais:[14] o poder destes é praticamente o poder da Escravidão toda como instituição privada e como instituição política; o daquele é o poder tão somente das forças que começam a rebelar-se contra semelhante monopólio — da terra, do capital e do trabalho — que faz da Escravidão um estado no Estado, cem vezes mais forte do que a própria nação.

III
O mandato da raça negra

Se a inteligência nativa e a independência dos bretões não conseguem sobreviver no clima insalubre e adverso da escravidão pessoal, como se poderia esperar que os pobres africanos, sem o apoio de nenhum sentimento de dignidade pessoal ou de direitos civis, não cedessem às influências malignas a que há tanto tempo estão sujeitos e não ficassem deprimidos mesmo abaixo do nível da espécie humana?

William Wilberforce

O mandato abolicionista é uma dupla delegação, inconsciente da parte dos que a fazem, mas em ambos os casos interpretada pelos que a aceitam como um mandato que se não pode renunciar. Nesse sentido deve-se dizer que o abolicionista é o advogado gratuito de duas classes sociais, que de outra forma não teriam meios de reivindicar os seus direitos, nem consciência deles. Essas classes são: os escravos e os *ingênuos*. Os motivos pelos quais essa procuração tácita impõe-nos uma obrigação irrenunciável não são puramente — para muitos não são mesmo principalmente — motivos de humanidade, compaixão e defesa generosa do fraco e do oprimido.

Em outros países a propaganda da emancipação foi um movimento religioso, pregado do púlpito, sustentado com fervor pelas diferentes igrejas e comunhões religiosas. Entre nós o movimento abolicionista nada deve infelizmente à igreja do Estado; pelo contrário, a posse de homens e mulheres pelos conventos e por todo o clero secular desmoralizou inteiramente o sentimento religioso de senhores e escravos. No sacerdote estes não viam senão um homem que os podia comprar, e aqueles a última pessoa que se lembraria de acusá-los. A deserção pelo nosso clero do posto que o Evangelho lhe marcou foi a mais vergonhosa possível: ninguém o viu tomar a parte dos escravos, fazer uso da religião para suavizar-lhes o cativeiro, e para dizer a verdade moral aos senhores. Nenhum padre tentou nunca impedir um leilão de escravos, nem condenou o regime religioso das senzalas. A Igreja Católica, apesar do seu imenso poderio em um país ainda em grande parte fanatizado por ela, *nunca* elevou no Brasil a voz em favor da emancipação.

Se o que dá força ao Abolicionismo não é principalmente o sentimento religioso, o qual não é a alavanca de progresso que podia ser, por ter sido desnaturado pelo próprio clero, também não é o espírito de caridade ou filantropia. A guerra contra a escravidão foi na Inglaterra um movimento religioso e filantrópico, determinado por sentimentos que nada tinham de político, senão no sentido em que se pode chamar política a moral social do Evangelho. No Brasil, porém, o Abolicionismo é antes de tudo um movimento *político*, para o qual sem dúvida poderosamente concorrem o interesse pelos escravos e a compaixão pela sua sorte, mas que nasce de um pensamento diverso: o de reconstruir o Brasil sobre o trabalho livre e a união das raças na liberdade.

Nos outros países o Abolicionismo não tinha esse caráter de reforma política primordial, porque não se queria a raça negra para elemento permanente de população, nem como parte homogênea da sociedade. O negro libertado ficaria nas colônias, não seria nunca um fator eleitoral na própria Inglaterra, ou França. Nos Estados Unidos os acontecimentos marcharam com tanta rapidez e desenharam-se por tal forma, que o Congresso se viu forçado a fazer dos antigos escravos do Sul, de um dia para o outro, cidadãos americanos com os mesmos direitos que os demais; mas esse foi um dos resultados imprevistos da guerra. A abolição não tinha até ao momento da Emenda Constitucional tão amplo sentido, e ninguém sonhara para o negro ao mesmo tempo a alforria e o voto.

No Brasil a questão não é como nas colônias europeias um movimento de generosidade em favor de uma classe de homens vítimas de uma opressão injusta a grande distância das nossas praias. A raça negra não é tampouco para nós uma raça inferior, alheia à comunhão ou isolada desta, e cujo bem-estar nos afeta como o de qualquer tribo indígena maltratada pelos invasores europeus. Para nós a raça negra é um elemento de considerável importância nacional, estreitamente ligada por infinitas relações orgânicas à nossa constituição, parte integrante do povo brasileiro. Por outro lado, a emancipação não significa tão somente o termo da injustiça de que o escravo é mártir, mas também a eliminação simultânea dos dois tipos contrários, e no fundo os mesmos: o escravo e o *senhor*.

É esse ponto de vista da importância fundamental da emancipação que nos faz sub-rogar-nos nos direitos de que os escravos e os seus filhos — chamados *ingênuos* por uma aplicação restrita da palavra, a qual mostra bem o valor das ficções que contrastam com a realidade — não podem ter consciência, ou que, tendo-a, não podem reclamar, pela morte civil a que estão sujeitos. Aceitamos esse mandato como homens políticos, por motivos políticos, e assim representamos os escravos e os *ingênuos* na qualidade de brasileiros que julgam o seu título de cidadão diminuído enquanto houver brasileiros escravos, isto é, no interesse de todo o país e no nosso próprio interesse.

REFORMAS NACIONAIS: O ABOLICIONISMO 69

Quem pode dizer que a raça negra não tem direito de protestar perante o mundo e perante a história contra o procedimento do Brasil? Esse direito de acusação, entretanto, ela própria o renunciou; ela não apela para o mundo, mas tão somente para a generosidade do país que a escravidão lhe deu por pátria. Não é já tempo que os brasileiros prestem ouvidos a esse apelo?

Em primeiro lugar, a parte da população nacional que descende de escravos é pelo menos tão numerosa como a parte que descende exclusivamente de senhores; isso quer dizer que a raça negra nos deu um povo. Em segundo lugar, o que existe até hoje sobre o vasto território que se chama Brasil foi levantado ou cultivado por aquela raça; isso quer dizer que foi ela que construiu o nosso país. Há trezentos anos que o africano tem sido o principal instrumento da ocupação e da manutenção do nosso território pelo europeu, e que os seus descendentes se misturam com o nosso povo. Aonde ele não chegou ainda, o país apresenta o aspecto com que surpreendeu aos seus primeiros descobridores. Tudo o que significa luta do homem com a natureza, conquista do solo para a habitação e cultura; estradas e edifícios, canaviais e cafezais, a casa do senhor e a senzala dos escravos, igrejas e escolas, alfândegas e correios, telégrafos e caminhos de ferro, academias e hospitais, tudo, absolutamente tudo que existe no país, como resultado do trabalho manual, como emprego de capital, como acumulação de riqueza, não passa de uma doação gratuita da raça que trabalha à que faz trabalhar.

Por esses sacrifícios sem número, por esses sofrimentos cuja terrível concatenação com o progresso lento do país faz da história do Brasil um dos mais tristes episódios do povoamento da América, a raça negra fundou para outros uma pátria que ela pode com muito mais direito chamar sua. Suprima-se mentalmente essa raça e o seu trabalho, e o Brasil não será na sua maior parte senão um território deserto, quando muito um segundo Paraguai, guarani e jesuítico.

Nessas condições é tempo de renunciarmos o usufruto dos últimos representantes dessa raça infeliz. [Bernardo Pereira de] Vasconcellos, ao dizer que a nossa civilização viera da costa da África, pôs patente, sem o querer, o crime do nosso país escravizando os próprios que o civilizaram. Já vimos com que importante contingente essa raça concorreu para a formação do nosso povo. A escravidão moderna repousa sobre uma base diversa da escravidão antiga: a cor preta. Ninguém pensa em reduzir homens brancos ao cativeiro: para este ficaram reservados tão somente os negros. Nós não somos um povo exclusivamente branco, e não devemos portanto admitir essa maldição da cor; pelo contrário, devemos tudo fazer por esquecê-la.

A escravidão, por felicidade nossa, não azedou nunca a alma do escravo contra o senhor, falando coletivamente, nem criou entre as duas raças o ódio recíproco que existe naturalmente entre opressores e oprimidos. Por esse motivo o contato entre elas foi sempre isento de asperezas fora da escravidão, e o homem de cor achou todas as avenidas abertas diante de si. Os debates da última legislatura, e o modo liberal pelo qual o Senado assentiu à elegibilidade dos libertos, isto é, ao apagamento do último vestígio de desigualdade da condição anterior, mostram que a cor no Brasil não é, como nos Estados Unidos, um preconceito social contra cuja obstinação pouco podem o caráter, o talento e o mérito de quem incorre nele. Essa boa inteligência em que vivem os elementos de origem diferente da nossa nacionalidade é um interesse público de primeira ordem para nós.

Ouvi contar que estando Antônio Carlos a ponto de expirar, um indivíduo se apresentara na casa onde se finava o grande orador, instando por vê-lo. Havia ordem de não admitir pessoas estranhas no quarto do moribundo, e o amigo encarregado de executá-la teve que recusar ao visitante esse favor, que ele implorava com lágrimas nos olhos, de contemplar antes da morte o último dos Andrada. Por fim, notando a insistência desesperada do desconhecido, perguntou-lhe o amigo que estava de guarda: — "Mas por que quer o senhor tanto ver o sr. Antônio Carlos?" — "Por que eu quero vê-lo?" — respondeu ele numa explosão de dor — "Não vê a minha cor! Pois se não fossem os Andrada, o que éramos nós no Brasil? Foram eles que nos deram esta pátria!".

Sim, foram eles que deram uma pátria aos homens de cor *livres*, mas essa pátria, é preciso que nós a estendamos por nossa vez aos que o não são. Só assim poder-se-á dizer que o Brasil é uma nação demasiado altiva para consentir que sejam escravos brasileiros de nascimento, e generosa o bastante para não consentir que o sejam africanos, só por pertencerem uns e outros à raça que fez do Brasil o que ele é.

IV
O caráter do movimento abolicionista

Não é por ação direta e pessoal sobre o espírito do escravo que lhe podemos fazer algum bem. É com os livres que nos devemos entender; é com estes que devemos pleitear a causa daquele. A lei eterna obriga-nos a tomar a parte do oprimido, e essa lei torna-se muito mais obrigatória desde que nós lhe proibimos levantar o braço em defesa própria.
William Channing

Essas palavras de Channing mostram ao mesmo tempo a natureza e as dificuldades de uma campanha abolicionista onde quer que seja travada. É uma luta que tem, como teve sempre em toda a parte, dois grandes embaraços: o primeiro, o estarem as pessoas que queremos salvar nas mãos dos adversários, como reféns; o segundo, o se acharem os senhores praticamente à mercê dos escravos. Por isso também os abolicionistas, que querem conciliar todas as classes, e não indispor umas contra outras; que não pedem a emancipação no interesse tão somente do escravo, mas do próprio senhor, e da sociedade toda; não podem querer instilar no coração do oprimido um ódio que ele não sente, e muito menos fazer apelo a paixões que não servem para fermento de uma causa, que não se resume na reabilitação da raça negra, mas que é equivalente, como o vimos, à reconstituição completa do país.

A propaganda abolicionista com efeito não se dirige aos escravos. Seria uma covardia, inepta e criminosa, e, além disso, um suicídio político para o partido abolicionista, incitar à insurreição ou ao crime homens sem defesa, e que ou a lei de Lynch[15] ou a justiça pública imediatamente havia de esmagar. Covardia, porque era expor outros a perigos que o provocador não havia de correr com eles; inépcia, porque todos os fatos dessa natureza dariam como único resultado para o escravo a agravação do seu cativeiro; crime, porque seria fazer os inocentes sofrerem pelos culpados, além da cumplicidade que cabe ao que induz outrem a cometer um crime; suicídio político, porque a nação inteira — vendo uma classe, e essa a mais influente e poderosa do Estado, exposta à vindita bárbara e selvagem de uma população mantida até hoje ao nível dos animais e cujas paixões, quebrado o freio do medo, não conheceriam limites no modo de satisfazer-se — pensaria que a necessidade urgente era salvar a sociedade a todo o custo por um exemplo tremendo, e este seria o sinal da morte do abolicionismo de Wilberforce, Lamartine e Garrison, que é o nosso, e do começo do abolicionismo de Catilina ou de Espártaco, ou de John Brown.[16]

A escravidão não há de ser suprimida no Brasil por uma guerra servil, muito menos por insurreições ou atentados locais. Não deve sê-lo também por uma guerra civil como o foi nos Estados Unidos. Ela poderia desaparecer talvez depois de uma revolução, como aconteceu em França, sendo essa revolução obra exclusiva da população livre; mas tal possibilidade não entra nos cálculos de nenhum abolicionista. Não é igualmente provável que semelhante reforma seja feita por um decreto majestático da Coroa, como o foi na Rússia, nem por um ato de inteira iniciativa e responsabilidade do governo central, como foi nos Estados Unidos a proclamação de Lincoln.

A emancipação há de ser feita entre nós por uma lei que tenha os requisitos externos e internos de todas as outras. É assim no Parlamento, e não em fazendas ou quilombos do interior, nem nas ruas e praças das cidades, que se há de ganhar ou perder a causa da liberdade. Em semelhante luta, a violência, o crime, o desencadeamento de ódios acalentados, só pode ser prejudicial ao lado que tem por si o direito, a justiça, a procuração dos oprimidos e os votos da humanidade toda.

A escravidão é um estado violento de compressão da natureza humana no qual não pode deixar de haver de vez em quando uma forte explosão. Não temos estatística dos crimes agrários, mas pode-se dizer que a escravidão continuamente expõe o senhor ou os seus agentes, e tenta o escravo, à prática de um crime de maior ou menor gravidade. Entretanto o número de escravos que saem do cativeiro pelo suicídio deve aproximar-se do número dos que se vingam do destino da sua raça na pessoa que mais os atormenta, de ordinário o feitor. A vida do berço ao túmulo literalmente debaixo do chicote é uma constante provocação dirigida ao animal humano, e à qual cada um de nós preferiria mil vezes a morte. Quem pode assim condenar o suicídio do escravo como covardia ou deserção? O Abolicionismo, exatamente porque a criminalidade entre os escravos resulta da perpetuidade da sua condição, concorre para diminuí-la, dando uma esperança à vítima.

Um membro do nosso Parlamento, o sr. Ferreira Vianna, lavrou na sessão passada a sua sentença condenatória da propaganda abolicionista, dizendo que era um *perverso* quem fazia nascer no coração do infeliz uma esperança que não podia ser realizada.

Essa frase condena por *perversos* todos os que têm levantado no coração dos oprimidos, durante a vida da humanidade, esperanças irrealizáveis. Reveja bem o ilustre orador a lista dos que assim proscreve, e nela há de achar os fundadores de todas as religiões — e, se essa classe não lhe parece respeitável, os vultos do catolicismo —, os mártires de todas as ideias, todas as minorias esmagadas, os vencidos das grandes causas. Para ele, pregador leigo da religião católica, perverso não é quem oprime, viola o direito, prostitui o Evangelho, ultraja a pátria, diminui a humanidade: mas sim o que diz ao oprimido, que nesse caso é o escravo: "Não desanimes, o teu cativeiro não há de ser perpétuo, o direito há de vencer a força, a natureza humana há de reagir em teu favor nos próprios que a mutilam em ti, a pátria há de alargar as suas fronteiras morais até te abranger". Este, sim, é perverso, chamasse-se ele, em vez de André Rebouças, Joaquim Serra, Ferreira de Menezes, Luiz Gama, ou outro qualquer nome de abolicionista brasileiro, Granville Sharpe, Buxton, Whittier ou Longfellow.

Quando mesmo essa esperança nos parecesse irrealizável, não seria perversidade o fazer penetrar no cárcere do escravo, onde reina uma noite perpétua, um raio de luz, que o ajudasse a ser bom e a viver. Mas a esperança não nos parece irrealizável, graças a Deus, e nós não a afagamos só pelo escravo, afagamo-la por nós mesmos também, porque o mesmo dia que der a liberdade àquele — e esse somente — há de dar-nos uma dignidade, que hoje não o é — a de cidadão brasileiro.

Como se pode de boa-fé pretender que é socialmente perigoso esse sentimento que nos faz reclamar a adoção nas famílias mais do que plebeias, para as quais a lei achou que bastava o *contubernium*, expatriar-nos moralmente, quer estejamos fora quer dentro do país, porque traçamos as fronteiras da nacionalidade além da lei escrita de forma a compreender esse povo que não é nem estrangeiro nem nacional e perante o direito das gentes não tem pátria? Que crime seria perante um tribunal do qual Jesus Cristo e São Francisco de Assis fossem os juízes, esse de confundirmos as nossas aspirações com as de quantos tendo nascido brasileiros não fazem parte da comunhão, mas *pertencem* a ela como qualquer outra propriedade, e estão inscritos, não nos alistamentos eleitorais, mas na matrícula das coisas sobre as quais o Estado cobra impostos?

Os escravos em geral não sabem ler, mas não precisam de soletrar a palavra liberdade para sentir a dureza da sua condição. A consciência neles pode estar adormecida, o coração resignado, a esperança morta: eles podem beijar com reconhecimento os ferros que lhes apertam os pulsos; exaltar-se, na sua triste e tocante degradação, com a posição, a fortuna, o luxo do seu senhor; recusar a alforria que este lhes ofereça para não terem que separar-se da casa onde foram *crias*; chamar-se quando libertos pelo nome dos seus patronos; esquecer-se de si mesmos, como o asceta, para viverem na adoração do deus que criaram, prontos a sacrificar-lhe tudo. O que prova isso senão que a escravidão em certos casos isolados e *domésticos* consegue criar um tipo heroico de abnegação e desinteresse, e esse não o senhor, mas o escravo?

Pois bem: como pode o Abolicionismo, que em toda a sua vasta parte inconsciente não é uma renovação social, mas uma explosão de simpatia e de interesse pela sorte do escravo, azedar a alma deste quando trezentos anos de escravidão não o conseguiram? Por que há de a esperança provocar tragédias como o desespero não teve que registar? Por que hoje, que a sua causa está afeita ao tribunal da consciência pública, por advogados que se identificaram com ela e para a defenderem, como ela o exige, praticamente trocaram as roupas do cidadão pelas do hilota, hão de eles comprometer essa defesa, fazendo o que nunca fizeram quando não achavam em todo o país senão espectadores indiferentes ao seu suplício?

Isso por certo não é natural, e se tal porventura acontecesse, a explicação verdadeira seria: não que esses fatos foram o resultado da disseminação das ideias abolicionistas pelo país; mas sim que, fechados nos latifúndios, os escravos nem tinham consciência de que a sua sorte estava preocupando a nação toda, de que o seu cativeiro tocara por fim o coração do povo, e havia para eles uma esperança, ainda que remota, de liberdade. Quanto mais crescer a obra do Abolicionismo, mais se dissiparão os receios de uma guerra servil, de insurreições e atentados.

A propaganda abolicionista é dirigida contra uma instituição e não contra pessoas. Não atacamos os proprietários como indivíduos, atacamos o domínio que exercem e o estado de atraso em que a instituição que representam mantém o país todo. As seguintes palavras do *Manifesto da sociedade brasileira contra a escravidão*[17] expressam todo o pensamento abolicionista:

> O futuro dos escravos depende em grande parte dos seus senhores; a nossa propaganda não pode por consequência tender a criar entre senhores e escravos senão sentimentos de benevolência e solidariedade. Os que por motivo dela sujeitarem os seus escravos a tratos piores, são homens que têm em si mesmos a possibilidade de serem bárbaros e não têm a de serem justos.

Neste caso, devo eu acrescentar, não se teria provado a *perversidade* da propaganda, mas só a impotência da lei para proteger os escravos e os extremos desconhecidos de crueldade a que a escravidão pode chegar, como todo o poder que não é limitado por nenhum outro e não se sabe conter a si próprio. Em outras palavras, ter-se-ia justificado o Abolicionismo do modo o mais completo possível.

A não ser essa contingência, cuja responsabilidade não poderia em caso algum caber-nos, a campanha abolicionista só há de concorrer, pelos benefícios que espalhar entre os escravos, para impedir e diminuir os crimes de que a escravidão sempre foi causa, e que tanto avultaram — quando não existia ainda partido abolicionista e as portas do Brasil estavam abertas ao tráfico de africanos — que motivaram a lei de segurança de 10 de junho de 1835.[18] Não é aos escravos que falamos, é aos livres: em relação àqueles, fizemos nossa divisa das palavras de Sir Walter Scott: — "Não acordeis o escravo que dorme, ele sonha talvez que é livre".

V
"A causa já está vencida"

Trinta anos de escravidão, com as suas degradações, os seus castigos corporais, as suas vendas de homens, mulheres e crianças, como animais domésticos e coisas, impostos a um milhão e meio de criaturas humanas, é um prazo demasiado longo para os amigos da humanidade o aceitarem resignados.

Victor Schoelcher

"A causa que vós, abolicionistas, advogais, dizem-nos todos os dias não só os que nos insultam como também os que simpatizam conosco, é uma causa vencida, há muito tempo, na consciência pública." Tanto quanto essa proposição tem alcance prático, significa isto: — "O país já decidiu, podeis estar descansados, os escravos serão todos postos em liberdade, não há portanto necessidade alguma de um partido abolicionista para promover os interesses daqueles enjeitados que a nação toda perfilhou".

Mas quem diz isso tem um único fim — desarmar os defensores dos escravos para que o preço destes não diminua pela incerteza da longa posse que a lei atual promete ao senhor, e conseguir que a escravidão desapareça naturalmente, graças à mortalidade progressiva numa população que não pode aumentar. É claro que, para quem fala assim, os *ingênuos* são homens livres, não enchem anualmente os claros da escravatura, pelo que não é preciso que alguém tome a si a proteção dessas centenas de milhares de pessoas que são escravos somente até aos 21 anos de idade, isto é, apenas escravos provisórios.[19] O repugnante espetáculo de uma grande massa de futuros cidadãos crescendo nas senzalas, sujeitos ao mesmo sistema de trabalho, à mesma educação moral, ao mesmo tratamento que os escravos, não preocupa os nossos adversários. Eles não acrescentam à massa dos escravos a massa de *ingênuos*, quando inventariam os créditos a longo prazo da escravidão, nem quando lhe arrolam os bens existentes: mas para nós a sorte dos *ingênuos* é um dos dados, como a dos escravos, de um só problema.

Será entretanto exato que esteja vencida no espírito público a ideia abolicionista? Neste momento não indagamos os fundamentos que há para se afirmar, como nós afirmamos, que a maioria do país está conosco sem o poder manifestar. Queremos tão somente saber se a causa do escravo está ganha, ou pelo menos tão segura quanto a decisão final, que possa correr à revelia; se podemos cruzar os braços, com a certeza de ver esse milhão e meio de entes humanos emergir pouco a pouco do cativeiro e tomar lugar ao nosso lado.

Qual é a esperança de liberdade fundada sobre fatos — não se trata da que provém da fé na Providência — que o escravo pode alimentar neste momento da nossa história? Imagine cada homem livre que se acha naquela posição e responda a essa pergunta.

Se fosse escravo de um *bom* senhor, e fosse um *bom* escravo — ideal que nenhum homem livre poderia inteiramente realizar e que exige uma educação à parte —, teria sempre esperança de alforria. Mas os bons senhores muitas vezes são pobres e veem-se obrigados a vender o escravo ao mau senhor. Além disso eles têm filhos, de quem não querem diminuir a legítima. Por outro lado, se há proprietários que forram grande número de escravos, os há também os que nunca assinam uma carta de liberdade. Admitindo-se que o número das alforrias vá aumentando progressivamente, o que já é um resultado incontestável do Abolicionismo, que tem formado em pouco tempo uma opinião pública interessada, vigilante, pronta a galardoar e levar em conta tais atos de consciência — ainda assim, quantos escravos, proporcionalmente à massa total, são libertados, e quantos morrem em cada ano? A alforria como doação é uma esperança que todo o escravo pode ter, mas que é a sorte relativamente de muito poucos. Nessa loteria quase todos os bilhetes saem brancos; a probabilidade é vaga demais para servir de base sólida a qualquer cálculo de vida e de futuro. Tome-se a generalidade dos nossos escravos: morrem no cativeiro; os libertos sempre foram exceções.

Ponha-se de lado essa esperança de que o senhor lhe dê a liberdade, esperança que não constitui um direito; que porta há na lei para o escravo sair do cativeiro? A lei de 28 de setembro de 1871 abriu-lhe, mas não facilitou-lhe, dois caminhos: o do resgate forçado pelo pecúlio, e o do sorteio anual. O primeiro, infelizmente, pelo aparelho imperfeito e desfigurado por atenções particulares que exercita essa importante função da Lei Rio Branco, está em uso nas cidades, mas não nas fazendas: serve para os escravos urbanos, não para os rurais. Assim mesmo essa abert[ur]a daria saída a grande porção de escravos, se a escravidão não houvesse atrofiado entre nós o espírito de iniciativa, e a confiança em contratos de trabalho. Basta esta prova: que um escravo não acha um capital suficiente para libertar-se mediante a locação dos seus serviços, para mostrar o que é a escravidão como sistema social e econômico.*

---

*Esse fato mostra também como a escravidão é a usura da pior espécie, a usura de Shylock exigindo cada onça de carne hipotecada no seu título de dívida. Com efeito, desde que o escravo pode a qualquer tempo que tenha o seu preço em dinheiro depositá-lo e requerer a sua liberdade, cada escravo

Quanto ao Fundo de Emancipação do Estado, sujeito como o ponderou no Senado o barão de Cotegipe a manipulações dos senhores interessados, ver-se-á mais longe a insignificante percentagem que o sorteio abate todos os anos no rol dos escravos. Fora dessas esperanças, fugitivas todas, mas que o Abolicionismo há de converter na maior parte dos casos em realidade, o que resta aos escravos? Absolutamente nada.

---

representa apenas uma dívida para com o senhor, que ele não pode pagar e à qual serve de penhor. É assim um escravo da dívida. Aqui entra a usura do modo o mais extraordinário e que reclamaria o ferro em brasa de um Shakespeare para a punir como merece.

O escravo de um ano, quando passou a lei (1871), podia ser resgatado pela mãe por um preço insignificante; como ela, porém, não tinha esse dinheiro, a *cria* não foi libertada e é hoje um *moleque* (o triste vocabulário da escravidão usado em nossa época, e que é a vergonha da nossa língua, há de reduzir de muito no futuro as pretensões liberais da atual sociedade brasileira), de treze anos, valendo muito mais; em pouco tempo será "um preto" de dobrado valor. Quer isso dizer que a dívida do escravo para com o senhor quadruplicou e mais ainda, porque ele não teve meios de pagá-la quando era menino. Tomemos um escravo moço, forte e *prendado*. (Na escravidão, quanto mais vale física, intelectual e moralmente o homem, mais difícil lhe é resgatar-se, por ser maior o seu preço. O interesse do escravo é assim ser estúpido, estropeado, indolente e incapaz.) Esse escravo tinha 21 anos em 1871 e valia 1:500$. Não representava capital algum empregado, porque era filho de uma escrava, também *cria* da casa. Suponhamos, porém, que representava esse mesmo capital e que fora comprado naquele ano. Era ele assim uma letra de 1:500$ resgatável pelo devedor à vista, porquanto lhe bastava depositar essa quantia para ser forro judicialmente. Em 1871, porém, esse homem não tinha pecúlio algum, nem achou quem lhe emprestasse. Durante os doze anos seguintes viu-se na mesma situação pecuniária. O aluguel, no

REFORMAS NACIONAIS: O ABOLICIONISMO 83

Desapareça o Abolicionismo, que é a vigilância, a simpatia, o interesse da opinião pela sorte desses infelizes; fiquem eles entregues ao destino que a lei lhes traçou, e ao poder do senhor tal qual é, e a morte continuará a ser, como é hoje, a maior das probabilidades e a única certeza que eles têm de sair um dia do cativeiro.

Isso quanto à duração deste; quanto à sua natureza, é hoje o que foi sempre. Nas mãos de um bom senhor, o

---

caso de estar alugado, o serviço não remunerado, no caso de servir em casa, não lhe deixavam sobra alguma para começo de um pecúlio. Nesses doze anos o salário desse homem nunca foi menor de 30$000 por mês (servindo em casa poupava igual despesa ao senhor), o que dá um total de 4:320$000, desprezados os juros. Deduzida dessa quantia o preço original do escravo, restam 2:820$ que ele pagou ao senhor por não ter podido pagar-lhe a dívida de 1:500$ em 1871, além de amortizar toda a dívida sem nenhum proveito para si. Se em 1871 alguém lhe houvesse emprestado aquela soma a juros de 12% ao ano para a sua liberdade, ele a teria pagado integralmente, dando uma larga margem para doenças e vestuário, em 1880, e estaria hoje desembaraçado. Como não achou, porém, esse banqueiro, continua a pagar sempre juros de mais de 20% sobre um capital que não diminui nunca. Feito o cálculo sobre o capital todo empregado em escravos e o juro desse capital representado pelos salários pagos ou devidos, ter-se-á ideia do que é a usura da escravidão. É preciso não esquecer também que grande parte dos escravos são propriedade gratuita, isto é, doação das mães escravas aos seus senhores. A lei de 28 de setembro reduziu a escravidão a uma dívida pignoratícia: os altos juros cobrados sobre essa caução, que é o próprio devedor, fazem dessa especulação o mais vantajoso de todos os empregos de capital. Esse mesmo Estado, que não se importa com essa onzena levantada sobre a carne humana e extorquida à ponta de açoite, esteve muito tempo preocupado em conseguir, sobre a sua fiança para os proprietários territoriais, dinheiro a 7% ao ano garantido pela hipoteca desses mesmos escravos.

escravo pode ter uma vida feliz, como a do animal bem tratado e predileto; nas mãos de um mau senhor, ou de uma má senhora (a crueldade das mulheres é muitas vezes mais requintada e persistente que a dos homens), não há como descrever a vida de um desses infelizes. Se houvesse um inquérito no qual todos os escravos pudessem depor livremente, à parte os indiferentes à desgraça alheia, os cínicos e os traficantes, todos os brasileiros haviam de horrorizar-se ao ver o fundo de barbárie que existe no nosso país debaixo da camada superficial da civilização, onde quer que essa camada esteja sobreposta à propriedade do homem pelo homem.

Na escravidão não só *quod non prohibitum licitum est* [tudo o que não é proibido [por lei] é permitido], como também praticamente *nada é proibido*. Se cada escravo narrasse a sua vida desde a infância, as suas relações de família, a sua educação de espírito e coração, as cenas que presenciou, os castigos que sofreu, o tratamento que teve, a retribuição que deram ao seu trabalho de tantos anos para aumentar a fortuna e o bem-estar de estranhos; o que seria *A cabana do pai Tomás*, de Mrs. Beecher Stowe, ou a *Vida* de Frederick Douglass,[20] ao lado de algumas das narrações que nós teríamos que escutar? Dir-se-á que a escravidão dá lugar a *abusos*, como todas as outras instituições, e com abusos não se argumenta. Mas esses abusos fazem parte das defesas e exigências da instituição, e o fato de serem necessários à sua existência basta para condenar o regime. O senhor que tem pelos seus escravos sentimentos de família é uma exceção, como é o senhor que lhes tem ódio e os tortura. O geral dos senhores trata de tirar do escravo todo o usufruto possível, explora a escravidão sem atender particularmente à natureza moral da propriedade servil. Mas, exceção ou regra, basta ser uma realidade, bastaria ser uma hipótese, o *mau senhor*, para que a lei que permite a qualquer indivíduo — nacional ou estrangeiro, ingênuo ou liberto e mesmo *escravo*, inocente ou criminoso, caritativo ou brutal — exercer sobre outros, melhores talvez do que ele, um poder que ela nunca definiu nem limitou, seja a negação absoluta de todo o senso moral.

Diariamente lemos anúncios de escravos fugidos denunciados à sede de dinheiro dos capitães do mato com detalhes que não ofendem o pudor humano da sociedade que os lê; nas nossas cidades há casas de comissões abertas, mercados e verdadeiros lupanares, sem que a polícia tenha olhos para essa mácula asquerosa; ainda está recente na memória pública a oposição corajosa de um delegado de polícia da cidade do Rio ao tráfico de escravas para a prostituição; os africanos transportados de Angola e Moçambique depois da lei de 7 de novembro de 1831[21] estão sempre no cativeiro; as praças judiciais de escravos continuam a substituir os antigos leilões públicos; em suma, a carne humana ainda tem preço. À vista desses fatos, como se ousa dizer que os escravos não precisam de defensores, como se o cativeiro em que eles vivem fosse condicional e não perpétuo, e a escravidão uma coisa obsoleta, ou, pelo menos, cujas piores feições pertencessem já à história?

Quem sabe ao certo quantos milhares mais de escravos morrerão no cativeiro? Quando será proibida a compra e venda de homens, mulheres e crianças? Quando o Estado não terá que levantar mais impostos sobre essa espécie de propriedade? Ninguém. O que todos sabem é que o senhor julga ainda o seu direito sobre o escravo perpétuo, e, como o colocava à sombra do paládio constitucional — o artigo 17p —,[22] coloca-o hoje sob a proteção da lei de 28 de setembro.

O escravo é ainda uma *propriedade* como qualquer outra, da qual o senhor dispõe como de um cavalo ou de um móvel. Nas cidades, em contato com as diversas influências civilizadoras, ele escapa de alguma forma àquela condição; mas no campo, isolado do mundo, longe da proteção do Estado, sem ser conhecido de *nenhum* dos agentes deste, tendo apenas o seu nome de batismo matriculado, quando o tem, no livro da coletoria local, podendo ser fechado num calabouço durante meses — nenhuma autoridade visita esses cárceres privados — ou ser açoitado todos os dias pela menor falta, ou sem falta alguma; à mercê do temperamento e do caráter do senhor, que lhe dá de esmola a roupa e a alimentação que quer, sujeito a ser dado em penhor, a ser hipotecado, a ser vendido, o escravo brasileiro literalmente falando só tem de seu uma coisa — a morte.

Nem a esperança, nem a dor, nem as lágrimas, o são. Por isso não há paralelo algum para esse ente infeliz, que não é uma abstração nem uma criação da fantasia dos que se compadecem dele, mas que existe em milhares e centenas de milhares de casos, cujas histórias podiam ser contadas cada uma com piores detalhes. Ninguém compete em sofrimento com esse órfão do destino, esse enjeitado da humanidade, que antes de nascer estremece sob o chicote vibrado nas costas da mãe, que não tem senão os restos do leite que esta, ocupada em amamentar outras crianças, pode salvar para o seu próprio filho, que cresce no meio da abjeção da sua classe, corrompido, desmoralizado, embrutecido pela vida da senzala, que aprende a não levantar os olhos para o senhor, a não reclamar a mínima parte do seu próprio trabalho, impedido de ter uma afeição, uma preferência, um sentimento que possa manifestar sem receio, condenado a não se possuir a si mesmo inteiramente uma hora só na vida e que por fim morre sem um agradecimento daqueles para quem trabalhou tanto, deixando no mesmo cativeiro, na mesma condição cuja eterna agonia ele conhece, a mulher, os filhos, os amigos — se os teve!

Comparado à história de tantos milhares de famílias escravas, o infortúnio imerecido dos outros homens torna-se uma incógnita secundária do grande problema dos desti-

REFORMAS NACIONAIS: O ABOLICIONISMO 87

nos humanos. Só eles com efeito sentem uma dor ao lado da qual a de tantos proletários — de não ter nada e ninguém no mundo que se possa chamar *seu* — é até suave: a dor de ser de outrem. "Somente o escravo é infeliz" é uma frase que podia ser escrita com verdade no livro das consolações humanas. Ao lado da tragédia da esperança e do desespero que são o fluxo e o refluxo diário da sua alma, e essa esperança e esse desespero — o ser livre —, todas as outras vidas que correm pelo leito da liberdade, quaisquer que sejam os embaraços e as quedas que encontrem, são relativamente privilegiadas. Somente o escravo, de todos os homens — ele pela falta da consciência livre o extremo oposto na escala humana do Prometeu de Shelley —, tem como esse o destino de "sofrer desgraças que a esperança julga serem infinitas e de perdoar ofensas mais negras do que a morte ou a noite".

Entretanto não é menos certo que de alguma forma se pode dizer: — "A vossa causa, isto é, a dos escravos, que fizestes vossa, está moralmente ganha". Sim, está ganha, mas perante a opinião pública, dispersa, apática, intangível, e não perante o Parlamento e o Governo, órgãos concretos da opinião; perante a religião, mas não perante a Igreja, nem no sentido de comunhão dos fiéis, nem no de sacerdócio constituído; perante a ciência, mas não perante os corpos científicos, os professores, os homens que representam a ciência; perante a justiça e o direito, mas não perante a lei que é a sua expressão, nem perante os magistrados, administradores da lei; perante a mocidade, irresponsável, protegida por um "benefício macedoniano" político, que não reconhece as dívidas de opinião que ela contrai, mas não para a mocidade do outro lado da emancipação civil; perante os partidos, mas não perante os ministros, os deputados, os senadores, os presidentes de província, os candidatos todos à direção desses partidos, nem perante os eleitores que formam a plebe daquela aristocracia; perante a Europa, mas não perante os europeus estabelecidos no país que em grande proporção ou possuem escravos ou não creem num Brasil sem escravos e temem pelos seus interesses; perante a popularidade, mas não perante o povo; perante o Imperador como particular, mas não perante o chefe do Estado; perante os brasileiros em geral, mas não perante os brasileiros individualmente; isto é, resumindo-me, perante jurisdições virtuais, abstrações políticas, forças que estão ainda no seio do possível, simpatias generosas e impotentes, mas não perante o único tribunal que pode executar a sentença de liberdade da raça negra, isto é, a nação brasileira constituída.

A vitória abolicionista será um fato consumado no coração e na simpatia da grande maioria do país: mas enquanto essa vitória não se traduzir pela liberdade, não afiançada por palavras mas lavrada em lei, não *provada* por sofistas mercenários, mas sentida pelo próprio escravo, semelhante triunfo sem resultados práticos, sem a reparação esperada pelas vítimas da escravidão, não passará de um choque da consciência humana em um organismo paralisado — que já consegue agitar-se, mas ainda não caminhar.

VI
Ilusões até a Independência

Generosos cidadãos do Brasil, que amais a vossa pátria, sabei que sem a abolição total do infame tráfico da escravatura africana, e sem a emancipação sucessiva dos atuais cativos, nunca o Brasil firmará a sua independência nacional e segurará e defenderá a sua liberal constituição.

José Bonifácio (1825)

Os abolicionistas, animando os escravos a confiarem no progresso da moralidade social, não lhes incutem uma esperança positiva, definida, a prazo certo, de cujo naufrágio possa resultar o desespero que se receia; mas quando o Governo, ou quem os escravos supõem ser o Governo, afiança ao mundo e ao país que a emancipação é *questão de forma e oportunidade*,[23] essa perspectiva de liberdade, que lhes passa diante dos olhos, tem para eles outra realidade e certeza, e nesse caso a desilusão pode ter consequências temerosas.

A animação dos abolicionistas é para o escravo como o desejo, o sonho dourado da sua pobre mãe, recordação indelével de infância dos que foram criados no cativeiro; é como as palavras que lhe murmuram ao ouvido os seus companheiros mais resignados, para dar-lhe coragem. A promessa dos poderes públicos, porém, é coisa muito diversa: entre as suas crenças está a de que "palavra de rei não volta atrás", a confiança na "honra dos brancos" e na seriedade dos que tudo podem, e por isso semelhante promessa vinda de tão alto é para ele como a promessa de alforria que lhe faça o senhor e desde a qual, por mais longo que seja o prazo, ele se considera um homem livre.

O que as vítimas da escravidão ignoram é que semelhantes compromissos tomados por esses personagens são formulados de modo a nunca serem exigíveis, e que não são tomados senão porque é preciso, ao mesmo tempo: manter o escravo em cativeiro para não alienar o senhor, e representá-lo como a ponto de ficar livre para encobrir a vergonha do país. A "palavra de rei" podia valer no regime absoluto — não valia sempre como adiante se verá —, mas no constitucional é a máscara antiga, em que os atores se substituíam no proscênio. A "honra dos brancos" é a superstição de uma raça atrasada no seu desenvolvimento mental, que adora a cor pela força que esta ostenta, e lhe empresta virtudes que ela por si só não tem.

Que importa que essas promessas, letras sacadas sobre outra geração, sejam protestadas, perante o Deus em que acreditam, por tantos escravos no momento de morrer? Quem lhes ouve esse protesto? Os que ficam continuam a esperar indefinidamente, e o mundo a acreditar que a escravidão está acabando no Brasil, sem refletir que isso se dá porque os escravos estão morrendo. É difícil reproduzir todas as declarações feitas por agentes dos poderes públicos de que a emancipação dos escravos no Brasil estava próxima, resolvida em princípio, só dependente para ser realizada de uma ocasião favorável. Algumas dessas declarações, entretanto, estão ainda vivas na memória de todos e bastam para documentar a queixa que fazemos.

A primeira promessa solene de que a escravidão — a qual se tornou e é ainda um estado perpétuo — seria um estado provisório encontra-se na legislação portuguesa do século passado.

REFORMAS NACIONAIS: O ABOLICIONISMO 91

Por honra de Portugal, o mais eminente dos seus jurisconsultos não admitiu que o direito romano na sua parte a mais bárbara e atrasada, *dominica potestas*, pudesse ser ressuscitado por um comércio torpe como parte integrante do direito pátrio depois de um tão grande intervalo de tempo como o que separa a escravidão antiga da escravidão dos negros. A sua frase *"Servi nigri in Brasilia, et quaesitis aliis dominationibus tolerantur: sed quo jure et titulo me penitus ignorare fateor"** é a repulsa do traficante pelo jurisconsulto e a demolição legal do edifício inteiro levantado sobre a pirataria dos antigos *assentos* [assentamentos]. É o vexame da confissão de Mello Freire que dá um vislumbre de dignidade ao alvará de 6 de junho de 1755 em que se contém a primeira das promessas solenes feitas à raça negra.

Aquele alvará, estatuindo sobre a liberdade dos índios do Brasil, fez esta exceção significativa: "Desta geral disposição excetuo somente os oriundos de pretas escravas, os quais serão conservados no domínio de seus atuais senhores, *enquanto eu não der outra providência sobre esta matéria*". A *providência* assim expressamente prometida nunca foi dada. Mas não podia deixar de repercutir no ultramar português outro alvará com força de lei relativo aos escravos de raça negra do Reino. Esse documento é um libelo formidável e que se justifica por si só, mas também reverte com toda a força sobre o rei que denuncia por essa forma a escravidão e a tolera nos seus domínios da América e da África.**

---

* "Escravos negros são tolerados no Brasil e outros domínios; mas por que direito e com que título, confesso ignorá-lo completamente."
** Estes são os termos do Alvará:
"Eu el-rei faço saber aos que este Alvará com força de lei virem, que depois de ter obviado pelo outro Alvará de 19 de setembro de 1761" — o qual declarou livres os escravos introduzidos em Portugal depois de certa época — "aos grandes inconvenientes

Essa distinção na sorte dos escravos nas colônias e no Reino e ilhas vizinhas é a mesma que entre a sorte e a importância das colônias e a do Reino. Para o Brasil a escravidão era ainda muito boa, para Portugal, porém, era a desonra. A área desse imenso Império posta em relação com o pudor e a vergonha nacional era muito limitada, de fato não se estendia além do Reino e não o abrangia todo. Mas apesar disso o efeito daquela impugnação enérgica à imoralidade e aos abusos da escravidão não podia ser

---

que a estes reinos se seguiam de perpetuar neles a escravidão dos homens pretos, tive certas informações de que em todo o reino do Algarve, e em algumas províncias de Portugal, existem ainda pessoas tão faltas de sentimentos de humanidade e religião, que guardando nas suas casas escravas, *umas mais brancas do que eles, com nome de — pretas e negras — para, pela repreensível propagação delas, perpetuarem os cativeiros* por um abominável comércio de pecados e *de usurpações das liberdades dos miseráveis nascidos daqueles sucessivos e lucrosos concubinatos*; debaixo do pretexto de que os ventres das mães escravas não podem produzir filhos livres conforme o direito civil. E não permitindo nem ainda o mesmo direito civil, *de que se tem feito um tão grande abuso*, que aos descendentes dos escravos em que não há mais culpa que a da sua infeliz condição de cativos, se atenda à infâmia do cativeiro, além do termo que as leis determinam contra os que descendem dos mais abomináveis réus dos atrocíssimos crimes de lesa-majestade divina ou humana. E *considerando as grandes indecências que as ditas escravidões inferem aos meus vassalos, as confusões e os ódios que entre eles causam, e os prejuízos que resultam ao Estado de ter tantos vassalos lesos, baldados e inúteis quantos são aqueles miseráveis que a sua infeliz condição faz incapazes para os ofícios públicos, para o comércio, para a agricultura e para os tratos e contratos de todas as espécies.* Sou servido obviar a todos os sobreditos absurdos, ordenando, como por este ordeno: Quanto ao pretérito, que todos aqueles escravos ou escravas, ou sejam nascidos dos sobreditos concubinatos, ou ainda de legítimos matrimônios, cujas mães e avós são ou houverem

REFORMAS NACIONAIS: O ABOLICIONISMO 93

recebido pelos senhores e pelos escravos no Brasil senão como o prenúncio da mesma providência para o ultramar. Depois veio o período da agitação pela Independência. Nessa fermentação geral dos espíritos, os escravos enxergavam uma perspectiva mais favorável de liberdade. Todos eles desejavam instintivamente a Independência. A sua própria cor os fazia aderir com todas as forças ao Brasil como pátria. Havia nele para a raça negra um futuro; nenhum em Portugal. A sociedade colonial

---

sido escravas, fiquem no cativeiro em que se acham durante a sua vida somente; *que porém aqueles cujo cativeiro vier das visavós, fiquem livres e desembargados*, posto que as mães e avós tenham vivido em cativeiro; *que, quanto ao futuro, todos os que nascerem do dia da publicação dessa lei em diante, nasçam por benefício dela inteiramente livres*, posto que as mães e as avós hajam sido escravas; e que todos os sobreditos, por efeito desta minha paternal e pia providência libertados, *fiquem hábeis para todos os ofícios, honras e dignidades sem a nota distintiva de — libertos — que a superstição dos romanos estabeleceu nos seus costumes, e que a união cristã e a sociedade civil faz hoje intolerável no meu reino, como o tem sido em todos os outros da Europa*".

A data do Alvará é de 16 de janeiro de 1773.

Nenhum brasileiro pode ler esse notável documento, publicado há mais de um século, sobretudo as frases impressas em itálico, sem reconhecer com pesar e humilhação:

1. Que se esse Alvará fosse extensivo ao Brasil a escravidão teria acabado no começo do século, antes da Independência.

2. Que apesar de ser lei do século passado, e anterior à Revolução Francesa, semelhante Alvará é mais generoso, compreensivo e liberal do que a nossa lei de 28 de setembro: (*a*) porque *liberta inteiramente* desde a sua data os nascituros, e esta os liberta depois dos 21 anos de idade; (*b*) porque declara livres e desembargados os bisnetos de escravas, e a lei de 28 de setembro não levou em conta ao escravo sequer as gerações do cativeiro; (*c*) porque isentou os *escravos* que declarou livres da nota distintiva de libertos — "superstição dos romanos que a união cristã e a sociedade civil"

era por sua natureza uma casa aberta por todos os lados onde tudo eram entradas; a sociedade da mãe pátria era aristocrática, exclusiva, e de todo fechada à cor preta. Daí a conspiração perpétua dos descendentes de escravos pela formação de uma pátria que fosse também sua. Esse elemento poderoso de desagregação foi o fator anônimo da Independência. As relações entre os cativos, ou libertos, e os homens de cor, entre estes e os representantes conhecidos do movimento, formam a cadeia de esperanças

---

fazia já nesse tempo ("faz hoje") "intolerável no reino", ao passo que a nossa lei de 1871 não se lembrou de apagar tal nódoa, e sujeitou os *libertos* de qualquer dos seus parágrafos por cinco anos à inspeção do Governo e à obrigação de exibir contrato de serviço sob pena de trabalhar nos estabelecimentos públicos. O visconde do Rio Branco disse mesmo no Conselho de Estado, antes de ler esse Alvará cujas palavras qualificou de *memoráveis*, que a lei portuguesa "estendeu este favor (o de declará-los *livres e ingênuos*) aos infantes que fossem libertados no ato de batismo, e aos libertos que se achassem em certas classes", e acrescentou: "o que não se poderia fazer entre nós sem ferir a Constituição do Império". A ser assim, isso mostra somente a diferença entre a compreensão das exigências da *união cristã* (a Constituição foi feita em nome da Santíssima Trindade) e da *sociedade civil* que tinha o imperador constitucional em 1824 e a que tinha o rei absoluto em 1773.

3. Que hoje apesar de ser a escravidão no Brasil resultado exclusivo, além do tráfico, das mesmas causas apontadas no Alvará, *das usurpações das liberdades de miseráveis nascidos de sucessivos e lucrosos concubinatos*, da repreensível propagação das escravas, de pretextos tirados do direito civil, *de que se tem feito um tão grande abuso*; e apesar de ser infinitamente maior o número de *vassalos* (os escravos nem mesmo são hoje assim chamados, isto os faria subir na escala social) ou, seguindo a evolução daquela palavra, de súditos do chefe do Estado *lesos, baldados e inúteis*, tornados pela *sua infeliz condição incapazes para os tratos e contratos de todas as espécies*; ainda assim essas duras verdades não são mais ditas à escravidão do alto do trono. *A infâmia do cati-*

REFORMAS NACIONAIS: O ABOLICIONISMO

e simpatias pela qual o pensamento político dos últimos infiltrou-se até as camadas sociais constituídas pelos primeiros. Aliados de coração dos *brasileiros*, os escravos esperaram e saudaram a Independência como o primeiro passo para a sua alforria, como uma promessa tácita de liberdade que não tardaria a ser cumprida.

Uma prova de que no espírito não só desses infelizes como também no dos senhores, no dos inimigos da Independência, a ideia desta estava associada com a da emancipação, é o documento dirigido ao povo de Pernambuco, depois da Revolução de 1817, pelo Governo Provisório. Essa proclamação, notável por mais de um título, não é tão conhecida quanto o patriotismo brasileiro tem interesse em que o seja, e por isso a transcrevo em seguida. Ela é hoje um monumento político elevado em 1817 a uma província, que representa na história do Brasil o primeiro papel, pela sua iniciativa, o seu heroísmo, o seu amor à liberdade e o seu espírito cavalheiroso, mas em cuja face a escravidão imprimiu a mesma nódoa que em todas as outras.

> Patriotas pernambucanos! A suspeita tem-se insinuado nos proprietários rurais; eles creem que a benéfica tendência da presente liberal revolução tem por fim a emancipação indistinta dos homens de cor e escravos. *O Governo lhes perdoa uma suspeita que o honra.* Nutrido em sentimentos generosos não pode jamais acreditar que os homens, por mais ou menos tostados, degenerassem do original tipo de igualdade; mas está

---

veiro continua a recair não sobre o que o inflige, podendo não infligi-lo, mas sobre o que o sofre, sem poder evitá-lo. Esse Alvará antiquado e que deverá ser obsoleto parece representar um período de moralidade pública, religiosa, social e política muito mais adiantado do que o período, que é o atual, representado pela matrícula geral dos escravos.

igualmente convencido [de] que a base de toda a sociedade regular é a inviolabilidade de qualquer espécie de
propriedade. Impelido destas duas forças opostas, dese-
ja uma emancipação que não permita mais lavrar entre
eles o cancro da escravidão; mas deseja-a lenta, regular
e legal. O Governo não engana a ninguém; o coração
se lhe sangra ao ver tão longínqua uma época tão inte-
ressante, mas não a quer prepóstera. Patriotas! Vossas
propriedades ainda as mais opugnantes ao ideal da justiça serão sagradas; o Governo porá meios de diminuir
o mal, não o fará cessar pela força. Crede na palavra do
Governo: ele é inviolável, ela é santa.

Essas palavras são as mais nobres que até hoje foram
ditas por um governo brasileiro em todo o decurso da
nossa história. Nem a transação que nelas parece haver
com o direito de propriedade do senhor sobre o escravo
desfigura-lhes a nobreza. Está se vendo que essa "propriedade" não tem legitimidade alguma perante os autores da
proclamação, que esse fato os envergonha e humilha. Os
revolucionários de Pernambuco compreenderam e senti-
ram a incoerência de um movimento nacional republicano
que se estreava reconhecendo a propriedade do homem
sobre o homem, e não há dúvida de que essa contradição
deslustrou para eles a independência que proclamaram.
Essa revolução que no dizer dos seus adeptos "mais pareceu festejo de paz que tumulto de guerra", essa alvorada
do patriotismo brasileiro que tem a data de 6 de março de
1817, foi o único de todos os nossos movimentos nacionais em que os homens que representavam o país coraram
de pejo, ou melhor, choraram de dor, ao ver que a escravidão dividia a nação em duas castas, das quais uma, apesar
de partilhar a alegria e o entusiasmo da outra, não teria
a mínima parte nos despojos da vitória. O que significa,
porém, aquele documento em que a necessidade de aliciar
os proprietários rurais não impediu o governo de dizer

que desejava a "emancipação, lenta, regular e legal", que "o coração se lhe sangrava", que a propriedade escrava era a mais opugnante ao ideal da justiça, "e que ele poria meios de diminuir o mal"? Significa que os mártires da Independência viram-se colocados entre a escravidão e o cadafalso, temendo que a união dos "proprietários rurais" com as forças portuguesas afogasse em sangue esse primeiro sonho realizado de um Brasil independente, se o fim da colônia se lhes afigurasse como o fim da escravidão.

Isso dava-se no Norte. Que no Sul a causa da Independência esteve intimamente associada com a da emancipação, prova-o a atitude da Constituinte e de José Bonifácio. Aquela, em um dos artigos do seu projeto de Constituição, inscreveu o dever da Assembleia de criar estabelecimentos para a "emancipação lenta dos negros e sua educação religiosa e industrial". A Constituição do Império não contém semelhante artigo. Os autores desta última entenderam não dever nodoar o foral da emancipação política do país, aludindo à existência da escravidão, no presente. A palavra *libertos* do artigo pelo qual esses são declarados cidadãos brasileiros, e do artigo 94, felizmente revogado, que os declarava inelegíveis para deputados, podia referir-se a uma ordem anterior à Constituição e destruída por esta. No mais os estatutos da nossa nacionalidade não fazem referência à escravidão. Essa única pedra, posta em qualquer dos recantos daquele edifício, teria a virtude de convertê-lo com a sua fachada monumental do artigo 179 num todo monstruoso. Por isso os organizadores da Constituição não quiseram deturpar a sua obra descobrindo-lhe os alicerces. José Bonifácio, porém, o chefe desses Andrada — Antônio Carlos tinha estado muito perto do cadafalso no movimento de Pernambuco — em quem os homens de cor, os libertos, os escravos mesmos, os humildes todos da população que sonhava a Independência tinham posto a sua confiança, redigira para ser votado pela Constituinte um projeto de lei sobre os escravos.

Esse projeto para o abolicionismo atual é insuficiente, apesar de que muitas das suas providências seriam ainda hoje um progresso humanitário em nossa lei; mas se houvesse sido adotado naquela época, e sobretudo se o "Patriarca da Independência" houvesse podido insuflar nos nossos estadistas desde então o espírito largo e generoso de liberdade e justiça que o animava, a escravidão teria por certo desaparecido do Brasil há mais de meio século.

Artigos como estes, por exemplo — os quais seriam repelidos pela atual legislatura com indignação —, expressam sentimentos que, se houvessem impulsado e dirigido séria e continuadamente os poderes públicos, teriam feito mais do que nenhuma lei para moralizar a sociedade brasileira:

> Art. 5º: Todo o escravo, *ou alguém por ele*, que oferecer ao senhor o *valor por que foi vendido*, ou por que for avaliado, será imediatamente forro. — Art. 6º: Mas se o escravo, ou alguém por ele, não puder pagar todo o preço por inteiro, logo que apresentar a sexta parte dele, será o senhor obrigado a recebê-la, e lhe dará um dia livre na semana, e assim à proporção mais dias quando for recebendo as outras sextas partes até o valor total. — Art. 10: Todos os homens de cor forros, que não tiverem ofício ou modo certo de vida, receberão do Estado uma pequena sesmaria de terra para cultivarem, e receberão dele, outrossim, os socorros necessários para se estabelecerem, cujo valor irão pagando com o andar do tempo. — Art. 16: Antes da idade de doze anos não deverão os escravos ser empregados em trabalhos insalubres e demasiados; e o Conselho [o Conselho Superior Conservador dos Escravos, proposto no mesmo projeto] vigiará sobre a execução deste artigo para bem do Estado e dos mesmos senhores. — Art. 17: Igualmente os conselhos conservadores determinarão em cada província, segundo a natureza dos trabalhos, as horas de trabalho, e o sustento e vestuário dos escra-

REFORMAS NACIONAIS: O ABOLICIONISMO

99

vos. — Art. 31: Para vigiar na estrita execução da lei e para se promover por todos os modos possíveis o bom tratamento, morigeração e emancipação sucessiva dos escravos, haverá na capital de cada província um Conselho Superior Conservador dos Escravos.

E assim diversos outros artigos sobre penas corporais, serviços das escravas no tempo e logo depois da gravidez, casamentos e instrução moral dos escravos, mercês públicas aos senhores que dessem alforria a famílias, posse de escravos por eclesiásticos.

Não há na lei de 28 de setembro nada nesse sentido, que revele cuidado e desvelo pela natureza humana no escravo: o legislador neste caso cumpriu apenas um dever, sem amor, quase sem simpatia; naquele, em falta da liberdade imediata que lhe pesava não poder decretar, ele mostrou pelas vítimas da injustiça social o mais entranhado interesse, carinho mesmo, que não podia deixar de ir-lhes direito ao coração.

É entretanto no magnífico e, lido hoje à luz da experiência dos últimos sessenta anos, melancólico apelo dirigido aos brasileiros por José Bonifácio do seu exílio em França,* que se pode achar a concepção do estadista de

*Até que ponto as ideias conhecidas de José Bonifácio sobre a escravidão concorreram para fechar ao estadista que planejou e realizou a Independência a carreira política em seu próprio país, é um ponto que merece ser estudado. Talvez quem empreender esse estudo venha a descobrir que a escravidão não teve pequena parte nesse ostracismo, como também provavelmente foi ela que entregou os nacionalistas pernambucanos ao cadafalso. Em todo o caso, nas seguintes palavras escritas por Antônio Carlos, ver-se-á mais um efeito político do regime que, assentando sobre ela, só pode ser o do servilismo e da ingratidão. "Tal foi José Bonifácio, viveu e morreu pobre; não recebeu da sua Nação distinção alguma; no Senado que a lei criara para o mérito e a virtude, e aonde tem achado assento até o vício, a crápula, a inépcia, a intriga e a traição" — não esquecendo o Tráfico —

que o Brasil com a escravidão não era uma pátria digna de homens livres.

Sem a emancipação dos atuais cativos nunca o Brasil firmará sua independência nacional e segurará e defenderá a sua liberal Constituição. Sem liberdade individual não pode haver civilização, nem sólida riqueza; não pode haver moralidade e justiça, e sem estas filhas do céu, não há nem pode haver brio, força e poder entre as nações.

Essa defesa ardente, essa promoção espontânea e apaixonada dos direitos dos escravos pelo mais ilustre de todos os brasileiros, teve origem nos extremos do seu patriotismo, no desejo de completar a sua grande obra, mas não lhe foi por certo estranha a convicção de que a Independência com o cativeiro indefinido, isto é, perpétuo dos escravos, era um golpe cruel na esperança de que estavam possuídos todos eles, nos anos que precederam e nos que seguiram aquele acontecimento, instintivamente, só por serem testemunhas do entusiasmo da época, e terem respirado o mesmo ar que dilatava todos os corações. A Independência não foi uma promessa formal, escrita, obrigatória, feita pelos brasileiros aos escravos; mas não podia deixar de ser, e foi, e assim o entenderam os mártires pernambucanos e os Andrada, uma promessa resultante da afinidade nacional, da cumplicidade revolucionária, e da aliança tácita que reunia em torno da mesma bandeira todos os que sonhavam e queriam o Brasil independente por pátria.

"não houve nunca um lugar para o criador do Império." "Talvez por isso" — acrescenta Antônio Carlos — "mais sobressairá seu nome, como os de Bruto e Cássio mais lembrados eram por não aparecerem suas estátuas nas pompas fúnebres das famílias a que pertenciam." *Esboço biográfico e necrológico do conselheiro José Bonifácio de Andrada e Silva*, p. 16.

VII
Antes da lei de 1871

Por cinco anos choveu sobre as almas dos míseros cativos, como o maná sobre os israelitas no deserto, a esperança da liberdade bafejada do trono.

Christiano Otoni

As promessas de liberdade do segundo e extenso período desde a Independência até a Lei Rio Branco datam de poucos anos, relativamente a certa parte da população escrava, e do fim do Primeiro Reinado, relativamente a outra.

Os direitos desta última — que vem a ser os africanos importados depois de 1831 e os seus descendentes — são discutidos mais longe. Por ora baste-nos dizer que esses direitos não se fundam sobre promessas mais ou menos contestáveis, mas sobre um tratado internacional e em lei positiva e expressa. O simples fato de achar-se pelo menos metade da população escrava do Brasil escravizada com postergação manifesta da lei e desprezo das penas que ela fulminou, dispensar-nos-ia de levar por diante este argumento sobre os compromissos públicos tomados para com os escravos.

Quando a própria lei, como se o verá exposto com toda a minudência, não basta para garantir à metade, pelo menos, dos indivíduos escravizados a liberdade que decretou para eles; quando um artigo tão claro como "Todos os escravos que entrarem no território ou portos do Brasil, vindos de fora, ficam livres"* nunca foi executado, e a referenda de Diogo Antônio Feijó nunca foi honrada nem pelos ministros da Regência nem pelos do Segundo Reinado: que valor obrigatório podem ter movimentos nacionais de caráter diverso, atos na aparência alheios à sorte dos escravos, declarações oficiais limitadas ao efeito que deviam produzir? Em outras palavras, de que servem tais apelos à consciência, à lealdade, ao sentimento de justiça da nação, quando metade dos escravos está ilegalmente em cativeiro? Para que apresentar ao Estado a pagamento uma dívida de honra, da qual ele ou nunca teve consciência ou de todo se esqueceu, quando ele próprio ousadamente repudiou, alegando coação do estrangeiro, essa escritura pública solene lavrada pela Assembleia Geral, e rubricada pela Regência Trina?

Útil ou inútil, o protesto dos escravos deve entretanto ser feito em cada uma das suas partes conforme a natureza das obrigações contraídas para com eles. Numa proporção enorme essa obrigação do Estado é para eles uma lei, e uma lei feita em desempenho de um tratado internacional. Por isso mais tarde veremos de que modo e em que termos esse direito dos escravos foi reivindicado perante o governo brasileiro pela diplomacia inglesa. Há infinitamente mais humilhação para nós nessa evidente denegação de justiça por parte daquele, do que no apresamento de navios negreiros em nossos portos por ordem desta. O nosso argumento, feita essa ressalva importante — que é toda a questão, por assim dizer —, refere-se por enquanto aos escravos que nem por si nem por suas mães têm direito à liberdade fundados numa lei expressa. É escusado dizer que estes são todos — exceto raros africanos ainda em cativeiro importados no Primeiro Reinado — brasileiros de nascimento.

*Artigo 1º da lei de 7 de novembro de 1831.

REFORMAS NACIONAIS: O ABOLICIONISMO   103

Os fatos em que estes podem haver fundado uma esperança, e que certamente obrigam a honra do país, datam de pouco antes da lei de 28 de setembro. Esses compromissos nacionais com relação aos escravos existentes são principalmente os seguintes: a alforria de escravos para a Guerra do Paraguai; a Fala do Trono de 1867 e a correspondência entre os abolicionistas europeus e o governo imperial; a ação pessoal do conde d'Eu no Paraguai como general em chefe do exército; a conexão da emancipação anunciada com o fim da guerra; a elaboração do projeto de emancipação no Conselho de Estado; a agitação do Partido Liberal consecutivamente à organização do ministério Itaboraí, a queda desse ministério e a subida do gabinete São Vicente; a oposição à proposta Rio Branco; os vaticínios da Dissidência; a guerra organizada contra o Governo e o Imperador pela lavoura do Sul; a própria lei de 28 de setembro de 1871, interpretada pelos que a defenderam e sustentaram, e as perspectivas de futuro abertas durante a discussão.

Sem entrar nos detalhes de cada um desses pontos históricos, é possível apontar de modo que não admita nenhuma dúvida de boa-fé a relação entre todos eles e a sorte dos escravos.

O efeito do decreto de 6 de novembro de 1866 que concedeu gratuitamente liberdade aos escravos da nação que pudessem servir no exército, e estendeu o mesmo benefício sendo eles casados às suas mulheres, foi um desses efeitos que se não podem limitar ao pequeno círculo onde diretamente se exercem. Além disso, nas condições difíceis em que o Brasil se achava então, quando a onda dos "voluntários" espontâneos estava sendo a custo suprida pelo recrutamento, odioso à população, porque era sorrateiro, vexatório, político e sujeito a empenhos, é certo que o Governo pensou em armar, resgatando-os, grande número de escravos.*

---

*Sobre a questão se o Governo devia forrar escravos de particulares para servirem no Paraguai como soldados, foi este no

Os títulos de nobreza concedidos aos senhores que forneciam escravos para o exército mostram o interesse que tinha o Estado em achar soldados entre os escravos.

Essa cooperação dos escravos com o exército era o enobrecimento legal e social daquela classe. Nenhum povo, a menos que haja perdido o sentimento da própria dignidade, pode intencionalmente rebaixar os que estão encarregados de defendê-lo, os que fazem profissão de manter a integridade, a independência e a honra nacional. Por isso não era o exército que o Governo humilhava indo buscar soldados nas fileiras ínfimas dos escravos; eram os escravos todos que ele elevava. Entre o senhor que ele fazia titular e o escravo que fazia soldado, a maior honra era para este. A significação de tais fatos não podia ser outra para a massa dos escravos brasileiros senão que o Estado por sua própria dignidade procuraria no futuro fazer cidadãos os companheiros daqueles que tinham ido morrer pela pátria no mesmo dia em que tiveram uma. A influência, na imaginação dessa classe, de semelhantes atos dos poderes públicos, aos quais ela atribui na sua

---

Conselho de Estado em novembro de 1866 o parecer do senador Nabuco:

"Este meio seria odioso se os escravos fossem tais depois de soldados, se eles continuassem escravos como os 8 mil escravos que Roma depois da Batalha de Canas comprou e armou. Mas não é assim, os escravos comprados são libertos e por consequência cidadãos antes de serem soldados; são cidadãos-soldados. É a Constituição do Império que faz o liberto cidadão, e se não há desonra em que ele concorra com o seu voto para constituir os poderes políticos, por que haverá em ser ele soldado, em defender a Pátria que o libertou e à qual ele pertence? Assim ao mesmo tempo e pelo mesmo ato se faz um grande serviço à emancipação, que é a causa da humanidade, e outro grande serviço à guerra, que é a causa nacional. [...] Se empregamos os escravos na causa da nossa Independência, por que os não empregaremos nesta guerra?"

REFORMAS NACIONAIS: O ABOLICIONISMO 105

ignorância supersticiosa mais coerência, memória, respeito próprio e sentimento de justiça do que eles com efeito têm, devia ter sido muito grande. Desde esse dia pelo menos o Governo deu aos escravos uma classe social por aliada: o exército.*

A Fala do Trono de 22 de maio de 1867 foi para a emancipação como um raio, caindo de um céu sem nuvens.** Esse oráculo sibilino em que o engenhoso eufemismo "elemento servil" amortecia o efeito da referência do chefe do Estado à escravidão e aos escravos — a instituição podia existir no país, mas o nome não devia ser pronunciado do alto do trono em pleno Parlamento — foi como a explosão de uma cratera. Aquele documento prende-se intimamente a dois outros que representam importante papel em nossa história: a mensagem da Junta de Emancipação em França ao Imperador e a resposta do ministro da Justiça em nome deste e do governo brasileiro. A segunda dessas peças humanitárias foi assinada pelo conselheiro Martim Francisco, e a primeira pelos seguintes abolicionistas franceses: o duque de Broglie, Guizot, Laboulaye, A. Cochin, Andaluz, Borsier, príncipe de Broglie, Gaumont, Léon Lavedan, Henri Martin,

---

* "As medidas a que o Governo recorreu ultimamente, impelido pelas necessidades da guerra, libertando escravos da nação e da coroa, e premiando os cidadãos que ofereciam libertos para o exército, não só devem de ter estimulado os espíritos mais sôfregos por essa reforma, *como também derramado essa esperança por entre os escravos. Todos nós podemos dar testemunho de que estes efeitos se vão sentindo.*" Palavras do conselheiro Paranhos no Conselho de Estado. Sessão de 2 de abril de 1867. *Trabalho sobre a extinção da escravatura no Brasil*, p. 50.
** "O *elemento servil* no Império não pode deixar de merecer oportunamente a vossa consideração, provendo-se de modo que, respeitada a propriedade atual, e sem abalo profundo em nossa primeira indústria — a agricultura —, sejam atendidos os altos interesses que se ligam à emancipação."

conde de Montalémbert, Henri Moreau, Edouard de Pressensé, Wallon, Eugène Yung.

Nessa mensagem diziam esses homens, a maior parte deles conhecidos do mundo inteiro: "V. M. é poderoso no seu Império; uma vontade de v. M. pode produzir *a liberdade de 2 milhões de homens*". Não era assim a emancipação das gerações futuras que eles reclamavam em nome *da humanidade e da justiça*; era a emancipação dos próprios escravos existentes, esses e não outros. Na resposta do ministro não há uma só reserva quanto ao modo de entender a abolição da escravatura; o Imperador agradece o alto apreço em que é tido por homens tão notáveis, e não insinua a mínima divergência de vistas com eles. A resposta deve ser explicada de acordo com a pergunta; o que se promete com o que foi pedido. É só assim que as palavras finais do ministro da Justiça terão o seu verdadeiro relevo.

> A emancipação dos escravos, consequência necessária da abolição do Tráfico, *é somente uma questão de forma e oportunidade*. Quando as penosas circunstâncias em que se acha o país o consentirem, o governo brasileiro considerará como objeto de primeira importância a realização do que o espírito do Cristianismo desde há muito reclama do mundo civilizado.*

Aí está um compromisso claro e terminante, tomado solenemente perante a Europa em 1867 a favor de 2 milhões de homens, os quais estão ainda — os que existem dentre eles — esperando que o Estado descubra a *forma* e encontre a *oportunidade* de realizar o *que o espírito do Cristianismo desde há muito reclama do mundo civilizado*, e que este já realizou com exceção apenas do Brasil.

A iniciativa tomada contra a escravidão no Paraguai

---

*Vide a íntegra dos dois documentos em O *Abolicionista* (Rio de Janeiro, 1880), número de novembro.

REFORMAS NACIONAIS: O ABOLICIONISMO

pelo conde d'Eu, marido da princesa imperial, como general em chefe do nosso exército, foi outro compromisso aceito à face do mundo. Como podia este acreditar que o ato do general brasileiro exigindo do vencido a abolição da escravidão, não envolvia para o vencedor a obrigação moral de fazer outro tanto no seu próprio território? Esse exército, cuja coragem e perseverança habilitou o príncipe que o comandava a impor ao inimigo o seu desejo humanitário, como uma ordem que foi logo obedecida, era composto em parte de homens que tinham passado pelo cativeiro. Talvez o conde d'Eu não se tenha lembrado disso ao reclamar a emancipação dos escravos na República, nem de que os havia em número incomparavelmente maior no Império; mas o mundo não podia esquecer um e outro fato, ao ter conhecimento daquela nobre exigência e do modo como foi satisfeita.

"Se vós lhes concederdes (aos escravos) a liberdade que eles pedem", escrevia o príncipe ao Governo Provisório do Paraguai em Assunção, "tereis rompido solenemente com uma instituição que foi infelizmente legada a muitos povos da livre América por séculos de despotismo e de deplorável ignorância." A resposta a esse apelo foi um decreto, em 2 de outubro de 1869, cujo artigo 1º dizia: — "Fica desde hoje abolida totalmente a escravidão no território da República". O compromisso nacional de fazer tudo o que estivesse ao alcance do Império para imitar o procedimento do Paraguai foi tão claramente tomado por aquele episódio final da campanha como se houvera sido exarado no próprio Tratado de Paz. Essa dívida de honra só pode ser negada, admitindo-se o princípio de que é legítimo e honesto para uma nação derribar no território inimigo, por ela ocupado e à sua completa mercê, com o pretexto de humanidade e Cristianismo, uma instituição da qual está firmemente resolvida a tirar dentro das suas fronteiras todo o lucro possível até a extinção das últimas vítimas. Semelhante noção, porém, reduziria a guerra à pirataria, o comandante de um exército a um chefe de salteadores, e é de todo inaceitável para os que julgam, na frase de John Bright, "a lei moral tão obrigatória para as nações como o é para os indivíduos".

Quanto à esperança proveniente da agitação antes e depois da campanha parlamentar que deu em resultado a lei de 1871, e às promessas depois feitas, baste-nos dizer em geral, por ora, que a oposição levantada contra aquele ato devia ter espalhado entre os escravos a crença de que o fim do seu cativeiro estava próximo. Os acessos de furor de muitos proprietários; a linguagem de descrédito usada contra a Monarquia nas fazendas, cujas paredes também têm ouvidos; a representação do Imperador, cujo nome é para os escravos sinônimo de força social e até de Providência, como sendo o protetor da sua causa, e por fim o naufrágio total da campanha contra o Governo; cada uma das diferentes emoções daquela época agitada parecia calculada para infundir no barro do escravo o espírito do homem e insuflar-lhe a liberdade.

Desde o dia em que a Fala do Trono do gabinete Zacarias[24] inesperadamente, sem que nada o anunciasse, suscitou a formidável questão do "elemento servil", até ao dia em que passou no Senado, no meio de aclamações populares e ficando o recinto coberto de flores, a Lei Rio Branco, houve um período de ansiedade, incômoda para a lavoura, e para os escravos, pela razão contrária, cheia de esperança. A subida do visconde de Itaboraí em 1868, depois dos compromissos tomados naquela fala e na célebre carta aos abolicionistas europeus, significava: ou que o Imperador ligava então, por causa talvez da guerra, maior importância ao estado do Tesouro do que à reforma servil; ou que em política, na experiência de d. Pedro II, a linha reta não era o caminho mais curto de um ponto a outro. Como se sabe também, aquele ministro caiu sobretudo pela atitude assumida nessa mesma questão pelos seus adversários, e pelos amigos que o queriam ver por terra. A chamada do visconde de São Vicente para substituí-lo foi o sinal de que a reforma da emancipação, que ficará para sempre associada entre outros com o nome daquele estadista, ia de fato ser tentada; infelizmente o presidente do conselho[25] organizou um ministério dividido entre si, e que por isso teve de ceder o seu lugar a uma combinação mais homogênea para o fim que a nação e a Coroa tinham em vista. Foi essa o ministério Rio Branco.

Durante todo esse tempo de retrocesso e hesitação, o Partido Liberal, que inscrevera no seu programa em 1869 "a emancipação dos escravos", agitou por todos os modos o país, no Senado, na imprensa, em conferências públicas. "Adiar indefinidamente a questão" — dizia no Senado aos Conservadores naquele ano o senador Nabuco, presidente do Centro Liberal — "não é possível; nisto não consente o Partido Liberal, que desenganado de que nada fareis há de agitar a questão." E em 1870, com mais força, insistia aquele estadista:

> Senhores, este negócio é muito grave; é a questão mais importante da sociedade brasileira, e é imprudência abandoná-la ao azar. Quereis saber as consequências? Hei de dizê-lo com toda a sinceridade, com toda a força das minhas convicções: o pouco serve hoje, e o muito amanhã não basta. As coisas políticas têm por principal condição a oportunidade. As reformas por poucas que sejam valem muito na ocasião, não satisfazem depois, ainda que sejam amplas. Não quereis os meios graduais; pois bem, haveis de ter os meios simultâneos; não quereis as consequências de uma medida regulada por vós pausadamente, haveis de ter as incertezas da imprevidência; não quereis ter os inconvenientes econômicos por que passaram as Antilhas inglesas e francesas, correis o risco de ter os horrores de São Domingos.

Como podia a agitação de um dos grandes partidos nacionais, havia pouco ainda no poder, em favor dos escravos, deixar de inspirar-lhes a confiança de que a sua liberdade, talvez próxima, talvez distante, era em todo o caso certa? O grito de combate que repercutia no país não era "a emancipação dos nascituros"; nem há senão figuradamente *emancipação* de indivíduos ainda não existentes; mas sim "a emancipação dos escravos". Os direitos alegados, os argumentos produzidos, eram todos aplicáveis às gerações atuais. Semelhante terremoto não podia restringir o seu tremendo abalo à área marcada, desmoronar o solo não edificado sem fender a parte contígua. O impulso não era dado aos interesses de partido, mas à consciência humana, e quando de uma revolução se quer fazer uma reforma, é preciso pelo menos que esta tenha o leito bastante largo para deixar passar a torrente. Tudo o que se disse durante o período da incerteza, quando a oposição tratava de arrancar ao Partido Conservador a reforma que este lhe sonegava,* constitui outras tantas promessas feitas solenemente aos escravos. Na agitação não se teve o cuidado de dizer a

*Deu-se em 1870 um fato muito curioso. A comissão especial de que era relator o sr. Teixeira Júnior requereu, e a Câmara votou, que se solicitasse com urgência do Governo cópia dos projetos submetidos ao Conselho de Estado em 1867 e 1868 e dos pareceres dos membros do Conselho. A esse pedido responderam os ministros da Justiça (J. O. Nébias) e do Império (Paulino de Souza) que não havia papéis alguns nas suas respectivas secretarias. No parecer disse a Comissão: "Sob caráter *confidencial* e com recomendação reiterada da *maior reserva* foi mostrada à Comissão por um dos dignos membros do Gabinete uma cópia de quatro atas das sessões do Conselho de Estado e do último projeto ali examinado. Nestas condições, pois, a Comissão não pode revelar nenhuma das opiniões exaradas nesses documentos". Art. 7º da lei de 15 de outubro de 1827: "Os conselheiros de Estado são responsáveis pelos conselhos que derem etc.". Os grifos são do parecer.

estes que a medida não era em seu favor, mas somente em favor de seus filhos; pelo contrário, falava-se das gerações atuais e das gerações futuras conjuntamente, e na bandeira levantada do Norte ao Sul não havia artigos de lei inscritos, havia apenas o sinal do combate em uma palavra, "emancipação".

Agora vejamos as promessas que se podiam legitimamente deduzir dessa mesma lei de 28 de setembro de 1871, que foi, e não podia deixar de ser, uma tremenda decepção para os escravos, os quais ouviam antes dizer que o Imperador queria a *emancipação* e que a *emancipação* ia ser feita. Considerado a princípio como uma espoliação pela aristocracia territorial, aquele ato legislativo, que não lhe restringiu de modo algum os direitos adquiridos, tornou--se com o tempo o seu melhor baluarte. Mas não é o que se diz hoje que tem valor para nós; é o que se dizia antes da lei. Para medir-lhe o alcance é preciso atendermos ao que pensavam então, não os que a fizeram, mas os que a combateram. Neste caso a previdência, curioso resultado da cegueira moral, esteve toda do lado destes; foram eles que mediram verdadeiramente as consequências reais da lei, que lhe apontaram as incoerências e os absurdos, e que vaticinaram que essa não podia ser, e não havia de ser, a solução de tão grande problema.

VIII
As promessas da "lei de emancipação"

A grande injustiça da lei é não ter cuidado das gerações atuais.

J. A. Saraiva

Não pretendo neste capítulo estudar a Lei Rio Branco senão de um ponto de vista: o das esperanças razoáveis que pode deduzir do seu conjunto, e das condições em que foi votada, quem atribua ao nosso Poder Legislativo firmeza de propósito, seriedade de motivos, pundonor nacional e espírito de equidade. Não se o julgando resoluto, refletido, patriótico e justo, não se pode derivar da lei esperança alguma, e deve-se mesmo temer que ela não seja pontualmente executada, como não foi a de 7 de novembro de 1831, feita quando a nação estava ainda à mercê dos agentes do Tráfico.

A lei de 28 de setembro de 1871,* seja dito incidente-

---

*Não sou suspeito falando dessa lei. Além de ter pessoalmente particular interesse no renome histórico do visconde do Rio Branco, ninguém contribuiu mais para preparar aquele ato legislativo e mover a opinião em seu favor do que meu pai, que de 1866 a 1871 fez dele a sua principal questão política. "No Conselho de Estado", disse no Senado em 1871 o sr. F. Octaviano falando do senador Nabuco, "na correspondência com os fazendeiros, e na tribuna por meio de eloquentes discursos, foi ele que fez a ideia

mente, foi um passo de gigante dado pelo país. Imperfeita, incompleta, impolítica, injusta, e até absurda, como nos parece hoje, essa lei foi nada menos do que o bloqueio moral da escravidão. A sua única parte definitiva e final foi este princípio: — "Ninguém mais nasce *escravo*". Tudo o mais, ou foi necessariamente transitório, como a entrega desses mesmos *ingênuos* ao cativeiro até aos 21 anos; ou incompleto, como o sistema de resgate forçado; ou insignificante, como as classes de escravos libertados; ou absurdo, como o direito do senhor da escrava à indenização de uma apólice de 600$000 pela herança de oito anos que não deixou morrer; ou injusto, como a separação do menor e da mãe, em caso de alienação desta. Isso quanto ao que se acha disposto na lei; quanto ao que foi esquecido, o índice das omissões não teria fim. Apesar de tudo, porém, o simples princípio fundamental em que ela assenta basta para fazer dessa lei o primeiro ato de legislação humanitária da nossa história.

Reduzida à expressão mais simples, a lei quer dizer a extinção da escravatura dentro de um prazo de meio século; mas essa extinção não podia ser decretada para o futuro sem dar lugar à aspiração geral de vê-la decretada para o presente. Não são os escravos somente que se não contentam com a liberdade dos seus filhos e querem também ser livres; somos nós todos que queremos ver o Brasil desembaraçado e purificado da escravidão, e não nos con-

---

amadurecer e tomar proporções de vontade nacional." Em todo esse período em que a resolução conhecida do Imperador serviu de núcleo à formação de uma força constitucional capaz de vencer o poder da escravidão, isto é, de 1866 a 1871, aquele estadista, como Souza Franco, Octaviano, Tavares Bastos, preparou o Partido Liberal, ao passo que São Vicente e Salles Torres Homem prepararam o Partido Conservador para a reforma, a qual coube ao visconde do Rio Branco a honra de ligar merecidamente o seu nome com o aplauso de todos eles.

tentamos, com a certeza de que as gerações futuras hão de ter esse privilégio. A lei de 28 de setembro, ao dizer aos escravos: — "Os vossos filhos d'ora em diante nascerão *livres*, e chegando à idade da emancipação civil serão cidadãos", esqueçamos por enquanto *os serviços*, disse implicitamente a todos os brasileiros: — "Os vossos filhos ou os vossos netos hão de pertencer a um país regenerado".

Essa promessa dupla podia parecer final aos escravos, mas não aos livres. O efeito dessa perspectiva de uma pátria respeitada e honesta para os que vierem depois de nós não podia ser outro senão o de despertar em nós mesmos a ambição de pertencer-lhe. Quando um Estado qualquer aumenta para o futuro a honra e a dignidade dos seus nacionais, nada mais natural do que reclamarem contra esse adiamento os que se veem na posse do título diminuído. Não é provável que os escravos tenham inveja da sorte dos seus filhos; mas que outro sentimento nos pode causar, a nós cidadãos de um país de escravos, a certeza de que a geração futura há de possuir essa mesma pátria moralmente engrandecida — por ter a escravidão de menos?

É nesse sentimento de orgulho, ou melhor, de pundonor nacional, inseparável do verdadeiro patriotismo, que se funda a primeira esperança de que a lei de 28 de setembro não seja a solução do problema individual de cada escravo e de cada brasileiro.

As acusações levantadas contra o projeto, se não deviam prevalecer para fazê-lo cair — porque as imperfeições, deficiências, absurdos, tudo o que se queira, da lei são infinitamente preferíveis à lógica da escravidão —, mostravam os pontos em que, pela opinião mesma dos seus adversários, a reforma, uma vez promulgada, precisaria ser moralizada, alargada e desenvolvida.

A lei de 28 de setembro não deve ser tomada como uma transação entre o Estado e os proprietários de escravos, mas como um ato de soberania nacional. Os proprietários tinham tanto direito de impor a sua vontade

REFORMAS NACIONAIS: O ABOLICIONISMO

ao país como qualquer outra minoria dentro dele. A lei não é um tratado com a cláusula subentendida de que não poderá ser alterado sem o acordo das partes contratantes. Pelo contrário, foi feita com a inteligência dos dois lados, seguramente com a previsão da parte dos proprietários, de que seria somente um primeiro passo. Os que a repeliram, diziam que ela equivalia à abolição imediata;* dos que a votaram, muitos qualificaram-na de deficiente e expressaram o desejo de vê-la completada por outras medidas, notavelmente pelo prazo. Quando, porém, o Poder Legislativo fosse unânime em dar à Lei Rio Branco o alcance e a significação de uma solução definitiva da questão, aquela legislatura não tinha delegação especial para ligar as futuras Câmaras, nem o direito de fazer leis que não pudessem ser ampliadas ou revogadas por estas. Mais tarde veremos que profecias terríveis foram feitas então, que medidas excepcionais foram julgadas precisas.

Outra pretensão singular é a de que esse ato legalizou todos os abusos que não proscreveu, anistiou todos os crimes que não puniu, revogou todas as leis que não mencionou. Pretende-se mesmo que essa lei, que aboliu expressamente as antigas revogações de alforria, foi até revogar por sua vez a carta de liberdade que a lei de 7 de novembro de 1831 dera a todos os africanos importados depois dela. Não admira essa hermenêutica em matéria de escravidão — matéria em que na dúvida, aí não há dúvida alguma, é o princípio da liberdade que prevale-

---

* "Há de acontecer o que prevejo; se passar a proposta do Governo, a emancipação estará feita no país dentro de um ou dois anos (*Apoiados*). O sr. Andrade Figueira: E eles sabem disto. O sr. C. Machado: É a véspera do dia da emancipação total. O sr. Andrade Figueira: O sr. presidente do Conselho declarou no seu parecer no Conselho de Estado que esta seria a consequência." — Discurso do sr. Almeida Pereira na Câmara dos Deputados em agosto de 1871.

ce — quando lemos ainda hoje editais para a venda judicial de *ingênuos*.*

Essa interpretação todavia — séria como é por ser a nossa magistratura na sua generalidade cúmplice da escravidão, como o foi tanto tempo do Tráfico — aparta-se demasiado da opinião pública para pôr verdadeiramente em perigo o caráter da lei de 28 de setembro. Vejamos, deixando de parte a construção escravagista da lei, em que pontos, pelos próprios argumentos dos que a combateram, estava indicada desde o princípio a necessidade de reformá-la, e, pelos argumentos dos que a promoveram, a necessidade de alargá-la e de aumentar-lhe o alcance. Comecemos pelos últimos.

Em geral pode-se dizer que a lei foi deficiente em omitir medidas propostas muito antes no Parlamento, como, por exemplo, o projeto Wanderley (de 1854),[26] que proibia o tráfico interprovincial de escravos. A lei que libertou os nascituros podia bem ter localizado a escravidão nas províncias. Igualmente pontos capitais sustentados com toda a força no Conselho de Estado, como, por exemplo,

---

*A respeito de um desses editais, tive a honra de dirigir um protesto ao visconde de Paranaguá, presidente do Conselho, no qual dizia:

"A lei de 7 de novembro de 1831 está de fato revogada; chegou o momento de o Governo mostrar que essa não pode ser a sorte da lei de 28 de setembro de 1871. É preciso impedir esse *tráfico de ingênuos* que desponta. Não é abafando escândalos dessa ordem que se o pode conseguir. Esse edital de Valença abre uma página tristíssima na história do Brasil, e cabe a v. exa. rasgá-la quanto antes. A começar a venda, por editais ou sem eles, dos serviços dos ingênuos, a lei de 28 de setembro de 1871 será em breve reputada pelo mundo como de todas a mais monstruosa mentira a que uma nação jamais recorreu para esconder um crime. A questão é a seguinte: *Podem ou não os ingênuos ser vendidos*? Pertence ao Governo salvar a dignidade de toda essa imensa classe criada pela lei de 28 de setembro".

REFORMAS NACIONAIS: O ABOLICIONISMO

a fixação do preço máximo para a alforria, a revogação da pena bárbara de açoites e da lei de 10 de junho de 1835, a proibição de dividir a família escrava, incompletamente formulada na lei de 15 de setembro de 1869, foram deixados de parte na proposta do governo, e por isso o Código Negro Brasileiro, civil e penal, continua, depois da lei chamada de emancipação, a ser em geral tão bárbaro quanto antes.[27]

A direção principal entretanto, em que se propôs o alargamento da lei, foi a do prazo. Nessa matéria Souza Franco teve a maior parte, e o prazo por mim proposto na Câmara dos Deputados em 1880 não foi senão a execução do plano delineado por aquele estadista na seguinte proposta que apresentou no Conselho de Estado em 1867:

> Que a declaração do dia em que cessa a escravidão no Império deve ficar para o décimo ano da execução da lei supra sendo o artigo o seguinte: — Art. 23: No décimo ano da execução desta lei, o Governo, tendo colhido todas as informações as apresentará à Assembleia Geral Legislativa, com a estatística dos libertados, em virtude de sua execução, e do número dos escravos então existentes no Império para que, sob proposta também sua, se fixe o prazo em que a escravidão cessará completamente.*

> A disposição [acrescentava ele em 1868] cuja falta é mais sensível [no projeto em discussão no Conselho de Estado] é a do prazo em que a escravidão cesse em todo o Império. O projeto calando-se sobre este ponto muito importante, parece ter tido por fim evitar reclamações de prazo muito breve, que assuste os proprietários de escravos, e também a melindrosa

---

*O ilustre chefe liberal acreditava assim que na sessão legislativa de 1879 poder-se-ia "decretar a extinção total da escravidão" para o primeiro ou segundo quinquênio de 1880-90.

> questão da indenização. *Não satisfaria porém a opinião que exige compromisso expresso da extinção da escravidão.*

O prazo por outro lado era combatido no grupo liberal mesmo, por demasiado extenso. Pimenta Bueno, depois marquês de São Vicente, propusera o dia 31 de dezembro de 1899 para a abolição completa no Império com indenização. Foi esse o prazo discutido no Conselho de Estado,* onde foi julgado por uns muito longo para os escravos, e por outros afastado demais para ser marcado em 1867. A extensão do prazo era com efeito absurda.

---

*Num projeto apresentado a 17 de maio de 1865, o visconde de Jequitinhonha propôs entre outras medidas o prazo de quinze anos para a abolição da escravidão civil no Brasil. Esse prazo, caso fosse adotado, teria acabado [com] a escravidão em 1880. Dois anos depois, porém, no Conselho de Estado, pronunciando-se sobre o prazo Pimenta Bueno (até ao fim do século), aquele estadista condenou-o, tendo-se decidido a adotar o sistema da liberdade dos que nascessem depois da lei promulgada. Jequitinhonha, de quem disse o visconde de Jaguari, "foi ele o primeiro homem de Estado que se empenhou pela emancipação dos escravos entre nós" — a homenagem seria mais justa dizendo-se: no Segundo Reinado —, era um abolicionista convicto, franco e declarado. Na questão extravagante todavia, que mais ocupou o Conselho de Estado — se os filhos livres de mãe escrava seriam *ingênuos* ou *libertos* — e na qual o princípio *o parto segue o ventre* representou tão importante papel, aquele estadista deixou-se enlear por uma teia de aranha do Romanismo, e uniu-se aos que queriam declarar liberto a quem nunca havia sido escravo. Esses e outros erros, porém, em nada diminuem o renome abolicionista de Montezuma, cuja atitude em frente à escravidão sempre foi a de um adversário convencido de que ela era literalmente, na sua frase, "o cancro" do Brasil.

Não concorda com o artigo do projeto (projeto São Vicente) — foi o voto do conselheiro Nabuco — que marca como termo da escravidão o último dia do ano de 1899. Se não podemos marcar um prazo mais breve, é melhor nada dizer: cada um calcule pela probabilidade dos fatos naturais dos nascimentos e óbitos, e pelas medidas do projeto, quando acabará a escravidão: *a declaração de um quarto de século não é lisonjeira ao Brasil.*

No Senado, porém, na discussão da lei, foi apresentado um prazo mais curto — o de vinte anos — pelo senador Silveira da Mota. Esse prazo levava a escravidão até ao ano de 1891, do qual ela se vai aproximando *sem limitação alguma.* Ainda esse prazo pareceu longo demais ao senador Nabuco, o qual disse no Senado: "Eu não sou contrário à ideia do prazo, não como substitutiva da ideia do projeto, mas como complementar dela".

O prazo dado à escravidão pela lei proposta era de cinquenta ou sessenta anos, mas havia, além da liberdade pelo nascimento, as medidas da lei e a esperança de que, uma vez votada essa, "a porfia dos partidos seria para que a emancipação gradual fosse *a mais ampla e a mais breve possível*".* Por isso o prazo era um meio apenas de proteger os interesses das gerações existentes de escravos, de preencher de alguma forma a lacuna que faz a grande injustiça da lei na frase do sr. Saraiva, que serve de epígrafe a este capítulo.

A lei *não cuidou das gerações atuais*; mas foi feita em nome dessas, arrancada pela compaixão e pelo interesse que a sua sorte inspirava dentro e fora do país, espalhando-se pelo mundo a notícia de que o Brasil havia emancipado os seus escravos; e por isso durante toda

---

*Nabuco, discurso na discussão do projeto de lei sobre o elemento servil.

a discussão o sentimento predominante era de pesar, por se fazer tanto pelos que ainda não tinham nascido e tão pouco pelos que haviam passado a vida no cativeiro.

Aqui entram os argumentos dos inimigos do projeto. A injustiça de libertar os nascituros, deixando entregues à sua sorte os escravos existentes, não podia escapar, nem escapou, aos amigos da lei, e foi-lhes lançada em rosto pelos contrários. O interesse destes pelos velhos escravos vergados ao peso dos anos não podia ser expresso de modo mais patético do que, por exemplo, pela lavoura de Piraí, nas palavras que vou grifar: — "Fundada na mais manifesta injustiça relativa entre os escravos", diziam os agricultores daquele município, a proposta "concede o favor da liberdade aos que, pelo cego acaso, nascerem depois de tal dia, conservando entretanto na escravidão *os indivíduos que por longos, proveitosos e relevantes serviços mais jus têm à liberdade!*".

Esse era o grande, o formidável grito dos inimigos da proposta: — "Libertais", diziam eles, "as gerações futuras, e nada fazeis pelos que estão, há trinta, quarenta, cinquenta anos, e mais, mergulhados na degradação do cativeiro". A isso respondiam os partidários da reforma: — "Não nos esquecemos das gerações atuais; para elas há a liberdade gradual", ou na frase do senador Nabuco: — "Confiem os escravos na emancipação gradual". O compromisso do país para com estes não podia ser mais solene. Dizia-se-lhes: — "Por ora decretamos a liberdade dos vossos filhos ainda não nascidos, mas a vossa não há de tardar: a lei estabeleceu meios, criou um fundo de emancipação que vos libertará a todos, providenciou para encontrardes nas sociedades de emancipação o capital preciso para a vossa alforria".

Por outro lado a lei foi antes denunciada como devendo ser o fim da escravidão. Já vimos o que se disse na Câmara. Em toda a parte se repetia que viria a abolição logo após ela. Os receios do marquês de Olinda de

REFORMAS NACIONAIS: O ABOLICIONISMO

que o Estado fosse "posto em convulsão"* não se verificaram; mas esses receios provinham do conhecimento da lógica das coisas humanas que esta frase do visconde de Itaboraí revela: — "Nem é preciso terem os escravos muito atilamento para compreender que os mesmos direitos dos filhos devem ter seus progenitores, nem se pode supor que vejam com indiferença esvaecerem-se-
-lhes as esperanças de liberdade, que têm afagado em seus corações".

Está aí claramente um ponto da lei de 28 de setembro no qual os seus adversários tinham razão em querer harmonizá-la com a justiça. O grito "Deveis fazer pelas gerações atuais pelo menos tanto quanto baste ou seja preciso para que não se torne para elas uma decepção o que fizestes pelas gerações futuras" partiu dos inimigos da proposta; se esse grito nenhum valor moral tinha para impedir as Câmaras de votá-la, hoje que essa proposta é lei do Estado, os próprios que o levantaram estão obrigados a moralizar a lei.

O sr. Christiano Otoni disse há dois anos da tribuna do Senado aos que combateram a reforma de 1871: "O que o patriotismo aconselha é que nos coloquemos dentro da lei de 28 de setembro; mas para estudar seus defeitos e lacunas, para corrigi-los e suprimi-los". Ora, esses defeitos e lacunas denunciados pela oposição eram principalmente o abandono da geração presente e a condição servil dos *ingênuos* até os 21 anos. O mais estrênuo dos adversários da lei reconheceu então que "a nação brasileira tinha assumido sérios compromissos perante as na-

---

* "A não se seguir o plano que acabo de indicar" — o de não se fazer absolutamente nada — "não vejo providência que não ponha o Estado em convulsão [...]. Uma só palavra que deixe perceber a ideia de emancipação por mais adornada que ela seja" — isto é, disfarçada — "abre a porta a milhares de desgraças." *Trabalho sobre a extinção da escravatura no Brasil*, pp. 38 e 41.

ções", e que a promessa de libertação dos escravos por um fundo de amortização era uma dívida de honra. "Por cinco anos", disse ele, "choveu sobre as almas dos míseros cativos, como o maná sobre os israelitas no deserto, a esperança da liberdade bafejada do trono."*

---

* José de Alencar, ministro do gabinete Itaboraí, denunciou aquele período de gestação em termos que hoje, em vez de serem uma censura, fazem honra a d. Pedro II. "Não se trata", disse o notável escritor cearense, o qual nessa questão se deixou guiar, não pelos seus melhores sentimentos, mas por prevenções pessoais, "de uma lei, trata-se de uma conjuração do Poder. Desde 1867 que o Poder conspira, fatigando a relutância dos estadistas chamados ao governo, embotando a resistência dos partidos; desde 1867 que se prepara nas sombras este golpe de Estado, que há de firmar no país o absolutismo ou antes desmascará-lo." Que a ação individual do Imperador foi empregada, sobretudo depois de 1845, até 1850 em favor da supressão do Tráfico, resultando naquele último ano nas medidas de Eusébio de Queirós, e de 1866 a 1871 em favor da emancipação dos nascituros, resultando nesse último ano na Lei Rio Branco, é um fato que o Imperador, se quisesse escrever memórias e contar o que se passou com os diversos gabinetes dos dois períodos, poderia firmar historicamente com um sem-número de provas. A sua parte no que se tem feito é muito grande, e quase a essencial, porquanto ele poderia ter feito o mesmo com outros homens e por outros meios, sem receio de revolução. O que eu digo porém é que se d. Pedro II, desde que subiu ao trono, tivesse como norte invariável do seu reinado o realizar a abolição como seu pai realizou a Independência, sem exercer mais poder pessoal do que exerceu, por exemplo, para levar a Guerra do Paraguai até a destruição total do governo de Lopez, a escravidão já teria a esta hora desaparecido do Brasil. É verdade que se não fosse o Imperador, os piores traficantes de escravos teriam sido feito condes e marqueses do Império, e que Sua Majestade sempre mostrou repugnância pelo Tráfico, e interesse pelo trabalho livre; mas comparado à soma de poder que ele ou exerce ou possui, o que se tem feito em favor dos escravos no seu reinado já de 43 anos é muito pouco. Basta dizer que ain-

REFORMAS NACIONAIS: O ABOLICIONISMO

Quanto aos *ingênuos*, por exemplo, com que aparência de lógica e de sentimento da dignidade cívica não denunciavam os adversários da lei a criação dessa classe de futuros cidadãos educados na escravidão e com todos os vícios dela. Ainda o mesmo sr. Christiano Otoni, num discurso no Clube da Lavoura e do Comércio, expressava-se assim a respeito dessa classe: — "E que cidadãos são esses? Como vêm eles depois para a sociedade, tendo sido cativos de fato, não sabendo ler nem escrever, não tendo a mínima noção dos direitos e deveres do cidadão, inçados de todos os vícios da senzala? (*Apoiados*.) Vícios da inteligência e vícios do coração? (*Apoiados*.)". Esses *apoiados* dos próprios diretamente responsáveis pelos *vícios da senzala* são pelo menos inconscientes.

O argumento é por sua natureza abolicionista; formulado pelos mesmos que queriam manter esses *ingênuos* na condição de escravos, é uma compaixão mal colocada e a condenação apenas da capacidade política dos libertos.

Apesar disso, porém, quando o sr. Paulino de Souza exprobrava ao visconde do Rio Branco "essa classe predileta dos novos ingênuos" — que o visconde de Itaboraí chamara *escravos-livres* — "educados na escravidão até aos 21

---

da hoje a capital do Império é um mercado de escravos! Veja-se por outro lado o que fez o tsar Alexandre II dentro de seis anos de reinado. Não temos que nos incomodar com os que nos chamam contraditórios porque fazemos apelo ao Imperador sendo opostos, pelo menos na maior parte, ao *governo pessoal*. O uso do prestígio e da força acumulada que o Imperador representa no Brasil, em favor da emancipação dos escravos, seria no mais lato sentido da palavra a expressão da vontade nacional. Com a escravidão não há governo livre, nem democracia verdadeira: há somente governo de casta e regime de monopólio. As senzalas não podem ter representantes, e a população avassalada e empobrecida não ousa tê-los.

anos, isto é, durante o tempo em que se formam o caráter moral, a inclinação e os hábitos dos indivíduos", aquele chefe conservador, sem o querer por certo, mostrava um dos defeitos capitais da lei, que precisava de ser emendado de acordo com o sentimento da dignidade cívica. Não há razão, e a nossa lei constitucional não permite dúvida, para que o liberto, o que foi escravo, não seja cidadão; mas há sérios motivos para que os *ingênuos*, cidadãos como quaisquer outros, não sejam educados no cativeiro. Já que esses *ingênuos* existem, não será dever estrito dos que viram tão claramente esse erro da lei concorrer para que "o caráter moral, a inclinação e os hábitos" de centenas de milhares de cidadãos brasileiros sejam formados longe da atmosfera empestada da senzala, que, segundo a confissão dos que melhor a conhecem, é uma verdadeira Gruta do Cão para todas as qualidades nobres?

É assim que tudo quanto foi dito contra a lei do ponto de vista da civilização torna obrigatório para os que a combateram o modificá-la e desenvolvê-la. Nesse sentido o sr. Christiano Otoni deu um belo exemplo. Por outro lado as esperanças, as animações, as expectativas de que os partidários e entusiastas da reforma encheram a alma e a imaginação dos escravos, constituem outras tantas promessas de que estes têm o direito de exigir o cumprimento. A lei não foi o repúdio vergonhoso do compromisso tomado com o mundo em 1866 pelo ministro de Estrangeiros do Brasil. Pelo contrário foi o seu reconhecimento, a sua ratificação solene.

O que se tem feito até hoje para saldar essa dívida de honra? No correr destas páginas ver-se-ão quais foram e quais prometem ser os efeitos da lei comparativamente aos da morte; a bondade e a afeição dos senhores pelos escravos, assim como a iniciativa particular, têm feito muito mais do que o Estado, mas dez vezes menos do que a morte. "A morte liberta 300 mil", disse no Senado a autoridade insuspeita, que tenho tanto citado, o sr. Christiano Otoni, "os particulares 35 mil, o Estado, *que se obrigou à emancipação*, 5 mil no mesmo período." O mercado de escravos continua, as famílias são divididas, as portas delineadas na lei não foram ainda rasgadas, a Escravidão é a mesma sempre, os seus crimes e as suas atrocidades repetem-se frequentemente, e os escravos veem-se nas mesmas condições individuais, com o mesmo horizonte e o mesmo futuro de sempre, desde que os primeiros africanos foram internados no sertão do Brasil. A não se ir além da lei, esta ficaria sendo uma mentira nacional, um artifício fraudulento para enganar o mundo, os brasileiros e, o que é mais triste ainda, os próprios escravos. A causa destes, porém, assenta sobre outra base, que todavia não deverá ser considerada mais forte do que esses compromissos nacionais: a ilegalidade da escravidão. Para se verificar até que ponto a escravidão entre nós é ilegal, é preciso conhecer-lhe as origens, a história e a pirataria da qual ela deriva os seus direitos por uma série de endossos tão válidos como a transação primitiva.

IX
O tráfico de africanos

Andrada! Arranca esse pendão dos ares!
Colombo! Fecha a porta dos teus mares!
Castro Alves

A escravidão entre nós não teve outra fonte neste século senão o comércio de africanos. Têm-se denunciado diversos crimes no Norte contra as raças indígenas, mas semelhantes fatos são raros. Entre os escravos há por certo descendentes de caboclos remotamente escravizados, mas tais exceções não tiram à escravidão brasileira o caráter de puramente africana. Os escravos, ou são os próprios africanos importados, ou os seus descendentes.

O que foi, e infelizmente ainda é, o tráfico de escravos no continente africano, os exploradores nos contam em páginas que horrorizam; o que era nos navios negreiros, nós o sabemos pela tradição oral das vítimas; o que por fim se tornava depois do desembarque em nossas praias, desde que se acendiam as fogueiras anunciativas, quando se internava a caravana e os negros *boçais* tomavam os seus lugares ao lado dos *ladinos* nos quadros das fazendas, vê-lo-emos mais tarde. Basta-me dizer que a história não oferece no seu longo decurso um crime geral que, pela perversidade, horror e infinidade dos crimes particulares que o compõem, pela sua duração, pelos seus motivos sórdidos, pela desumanidade do seu sistema complexo de medidas, pelos proventos dele tirados, pelo número das suas vítimas e por todas as suas consequências, possa de longe ser comparado à colonização africana da América.

> Ao procurar descrever o tráfico de escravos na África Oriental, foi-me necessário manter-me bem dentro da verdade para não se me arguir de exagerado; mas o assunto não consentia que eu o fosse. Pintar com cores por demais carregadas os seus efeitos, é simplesmente impossível. Os espetáculos que presenciei, apesar de serem incidentes comuns do tráfico, são tão repulsivos que sempre procuro afastá-los da memória. No caso das mais desagradáveis recordações, eu consigo por fim adormecê-las no esquecimento; mas as cenas do tráfico voltam-me ao pensamento sem serem chamadas, e fazem-me estremecer no silêncio da noite horrorizado da fidelidade com que se reproduzem.

Essas palavras são do dr. Livingstone e dispensam quaisquer outras sobre a perseguição de que a África é vítima há séculos, pela cor dos seus habitantes.

Castro Alves na sua *Tragédia no Mar* não pintou senão a realidade do suplício dantesco, ou antes romano, a que o tombadilho dos navios negreiros* servia de arena

---

*Esses navios chamados *túmulos flutuantes*, e que o eram em mais de um sentido, custavam relativamente nada. Uma embarcação de cem toneladas, do valor de sete contos [de réis], servia para o transporte de mais de 350 escravos. (Depoimento de Sir Charles Hotham, adiante citado, seção 604.) O custo total do transporte desse número de escravos (navio, salários da equipagem, mantimentos, comandante etc.) não excedia de 10 contos de réis, ou em números redondos 30 mil réis por cabeça. (*O mesmo*, seções 604-611.) Um brigue de 167 toneladas capturado tinha a bordo 852 escravos, outro de 59 [toneladas],

e o porão de subterrâneo. Quem ouviu descrever os horrores do Tráfico tem sempre diante dos olhos um quadro que lembra a pintura de Géricault — O *Naufrágio da Medusa* [ou *A Balsa da Medusa*]. A balada de Southey, do marinheiro que tomara parte nessa navegação maldita, e a quem o remorso não deixara mais repouso e a consciência perseguira de dentro implacável e vingadora, expressa a agonia mental de quantos se empregaram nesse contrabando de sangue tendo um vislumbre de consciência.

Uma vez desembarcados os esqueletos vivos, eram conduzidos para o eito das fazendas, para o meio dos cafezais. O Tráfico tinha completado a sua obra, começava a da escravidão. Não entro neste volume na história do Tráfico e portanto só incidentemente me refiro às humilhações que impôs ao Brasil a avidez insaciável e sanguinária daquele comércio.

De 1831 até 1850 o governo brasileiro achou-se com efeito empenhado com o inglês numa luta diplomática do mais triste caráter para nós, por não poder executar os seus tratados e as suas leis. Em vez de patrioticamente entender-se com a Inglaterra, como nesse tempo haviam feito quase todas as potências da Europa e da América para a completa destruição da pirataria que infestava os seus portos e costas; em vez de aceitar agradecido o concurso do estrangeiro para resgatar a sua própria bandeira do poder dos piratas, o governo deixou-se aterrar e reduzir à impotência por estes. A Inglaterra esperou até 1845 que o Brasil entrasse em acordo com ela; foi somente em 1845, quando em falta de tratado conosco ela ia perder o fruto de 28 anos de sacrifícios, que Lord Aberdeen apresentou o seu Bill. O Bill Aberdeen, pode-se dizer, foi uma afronta ao encontro da qual a escravidão forçou o governo brasileiro a ir. A luta estava trava-

---

400 [escravos]. Muitos desses navios foram destruídos depois de apresados como impróprios para a navegação.

da entre a Inglaterra e o Tráfico, e não podia nem devia acabar, por honra da humanidade, recuando ela. Foi isso que os nossos estadistas não pensaram. A cerração que os cercava não lhes permitia ver que em 1845 o sol do nosso século já estava alto demais para alumiar ainda tal pirataria neste hemisfério.

Só por um motivo essa lei Aberdeen não foi um título de honra para a Inglaterra. Como se disse por diversas vezes no Parlamento inglês, a Inglaterra fez com uma nação fraca o que não faria contra uma nação forte. Uma das últimas carregações de escravos para o Brasil, a dos africanos chamados do Bracuí, internados em 1852 no Bananal de São Paulo, foi levada à sombra da bandeira dos Estados Unidos. Quando os cruzadores ingleses encontravam um navio negreiro que içava o pavilhão das estrelas, deixavam-no passar. A atitude do Parlamento inglês votando a lei que deu jurisdição aos seus tribunais sobre navios e súditos brasileiros, empregados no Tráfico, apreendidos ainda mesmo em águas territoriais do Brasil, teria sido altamente gloriosa para ele se essa lei fizesse parte de um sistema de medidas iguais contra *todas* as bandeiras usurpadas pelos agentes daquela pirataria.

Mas qualquer que fosse a fraqueza da Inglaterra em não proceder contra os fortes como procedia contra os fracos, o brasileiro que lê a nossa história diplomática durante o período militante do Tráfico, o que sente é ver o poderio que a soma de interesses englobada nesse nome exercia sobre o país.

Esse poderio era tal que Eusébio de Queirós,[28] ainda em 1849, num *memorandum* que redigiu para ser presente ao ministério sobre a questão, começava assim:

> Para oprimir o tráfico de africanos no país *sem excitar uma revolução* faz-se necessário: 1º atacar com vigor as novas introduções, esquecendo e anistiando as anteriores à lei; 2º dirigir a repressão contra o trá-

fico no mar, ou no momento do desembarque, enquanto os africanos estão em mão dos introdutores.

O mesmo estadista, no seu célebre discurso de 1852, procurando mostrar como o Tráfico somente acabou pelo interesse dos agricultores, cujas propriedades estavam passando para as mãos dos especuladores e dos traficantes por causa das dívidas contraídas pelo fornecimento de escravos, confessou a pressão exercida de 1831 a 1850 pela agricultura consorciada com aquele comércio sobre todos os governos e todos os partidos:

> Sejamos francos: o tráfico, no Brasil, prendia-se a interesses, ou para melhor dizer, a presumidos interesses dos nossos agricultores; e num país em que a agricultura tem tamanha força, era natural que a opinião pública se manifestasse em favor do tráfico; a opinião pública que tamanha influência tem, não só nos governos representativos, como até nas próprias monarquias absolutas. O que há pois para admirar em que os nossos homens políticos se curvassem a essa lei da necessidade? O que há para admirar em que nós todos, amigos ou inimigos do tráfico, nos curvássemos a essa necessidade? Senhores, se isso fosse crime, seria um crime geral no Brasil; mas eu sustento que, quando em uma nação todos os partidos políticos ocupam o poder, quando todos os seus homens políticos têm sido chamados a exercê-lo, e todos eles são concordes em uma conduta, é preciso que essa conduta seja apoiada em razões muito fortes; é impossível que ela seja um crime e haveria temeridade em chamá-la um erro.

Trocada a palavra "Tráfico" pela palavra "escravidão", esse trecho de eloquência calorosamente aplaudido pela Câmara poderá servir de apologia no futuro aos estadistas de hoje que quiserem justificar a nossa época. A verdade, porém, é que houve sempre diferença entre os inimigos declarados do Tráfico e os seus protetores. Feita essa reserva a favor de um ou outro homem público que *nenhuma cumplicidade* teve nele, e outra quanto à moralidade da doutrina, de que se não pode chamar *crime* nem *erro à* violação da lei moral quando é uma nação inteira que a comete, as palavras justificativas do grande ministro da Justiça de 1850 não exageram a degradação a que chegou a nossa política até uma época ainda recente. Algumas datas bastam para prova. Pela Convenção de 1826 o comércio de africanos devia no fim de três anos ser equiparado à pirataria, e a lei que os equiparou tem a data de 4 de setembro de 1850. A liberdade imediata dos africanos legalmente capturados foi garantida pela mesma Convenção quando ratificou a de 1817 entre Portugal e a Grã-Bretanha, e o decreto que *emancipou* os africanos *livres* foi de 24 de setembro de 1864. Por último, a lei de 7 de novembro de 1831 está até hoje sem execução, e os mesmos que ela declarou livres acham-se ainda em cativeiro. Nessa questão do Tráfico bebemos as fezes todas do cálice.

É por isso que nos envergonha ler as increpações que nos faziam homens como Sir Robert Peel, Lord Palmerston e Lord Brougham, e ver os ministros ingleses reclamando a liberdade dos africanos que a nossa própria lei declarou livres sem resultado algum. A pretexto da dignidade nacional ofendida, o nosso Governo, que se achava na posição coata em que o descreveu Eusébio, cobria praticamente com a sua bandeira e a sua soberania as expedições dos traficantes organizadas no Rio e na Bahia. Se o que se fez em 1850 houvesse sido feito em 1844, não teria por certo havido Bill Aberdeen.

A questão nunca deveria ter sido colocada entre o Brasil e a Inglaterra, mas entre o Brasil com a Inglaterra de um lado e o Tráfico do outro. Se jamais a história deixou de registrar uma aliança digna e honesta, foi essa a que não fizemos com aquela nação. O princípio: que o navio negreiro não tem direito à proteção do pavilhão, seria muito mais honroso para nós do que todos os argumentos tirados do direito internacional para consumar definitivamente o cativeiro perpétuo de estrangeiros introduzidos à força em nosso país.

O poder, porém, do Tráfico era irresistível, e até 1851 não menos de 1 milhão de africanos foram lançados em nossas senzalas. A cifra de 50 mil por ano não é exagerada.

Mais tarde teremos que considerar a soma que o Brasil empregou desse modo. Esse milhão de africanos não lhe custou menos de 400 mil contos. Desses 400 mil contos que sorveram as economias da lavoura durante vinte anos, 135 mil contos representam a despesa total dos negreiros, e 260 mil os seus lucros.*

Esse imenso prejuízo nacional não foi visto durante anos pelos nossos estadistas, os quais supunham que o Tráfico enriquecia o país. Grande parte seguramente desse capital voltou para a lavoura quando as fazendas caíram em mãos dos negociantes de escravos que tinham hipotecas sobre elas por esse fornecimento, e assim se tornaram senhores *perpétuos* do seu próprio contrabando.

---

* "Sendo £6 o custo do escravo em África, e calculando sobre a base de que um sobre três venha a ser capturado, o custo de transportar os dois outros seria, £9 por pessoa, £18, às quais devem-se acrescentar £9 da perda do que foi capturado, perfazendo no Brasil o custo total dos dois escravos transportados £27 ou £13,10s por cabeça. Se o preço do escravo ao desembarque é £60, haverá um lucro, não obstante a apreensão de um terço e incluindo o custo dos dois navios que transportaram os dois terços, de £46,10s por cabeça? — Eu penso assim." Depoimento de Sir Charles Hotham, comandante da esquadra inglesa na África Ocidental, abril de 1849. *First Report from the Select Comitee* (House of Commons), 1849, §614. O meu cálculo é esse mesmo tomando £40 como preço médio do africano no Brasil.

REFORMAS NACIONAIS: O ABOLICIONISMO

Foi Eusébio quem o disse no seguinte trecho do seu discurso de 16 de julho de 1852 a que já me referi:

> A isto ["o desequilíbrio entre as duas classes de livres e escravos" produzido "pela progressão ascendente do tráfico", "que nos anos de 1846, 1847 e 1848 havia triplicado"] veio juntar-se o interesse dos nossos lavradores: a princípio acreditando que na compra do maior número de escravos consistia o aumento de seus lucros, os nossos agricultores, sem advertirem no gravíssimo perigo que ameaçava o país, só tratavam da aquisição de novos braços *comprando-os a crédito*, a pagamento de *três a quatro anos, vencendo no intervalo juros mordentes*. [Aqui segue-se a frase sobre a mortalidade dos africanos citada em outro capítulo.] Assim os escravos morriam, mas as dívidas ficavam, e com elas os terrenos hipotecados aos especuladores, que compravam os africanos aos traficantes para os revender aos lavradores. (*Apoiados.*) *Assim a nossa propriedade territorial ia passando das mãos dos agricultores para os especuladores e traficantes*. (*Apoiados.*) Esta experiência despertou os nossos lavradores, e fez--lhes conhecer que acuavam sua ruína, onde procuravam a riqueza, e ficou o tráfico desde esse momento definitivamente condenado.

Grande parte do mesmo capital realizado foi empregada na edificação do Rio de Janeiro e da Bahia, mas o restante foi exportado para Portugal, que tirou assim do Tráfico, como tem tirado da escravidão no Brasil, não menores lucros do que a Espanha tirou dessas mesmas fontes em Cuba.

Ninguém entretanto lembra-se de lamentar o dinheiro desperdiçado nesse ignóbil comércio, porque os seus prejuízos morais deixaram na sombra todos os lucros cessantes e toda a perda material do país. O brasileiro que lê hoje os papéis do tráfico, para sempre preservados como o arquivo de uma das empresas mais sombrias a que jamais se lançou a especulação sem consciência que deslustra as conquistas civilizadoras do comércio, não atende senão à monstruosidade do crime e aos algarismos que dão a medida dele. O lado econômico é secundário, e o fato de haver sido este o principal, segundo a própria demonstração de Eusébio, tanto para triplicar de 1846 a 1848 o comércio, como para extingui-lo dois anos depois, prova somente a cegueira com que o país todo animava essa revoltante pirataria. Os poucos homens a quem esse estado de coisas profundamente revoltava, como por exemplo os Andrada, nada podiam fazer para modificá-lo. Os ousados traficantes de negros novos encastelados na sua riqueza mal adquirida eram onipotentes, e levantavam contra quem ousava erguer a voz para denunciar-lhes o comércio as acusações de *estrangeiros*, de aliados da Inglaterra, de cúmplices das humilhações infligidas ao país.

O verdadeiro patriotismo, isto é, o que concilia a pátria com a humanidade, não pretende mais que o Brasil tivesse o direito de ir com a sua bandeira, à sombra do direito das gentes, criado para a proteção e não para a destruição da nossa espécie, roubar homens na África e transportá-los para o seu território.

Sir James Hudson qualificou uma vez o argumento da "dignidade nacional", que o nosso Governo sempre apresentava, nos seguintes termos: — "Uma dignidade que se procura manter à custa da honra nacional, da deterioração dos interesses do país, da degradação gradual mas certa do seu povo". Essas palavras não eram merecidas em 1850 quando foram escritas; mas aplicam-se, com a maior justiça, ao longo período de 1831 até aquele ano.

Esse é o sentimento da atual geração. Todos nós fazemos votos para que, se alguma outra vez em nossa história, aterrando o Governo, prostituindo a Justiça, corrompendo as autoridades e amordaçando o Parlamento, algum outro poder, irresistível como foi o Tráfico, se senhorear da nossa bandeira e subjugar as nossas leis para infligir um longo e atroz martírio nas mesmas condições a um povo de outro continente ou de outro país, essa pirataria não dure senão o tempo de ser esmagada com todos os seus cúmplices por qualquer nação que o possa fazer.

A soberania nacional para ser respeitada deve conter-se nos seus limites; não é ato de soberania nacional o roubo de estrangeiros para o cativeiro. Cada tiro dos cruzadores ingleses que impedia tais homens de serem internados nas fazendas e os livrava da escravidão perpétua, era um serviço *à honra nacional*. Esse pano verde-amarelo que os navios negreiros içavam à popa era apenas uma profanação da nossa bandeira. Essa, eles não tinham o direito de a levantar nos antros flutuantes que prolongavam os barracões da costa de Angola e Moçambique até a costa da Bahia e do Rio de Janeiro. A lei proibia semelhante insulto ao nosso pavilhão, e quem o fazia não tinha direito algum de usar dele.

Estas ideias podem hoje ser expressas com a nobre altivez de um patriotismo que não confunde os limites da pátria com o círculo das depredações traçado no mapa do globo por qualquer bando de aventureiros; a questão é se a geração atual, que odeia sinceramente o Tráfico e se acha tão longe dele como da Inquisição e do Absolutismo, não deve pôr-lhe efetivamente termo, anulando aquela parte das suas transações que não tem o menor vislumbre de legalidade. Se o deve, é preciso acabar com a escravidão que não é senão o Tráfico, tornado permanente e legitimado, do período em que a nossa lei interna já o havia declarado criminoso e no qual todavia ele foi levado por diante em escala e proporções nunca vistas.

X
A ilegalidade da escravidão

As nações como os homens devem muito prezar a sua reputação.

Eusébio de Queirós

Vimos o que foi o Tráfico. Pois bem, essa trilogia infernal, cuja primeira cena era a África, a segunda o mar, a terceira o Brasil, é toda a nossa escravidão. Que semelhante base é perante a moral monstruosa; que a nossa lei não podia reduzir africanos, isto é, estrangeiros, a escravos; que os filhos desses africanos continuam a sofrer a mesma violência que seus pais, e por isso o título por que são possuídos, o fato do nascimento, não vale mais perante qualquer direito, que não seja a legalização brutal da pirataria, do que o título de propriedade sobre aqueles: são princípios que estão para a consciência humana fora de questão. Mas mesmo perante a legalidade estrita, ou perante a legalidade abstraindo da competência e da moralidade da lei, a maior parte dos escravos entre nós são homens livres criminosamente escravizados.

Com efeito, a grande maioria desses homens, sobretudo no Sul,[29] ou são africanos importados depois de 1831, ou descendentes desses. Ora, em 1831 a lei de 7 de novembro declarou no seu artigo 1º: "Todos os escravos que entrarem no território ou portos do Brasil vindos de fora ficam li-

REFORMAS NACIONAIS: O ABOLICIONISMO 137

vres". Como se sabe, essa lei nunca foi posta em execução, porque o governo brasileiro não podia lutar com os traficantes; mas nem por isso deixa ela de ser a carta de liberdade de todos os importados depois da sua data.

Que antes de 1831, pela facilidade de aquisição de africanos, a mortalidade dos nossos escravos, ou *da Costa* ou *crioulos*, era enorme, é um fato notório. "É sabido", dizia Eusébio de Queirós em 1852 na Câmara dos Deputados, "que a maior parte desses infelizes (os escravos importados) são ceifados logo nos primeiros anos, pelo estado desgraçado a que os reduzem os maus-tratos da viagem, pela mudança de clima, de alimentos e todos os hábitos que constituem a vida."* Desses africanos, porém — quase todos eram capturados na mocidade —, introduzidos antes de 1831, bem poucos restarão hoje, isto é, depois de cinquenta anos de escravidão na América a juntar aos anos com que vieram da África; e, mesmo sem a terrível mortalidade, de que deu testemunho Eusébio, entre os recém--chegados, pode afirmar-se que quase todos os africanos vivos foram introduzidos criminosamente no país.

Vejamos, porém, um depoimento altamente insuspeito relativamente à mortalidade das "crias" até a época mais ou menos em que o tráfico transatlântico foi efetivamente suprimido.

> É fato incontestado [depõe o sr. Christiano Otoni] que, enquanto era baixo o preço dos escravos, raras crias vingavam nas fazendas. Viajava-se pelos municípios de Piraí, Vassouras, Valença, Paraíba do Sul, observando os eitos do serviço [...] quase tudo africanos. Notava-se uma exceção (e não havia muitas outras) de uma grande fazenda cujo proprietário órfão se educava em país estrangeiro; essa povoava-se

*Discurso de 16 de julho. A essas causas deve acrescentar-se a nostalgia, segundo depoimentos oficiais.

notavelmente de crioulos: por quê? Por contrato uma parte dos que vingavam pertencia ao administrador: sempre o interesse. Em todas as palestras entre fazendeiros se ouvia este cálculo: "Compra-se um negro por 300$000: colhe no ano cem arrobas de café que produzem líquido pelo menos o seu custo: daí em diante tudo é lucro. Não vale a pena aturar as crias que só depois de dezesseis anos darão igual serviço". E em consequência as negras pejadas e as que amamentavam não eram dispensadas da enxada: duras fadigas impediam em umas o regular desenvolvimento do feto, em outras minguavam a secreção do leite, em quase todas geravam o desmazelo pelo tratamento dos filhos e daí as doenças e morte às pobres crianças. Quantos cresciam? Não há estatísticas que o digam, mas, se dos expostos da Corte só vingavam 9% a 10%, como então provou no Senado o sr. Visconde de Abaeté, dos nascidos na escravidão não escapavam certamente mais de 5%.*

"Devemos falar com a maior franqueza" — disse na Câmara um deputado ex-ministro de Estrangeiros, insuspeito à lavoura — "porque a questão é grave. Cumpre que se diga: a maior parte dos proprietários, no interesse de evitar dúvidas que de futuro se pudessem dar a respeito, trataram de dar os escravos à matrícula como tendo sido importados antes da lei de 1831." Esse mesmo orador encarregou-se de demonstrar em seguida a ilegalidade da escravidão:

Demais a proceder a opinião dos nobres deputados, pois que o feto, segundo o direito romano transplantado para o nosso, segue a condição do ventre, serão

---

*A emancipação dos escravos. Parecer de C. B. Otoni, 1871, pp. 66-8.

REFORMAS NACIONAIS: O ABOLICIONISMO

livres não só os escravos importados depois daquela data, como toda a sua descendência. Coloquemos a questão no seu verdadeiro terreno. Se, como demonstrei, somente no período de dez anos, de 1842 a 1852, como consta de documentos oficiais, foram importados 326 317 africanos, e não sabendo nós quantos teriam sido importados no período anterior de onze anos depois da lei de 1831, pergunto: quantos dos atuais escravos poderiam rigorosamente ser considerados como tais, a prevalecer a opinião que combato?*

Menos da metade, seguramente, *a prevalecer* a lei de 7 de novembro. Mas a história dessa lei é uma página triste do nosso passado e do nosso presente. Os africanos que o pirata negreiro, navegando sob a bandeira brasileira — a maior parte dos traficantes, e os mais célebres dentre eles, os que têm a seu crédito nos Livros Azuis ingleses maior número de vítimas, eram estrangeiros e, para vergonha de Portugal e nossa também, portugueses —, ia buscar aos depósitos da África e desembarcava nos da costa do Brasil, não acharam quem os pusesse em liberdade, como a lei o exigia. As únicas reclamações a favor deles eram feitas pelos ministros ingleses, e ouvidas no Parlamento da Inglaterra. Leia-se o seguinte trecho de um discurso de Lord Brougham em 1842: não seria mais honroso para nós se, em vez de ser proferido na Câmara dos Lordes da Inglaterra pelo grande orador — Lord Brougham pediu mais tarde a revogação do chamado Bill Aberdeen, ou Brazilian Act —, aquele discurso houvesse ecoado em nossas Câmaras?

Em primeiro lugar temos a declaração expressa de um homem de bem no Senado do Brasil, de que a lei que

---

*Sessão de 22 de novembro de 1880, discurso do sr. Moreira de Barros. *Jornal do Commercio* de 23 de novembro.

aboliu o tráfico de escravos é notoriamente letra morta, tendo caído em desuso. Em segundo lugar temos
uma petição ou memorial da Assembleia Provincial da
Bahia ao Senado urgindo pela revogação da lei; não
que ela os incomode muito, mas porque a cláusula de
que os escravos importados depois de 1831 são livres
embaraça a transação da venda e torna inconveniente
possuir negros há pouco introduzidos no país. Eu encontro outra Assembleia Provincial, a de Minas Gerais,
pedindo a mesma coisa com iguais fundamentos. Depois de insistir nos perigos para o país da falta de negros, o memorial acrescenta: — "Acima de tudo, o pior
de todos esses males, é a imoralidade que resulta de
habituarem-se os nossos cidadãos a violar as leis debaixo das vistas das próprias autoridades!". Eu realmente acredito que a história toda da desfaçatez humana
não apresenta uma passagem que possa rivalizar com
essa — nenhum outro exemplo de ousadia igual. Temos
neste caso uma legislatura provincial que se apresenta
por parte dos piratas e dos seus cúmplices, os agricultores, que aproveitam com a pirataria, comprando-lhe
os frutos, e em nome desses grandes criminosos insta
pela revogação da lei que o povo confessa estar vio-
lando todos os dias, e da qual eles declaram que não
hão de fazer caso enquanto continuar sem ser revogada; pedindo a revogação dessa lei com o fundamento
de que, enquanto ela existir, resolvidos como estão a
violá-la, eles se veem na dura necessidade de cometer
essa imoralidade adicional debaixo das vistas dos juízes
que prestaram o juramento de executar as leis.

Fato curioso, a lei de 7 de novembro de 1831 que não
pôde ser executada, senão muito excepcionalmente, não pôde também ser abolida.

No nosso direito não se revogam cartas de liberdade,
e qualquer governo que ousasse propor às Câmaras a

legalização do cativeiro dos africanos importados depois de 1831 teria a prova de que a nação não está inclinada a fazer o que não consente que outros façam. O escândalo continua, mas pela indiferença dos poderes públicos e impotência da magistratura, composta, também, em parte de proprietários de africanos; e não porque se pretenda seriamente que a lei de 1831 fosse jamais revogada.

Grande número dos nossos homens públicos, compreendendo que essa era a chaga maior da nossa escravidão, pretenderam validar de alguma forma a posse de africanos ilegalmente escravizados, receando a bancarrota da lavoura pela verificação dos seus títulos de propriedade legítima. Não devemos condenar os nossos estadistas pelas opiniões que emitiram em relação à escravidão, quando os vemos dominados pelo receio de uma catástrofe social; mas nós hoje sabemos que tais receios não têm mais razão de ser, e que a moralização do país só pode dar em resultado o seu desenvolvimento progressivo e o seu maior bem-estar.

Até ontem, por outro lado, temia-se que a execução pela magistratura da lei de 7 de novembro desse lugar a ações intentadas por africanos importados antes de 1831 pretendendo havê-lo sido depois; mas neste momento os africanos legalmente importados têm todos 52 anos no mínimo, e salvo uma ou outra exceção, havendo sido importados com mais de quinze anos, são quase septuagenários. Se algum desses infelizes, enganando a justiça, conseguisse servir-se da lei de 7 de novembro para sair de um cativeiro que se estendeu além da média da vida humana, a sociedade brasileira não teria muito que lamentar nesse abuso isolado e quase impossível, de uma lei um milhão de vezes violada.

Não há dúvida de que a geração de 1850 entendia, como o disse Eusébio, que "deixar subsistir essa legislação (a lei de 7 de novembro) para o passado era anistiá-lo", e que "os escravos depois de internados e confundidos com os outros" não poderiam mais apelar para os benefícios que ela concedia; mas não há dúvida também que esse pensamento político predominante em 1850, de legitimar a propriedade sobre os africanos introduzidos depois de 1831, aquela geração não teve a coragem de exará-lo na lei, e confiou-o inteiramente à passividade cúmplice da magistratura e ao consenso do país. Aconteceu assim o que era natural. À geração educada na tolerância do Tráfico sucedeu outra que o considera o maior de todos os crimes, e que, se não desenterra do Livro Negro da Secretaria da Justiça os nomes e os atos dos traficantes para não causar pena desnecessária a pessoas que nada têm com isso, não julga menos dignos da maior de todas as censuras da consciência humana os atos pelos quais, por dinheiro e só por dinheiro, bandidos do comércio ensoparam durante meio século as mãos no sangue de milhões de desgraçados que nenhum mal lhes haviam feito. Por sua vez, a atual geração, desejosa de romper definitivamente a estreita solidariedade que ainda existe entre o país e o tráfico de africanos, pede hoje a execução de uma lei que *não podia* ser revogada, e não foi, e que todos os africanos ainda em cativeiro, sendo *bona piratarum*, têm direito de considerar como sua a carta de liberdade rubricada pela Regência em nome do Imperador.

Admitindo-se a mortalidade em larga escala dos escravos, não há só probabilidade, há certeza de que as atuais gerações são *na sua grande maioria* constituídas por africanos do último período, quando acabou legalmente o Tráfico e os braços adquiriram maior valor, e por descendentes desses. Por isso Salles Torres Homem disse no Senado aos que sustentavam a legalidade da *propriedade escrava*, num trecho de elevada eloquência:

> Ao ouvir-se os peticionários falharem tão alto em direito de propriedade, fica-se surpreendido de que se olvidassem tão depressa de que a máxima parte dos

REFORMAS NACIONAIS: O ABOLICIONISMO 143

escravos que lavram suas terras são os descendentes desses que um tráfico desumano introduziu criminosamente neste país com afronta das leis e dos tratados! Esqueceram-se de que no período de 1830 a 1850 mais de 1 milhão de africanos foram assim entregues à lavoura, e que para obter essa quantidade de gado humano era necessário duplicar e triplicar o número de vítimas, alastrando-se de seu sangue e de seus cadáveres a superfície dos mares que nos separam da terra do seu nascimento.

Identificada assim a escravidão como sendo na sua máxima parte a continuação do tráfico ilegal que de 1831 a 1852 introduziu no Brasil aproximadamente 1 milhão de africanos; provada a sua ilegalidade manifesta em escala tão grande que "a simples revisão dos títulos da propriedade escrava bastaria para extingui-la"* (isto é, reduzindo o número dos escravos a proporções que os recursos do Estado poderiam liquidar), é a nossa vez de perguntar se não chegou ainda o momento de livrar as vítimas do Tráfico do cativeiro em que vivem até hoje. Pensem os brasileiros que esses africanos estão há cinquenta anos trabalhando sem salário, em virtude do ato de venda efetuado em África por menos de 90 mil réis. Pensem eles que até hoje esses infelizes estão esperando do arrependimento honesto do Brasil a reparação do crime praticado contra eles, sucessivamente pelos apresadores de escravos nos seus países, pelo exportador da costa, pelos piratas do Atlântico, pelos importadores e armadores na maior parte estrangeiros do Rio de Janeiro e da Bahia, pelos traficantes do nosso litoral a soldo daqueles, pelos comissários de escravos, e por fim pelos compradores, cujo dinheiro alimentava e enriquecia aquelas classes todas.

"As nações como os homens devem muito prezar a

Manifesto da sociedade brasileira contra a escravidão.

sua reputação"; mas a respeito do Tráfico, a verdade é que não salvamos um fio sequer da nossa. O crime nacional não podia ter sido mais escandaloso, e a reparação não começou ainda. No processo do Brasil, 1 milhão de testemunhas hão de levantar-se contra nós, dos sertões da África, do fundo do oceano, dos barracões da praia, dos cemitérios das fazendas, e esse depoimento mudo há de ser mil vezes mais valioso para a história do que todos os protestos de generosidade e nobreza d'alma da nação inteira.

XI
Os fundamentos gerais
do abolicionismo

Pouco tempo falta para que a humanidade inteira estabeleça, proteja e garanta por meio do direito internacional o princípio seguinte: Não há propriedade do homem sobre o homem. A escravidão está em contradição com os direitos que confere a natureza humana, e com os princípios reconhecidos por toda a humanidade.

Bluntschli

Não me era necessário provar a ilegalidade de um regime que é contrário aos princípios fundamentais do direito moderno e que viola a noção mesma do que é o *homem* perante a lei internacional. Nenhum Estado deve ter a liberdade de pôr-se assim fora da comunhão civilizada do mundo, e não tarda, com efeito, o dia em que a escravidão seja considerada legalmente, como já o é moralmente, um atentado contra a humanidade toda. As leis de cada país são remissivas a certos princípios fundamentais, base das sociedades civilizadas, e cuja violação em uma importa uma ofensa a todas as outras. Esses princípios formam uma espécie de direito natural, resultado das conquistas do homem na sua longa evolução; eles são a soma dos direitos com que nasce em cada comunhão o indivíduo por mais humilde que seja. O direito de viver, por exemplo, é protegido por todos os códigos, ainda mesmo antes do nascimento. Na distância que separa o mundo moderno do antigo, seria tão fácil na Inglaterra ou em França legalizar--se o infanticídio, como reviver a escravidão. De fato, a escravidão pertence ao número das instituições fósseis, e só existe em nosso período social numa porção retardatária do globo, que escapa por infelicidade sua à coesão geral. Como a antropofagia, o cativeiro da mulher, a autoridade irresponsável do pai, a pirataria, as perseguições religiosas, as proscrições políticas, a mutilação dos prisioneiros, a poligamia, e tantas outras instituições ou costumes, a escravidão é um fato que não pertence naturalmente ao estádio a que já chegou o homem.

A teoria da liberdade pessoal, aceita por todas as nações, é a que Bluntschli, o eminente publicista suíço, discípulo de Savigny, define nestes quatro parágrafos do seu *Direito Internacional Codificado*: 1. "Não há propriedade do homem sobre o homem. Todo homem é uma pessoa, isto é, um ente capaz de adquirir e possuir direitos".*

* §360. Esta é a nota que acompanha o parágrafo:

"Este princípio, indicado pela natureza e conhecido dos jurisconsultos romanos, foi todavia desprezado durante séculos pelos povos, com grande prejuízo próprio. Sendo a escravidão contra a natureza, procurava-se na Antiguidade justificá-la, fundando-a no uso admitido por todas as nações. A civilização europeia atenuou esse abuso vergonhoso de poder, que se decorava com o nome de propriedade e se assimilava à propriedade sobre animais domésticos; a escravidão foi abolida, e o direito natural do homem acabou por triunfar. A servidão foi abolida na Itália, na Inglaterra, na França, mais tarde na Alemanha, e em nossos dias na Rússia. Formou-se assim pouco e pouco um *direito europeu* proibindo a escravidão na Europa, e elevando a liberdade pessoal à classe de direito natural do homem. Os Estados Unidos da América do Norte tendo-se pronunciado igualmente contra a escravidão dos negros, e havendo constrangido os Estados recalcitrantes a conceder a liberdade individual e os direitos políticos aos homens de cor, e tendo o Brasil, em 1871,

REFORMAS NACIONAIS: O ABOLICIONISMO

2. "O direito internacional não reconhece a nenhum Estado e a nenhum particular o direito de ter escravos". 3. "Os escravos estrangeiros tornam-se livres de pleno direito desde que pisam o solo de um Estado livre, e o Estado que os recebe é obrigado a fazer respeitar-lhes a liberdade". 4. "O comércio de escravos e os mercados de escravos não são tolerados em parte alguma. Os Estados civilizados têm o direito e o dever de apressar a destruição desses abusos onde quer que os encontrem".*

Esses princípios cardeais da civilização moderna reduzem a escravidão a um fato brutal que não pode socorrer-se à lei particular do Estado, porque a lei não tem autori-

---

assentado as bases legais da libertação dos escravos, esse direito humanitário penetrou na América e é hoje reconhecido por todo o mundo cristão. A civilização chinesa havia proclamado desde há muito esse princípio na Ásia Oriental. Não se deverá mais no futuro deixar os Estados, sob o pretexto de que são soberanos, introduzir ou conservar a escravidão no seu território; dever-se-á entretanto respeitar as medidas transitórias tomadas por um Estado para fazer os escravos chegarem gradualmente à liberdade. A soberania dos Estados não pode exercer-se de modo a anular o direito o mais elevado, e o mais geral da humanidade, porque os Estados são um organismo humano, e devem respeitar os direitos em toda a parte reconhecidos aos homens". *Le Droit International Codifié*, tradução de M. C. Lardy, 2. ed.

Nessa nota se diz com razão que o mundo civilizado não deve empregar a sua força coletiva contra um país, como o Brasil, que já tomou medidas transitórias e em princípio condenou a escravidão; mas enquanto esta durar, está claro que continuaremos *a exercer a nossa soberania para anular o direito o mais elevado e o mais geral da humanidade*: a liberdade pessoal.

*Infelizmente, seja dito de passagem, o comércio e os mercados de escravos existem ainda (1883) em nossas capitais, sob as vistas dos estrangeiros, sem limitação nem regulamento algum de moralidade, tão livres e bárbaros como nos viveiros da África Central que aumentam os haréns do Oriente.

dade alguma para sancioná-la. A lei de um país só poderia em tese sancionar a escravidão dos seus nacionais, não a de estrangeiros. A lei brasileira não tem moralmente poder para autorizar a escravidão de africanos, que não são súditos do Império. Se o pode fazer com africanos, pode fazê-lo com ingleses, franceses, alemães. Se não o faz com estes, mas somente com aqueles, é porque eles não gozam da proteção de nenhum Estado. Mas quanto à competência que tem o Brasil para suprimir a liberdade pessoal de pessoas existentes dentro do seu território, essa nunca poderia ir além dos seus próprios nacionais.

Se os escravos fossem *cidadãos brasileiros*, a lei particular do Brasil poderia talvez e em tese aplicar-se a eles; de fato não podia, porque pela Constituição os cidadãos brasileiros não podem ser reduzidos à condição de escravos. Mas os escravos *não são* cidadãos brasileiros, desde que a Constituição só proclama tais os ingênuos e os libertos. Não sendo cidadãos brasileiros, eles ou são estrangeiros ou não têm pátria, e a lei do Brasil não pode autorizar a escravidão de uns nem de outros, que não estão sujeitos a ela pelo direito internacional no que respeita à liberdade pessoal. A ilegalidade da escravidão é assim insanável, quer se a considere no texto e nas disposições da lei, quer nas forças e na competência da mesma lei.

Mas os fundamentos do Abolicionismo não se reduzem às promessas falsificadas na execução, aos compromissos nacionais repudiados, nem ao sentimento da honra do país compreendida como a necessidade moral de cumprir os seus tratados e as suas leis com relação à liberdade e de conformar-se com a civilização no que ela tem de mais absoluto. Além de tudo isso, e da ilegalidade insanável da escravidão perante o direito social moderno e a lei positiva brasileira, o Abolicionismo funda-se numa série de motivos políticos, econômicos, sociais e nacionais, da mais vasta esfera e do maior alcance. Nós não queremos acabar com a escravidão somente porque ela é ilegítima em

REFORMAS NACIONAIS: O ABOLICIONISMO 149

face do progresso das ideias morais de cooperação e solidariedade; porque é ilegal em face da nossa legislação do período do Tráfico; porque é uma violação da fé pública, expressa em tratados como a Convenção de 1826, em leis como a de 7 de novembro, em empenhos solenes como a carta de Martim Francisco, a iniciativa do conde d'Eu no Paraguai, e as promessas dos estadistas responsáveis pela marcha dos negócios públicos.

Queremos acabar com a escravidão por esses motivos seguramente, e mais pelos seguintes:

1. Porque a escravidão, assim como arruína economicamente o país, impossibilita o seu progresso material, corrompe-lhe o caráter, desmoraliza-lhe os elementos constitutivos, tira-lhe a energia e a resolução, rebaixa a política; habitua-o ao servilismo, impede a imigração, desonra o trabalho manual, retarda a aparição das indústrias, promove a bancarrota, desvia os capitais do seu curso natural, afasta as máquinas, excita o ódio entre classes, produz uma aparência ilusória de ordem, bem-estar e riqueza, a qual encobre os abismos de anarquia moral, de miséria e destituição, que do Norte ao Sul margeiam todo o nosso futuro.

2. Porque a escravidão é um peso enorme que atrasa o Brasil no seu crescimento em comparação com os outros Estados sul-americanos que a não conhecem; porque, a continuar, esse regime há de forçosamente dar em resultado o desmembramento e a ruína do país; porque a conta dos seus prejuízos e lucros cessantes reduz a nada o seu apregoado ativo, e importa em uma perda nacional enorme e contínua; porque, somente quando a escravidão houver sido de todo abolida, começará a vida normal do povo, existirá mercado para o trabalho, os indivíduos tomarão o seu verdadeiro nível, as riquezas se tornarão legítimas, a honradez cessará de ser convencional, os elementos de ordem se fundarão sobre a liberdade, e a liberdade deixará de ser um privilégio de classe.

3. Porque só com a emancipação total podem concorrer para a grande obra de uma pátria comum, forte e respeitada, os membros todos da comunhão que atualmente se acham em conflito, ou uns com os outros, ou consigo mesmos: os escravos, os quais estão fora do grêmio social; os senhores, os quais se veem atacados como representantes de um regime condenado; os inimigos da escravidão, pela sua incompatibilidade com esta; a massa, inativa, da população, a qual é vítima desse monopólio da terra e dessa maldição do trabalho; os brasileiros em geral que ela condena a formarem, como formam, uma nação de proletários.

Cada um desses motivos, urgente por si só, bastaria para fazer refletir sobre a conveniência de suprimir depois de tanto tempo um sistema social tão contrário aos interesses de toda a ordem de um povo moderno, como é a escravidão. Convergentes, porém, e entrelaçados, eles impõem tal supressão como uma reforma vital que não pode ser adiada sem perigo. Antes de estudar-lhe as influências fatais exercidas sobre cada uma das partes do organismo, vejamos o que é ainda hoje, no momento em que escrevo, sem perspectiva de melhora imediata, a escravidão no Brasil.

XII
A escravidão atual

Bárbara na origem; bárbara na lei; bárbara em todas as suas pretensões; bárbara nos instrumentos de que se serve; bárbara em suas consequências; bárbara de espírito; bárbara onde quer que se mostre; ao passo que cria bárbaros e desenvolve em toda a parte, tanto no indivíduo como na sociedade a que ele pertence, os elementos essenciais dos bárbaros.

Charles Sumner

Desde que foi votada a lei de 28 de setembro de 1871, o governo brasileiro tratou de fazer acreditar ao mundo que a escravidão havia acabado no Brasil. Uma propaganda voltada para ele começou a espalhar que os escravos iam sendo gradualmente libertados em proporção considerável e que os filhos das escravas nasciam *completamente* livres. A mortalidade dos escravos é um detalhe que nunca aparece nessas estatísticas falsificadas, cuja ideia é que a mentira no estrangeiro habilita o governo a não fazer nada no país e a deixar os escravos entregues à sua própria sorte.

Todos os fatos de manumissão — honrosíssimos para o Brasil — formam um admirável alto-relevo no campo da mortalidade que nunca atrai a atenção, ao passo que os crimes contra escravos, o número de africanos ainda em cativeiro, a caçada de negros fugidos, os preços flutuantes da carne humana, a educação dos *ingênuos* na escravidão, o aspecto mesmíssimo dos ergástulos rurais: tudo o que é indecoroso, humilhante, triste para o governo, é cuidadosamente suprimido.

A esse respeito citarei um único resultado desse sistema, talvez o mais notável.

Na biografia de Augustin Cochin, pelo conde de Falloux, há um trecho relativo ao artigo daquele ilustre abolicionista sobre a nossa lei de 28 de setembro. Depois de referir-se aos votos que Cochin fizera anteriormente no seu livro *L'Abolition de l'esclavage* pela abolição no Brasil, diz o seu biógrafo e amigo:

> Esse voto foi ouvido; a emancipação foi decretada em 1870 [sic], e M. Cochin pode legitimamente reivindicar a sua parte nesse grande ato. O seu livro produzira viva sensação na América; os chefes do movimento abolicionista tinham-se posto em comunicação com o autor; ele mesmo havia dirigido respeitosas mas urgentes instâncias ao governo brasileiro. O Imperador que as não havia esquecido, quando veio à Europa, conversou muito com M. Cochin. Este não aprovava inteiramente a nova lei; achava-a muito lenta, muito complicada; ela não satisfazia inteiramente suas vastas aspirações; mas, apesar de defeitos, marcava um progresso bastante real para merecer ser assinalado. M. Cochin consagrou-lhe um artigo inserido na *Revue des Deux Mondes*, talvez o último escrito que lhe saiu da pena. Hoje [1875] a lei de emancipação começa a dar fruto; o desenvolvimento da produção aumenta com o desenvolvimento do trabalho livre; o governo, surpreendido com os prodigiosos resultados obtidos, procura acelerá-los consagrando 6 milhões [de francos] por ano à libertação dos *últimos* escravos.

REFORMAS NACIONAIS: O ABOLICIONISMO

153

Estas últimas palavras, das quais grifei uma, são significativas, e realmente expressam o que o governo queria desde então que se acreditasse na Europa. Em 1875 apenas o fundo de emancipação havia sido distribuído *pela primeira vez*, e já o desenvolvimento da produção aumentava com o desenvolvimento do trabalho livre; o governo estava surpreendido com os prodigiosos resultados da lei, e consagrava 6 milhões de francos por ano (2400 contos de réis) à libertação dos últimos escravos. Quem escrevia isso era um homem da autoridade do conde de Falloux, cujas relações com a família de Orléans provavelmente lhe deram alguma vez ensejo de ter informações oficiais, num assunto que particularmente interessa à biografia da princesa imperial. Era preciso todo o sentimento abolicionista de Cochin para ver através de todas elas o destino sempre o mesmo dos escravos, e foi isso que o levou a escrever: "A nova lei era necessária; mas é incompleta e inconsequente, eis aí a verdade".

O país, porém, conhece a questão toda, e sabe que depois da lei de 28 de setembro a vida dos escravos não mudou nada, senão na pequena porção dos que têm conseguido forrar-se esmolando pela sua liberdade. É preciso todavia — para se não dizer que, em 1883, quando este livro estava sendo escrito, os abolicionistas tinham diante de si não a escravidão antiga, mas outra espécie de escravidão, modificada para o escravo por leis humanas e protetoras, e relativamente justas — que definamos a sorte e a condição do escravo hoje em dia perante a lei, a sociedade, a justiça pública, o senhor e finalmente ele próprio. Fá-lo-ei em traços talvez rápidos demais para um assunto tão vasto.

Quem chega ao Brasil e abre um dos nossos jornais encontra logo uma fotografia da escravidão atual, mais verdadeira do que qualquer pintura. Se o Brasil fosse destruído por um cataclismo, um só número ao acaso de qualquer dos grandes órgãos da imprensa bastaria para conservar para sempre as feições e os caracteres da escravidão tal qual existe em nosso tempo. Não seriam precisos outros documentos para o historiador restaurá-la em toda a sua estrutura e segui-la em todas as suas influências.

Em qualquer número de um grande jornal brasileiro — exceto, tanto quanto sei, na Bahia, onde a imprensa da capital deixou de inserir anúncios sobre escravos — encontram-se com efeito as seguintes classes de informações que definem completamente a condição presente dos escravos: anúncios de compra, venda e aluguel de escravos em que sempre figuram as palavras *mucama, moleque, bonita peça, rapaz, pardinho, rapariga de casa de família* (as mulheres livres anunciam-se como *senhoras* a fim de melhor se diferenciarem das escravas); editais para praças de escravos, espécie curiosa e da qual o último espécime de Valença é um dos mais completos;* anúncios

---

* "Valença. Praça. Em praça do juízo da provedoria deste termo que terá lugar no dia 26 de outubro do corrente ano, no paço da Câmara Municipal desta cidade, depois da audiência do costume, e de conformidade com o decreto n. 1695 de 15 de setembro de 1869, serão arrematados os escravos seguintes [segue-se a lista de mais de cem escravos, da qual copio os seguintes *itens*]: Joaquim, mina, quebrado, 51 anos, avaliado por 300$; Agostinho, preto, morfético, avaliado por 300$; Pio, moçambique, tropeiro, 47 anos, avaliado por 2000$; Bonifácio, cabinda, 47 anos, doente, avaliado por 1600$; Marcellina, crioula, dez anos, filha de Emiliana, avaliada por 800$; Manuel, cabinda, 76 anos, cego, avaliado por 50$; João, moçambique, 86 anos, avaliado por 50$", seguem-se as avaliações dos serviços de diversos *ingênuos* também postos em almoeda. Nesse edital são oferecidos africanos importados *depois de* 1831, crianças nascidas *depois de* 1871, cegos, morféticos e velhos de mais de oitenta anos, e por fim *ingênuos* como tais. É um resumo da escravidão, em que nenhuma geração foi esquecida e nenhum abuso escapou, e por isso merece ser arquivado como um documento de paleontologia moral muito precioso para o futuro. Em Itaguaí

REFORMAS NACIONAIS: O ABOLICIONISMO

155

de negros fugidos acompanhados em muitos jornais da conhecida vinheta do negro descalço com a trouxa ao ombro, nos quais os escravos são descritos muitas vezes pelos sinais de castigos que sofreram, e se oferece uma gratificação, não raro de 1 conto de réis, a quem o apreender e o levar ao seu dono — o que é um estímulo à profissão de capitães do mato; notícias de manumissões, bastante numerosas; narrações de crimes cometidos por escravos contra os senhores, mas sobretudo contra os agentes dos senhores e de crimes cometidos por estes contra aqueles, castigos bárbaros e fatais, que formam entretanto uma insignificantíssima parte dos abusos do poder dominical, porque estes raro chegam ao conhecimento das autoridades, ou da imprensa, não havendo testemunhas nem denunciantes nesse gênero de crime.

Encontram-se por fim declarações repetidas de que a escravidão entre nós é um estado muito brando e suave para o escravo, de fato melhor para este do que para o senhor, tão feliz pela descrição, que se chega a supor que os escravos, se fossem consultados, prefeririam o cativeiro à liberdade; o que tudo prova apenas que os jornais e os artigos não são escritos por escravos, nem por pessoas que se hajam mentalmente colocado por um segundo na posição deles.

Mais de um livro estrangeiro de viagens em que há impressões do Brasil trazem a reprodução desses anúncios como o melhor meio de ilustrar a escravidão local, e realmente não há documento antigo, preservado em hieróglifos nos papiros egípcios ou em caracteres góticos nos pergaminhos da Idade Média, em que se revele uma ordem social mais afastada da civilização moderna do que esses tristes anúncios da escravidão, os quais nos parecem efêmeros, e

———

acaba-se de pôr em praça judicial um escravo anunciado desta forma: Militão, de cinquenta anos, está doido, avaliado por 100$. Edital de 23 de abril de 1883.

formam todavia a principal feição da nossa história. A posição legal do escravo resume-se nestas palavras: a Constituição não se ocupou dele. Para conter princípios como estes: "Nenhum cidadão pode ser obrigado a fazer ou deixar de fazer alguma coisa senão em virtude da lei"; "Todo o cidadão tem em sua casa um asilo inviolável"; "A lei será igual para todos"; "Ficam abolidos todos os privilégios"; "Desde já ficam abolidos os açoites, a tortura, a marca de ferro quente, e todas as mais penas cruéis"; "Nenhuma pena passará da pessoa do delinquente; nem a infâmia do réu se transmitirá aos parentes em qualquer grau que seja"; "É garantido o *direito de propriedade em toda a sua plenitude*": era preciso que a Constituição não contivesse uma só palavra que sancionasse a escravidão.

Qualquer expressão que o fizesse incluiria naquele código de liberdades a seguinte restrição: "Além dos cidadãos a quem são garantidos esses direitos e dos estrangeiros a quem serão tornados extensivos, há no país uma classe sem direito algum, a dos escravos. O escravo será obrigado a fazer, ou a não fazer, o que lhe for ordenado pelo seu senhor, seja em virtude da lei, seja contra a lei que não lhe dá o direito de desobedecer. O escravo não terá um único asilo inviolável, nem nos braços da mãe, nem à sombra da cruz, nem no leito de morte; no Brasil não há cidades de refúgio; ele será objeto de todos os privilégios, revogados para os outros; a lei não será igual para ele porque está fora da lei, e o seu bem-estar material e moral será tão regulado por ela como o é o tratamento dos animais; para ele continuará de fato a existir a pena abolida de *açoites* e a *tortura*, exercida senão com os mesmos ou todos os instrumentos medievais, com maior constância ainda em arrancar a confissão, e com a devassa diária de tudo o que há de mais íntimo nos segredos humanos. Nessa classe, a pena da escravidão, a pior de todas as penas, transmite-se com a infâmia, que a caracteriza de mãe a filhos, sejam esses filhos do próprio senhor".

REFORMAS NACIONAIS: O ABOLICIONISMO

157

Está assim uma nação *livre*, filha da Revolução e dos Direitos do Homem, obrigada a empregar os seus juízes, a sua polícia, se preciso for o seu exército e a sua armada, para forçar homens, mulheres e crianças a trabalhar noite e dia sem salário.

Qualquer palavra que desmascarasse essa triste constituição social reduziria o foral das liberdades do Brasil, e o seu regime de completa igualdade na Monarquia democratizada, a uma impostura transparente; por isso a Constituição não falou em escravos, nem regulou a condição desses. Isso mesmo era uma promessa a esses infelizes de que o seu estado era todo transitório, a atribuir-se lógica à vergonha mostrada pelos que nos constituíram por aquele decreto.

Em 1855, o Governo encarregou um dos mais eminentes dos nossos jurisconsultos, o sr. Teixeira de Freitas, de consolidar o direito pátrio. Esse trabalho, que é a *Consolidação das Leis Civis*, e já teve três edições, apareceu sem nenhum artigo referente a escravos. Pela Constituição *não existia* a escravidão no Brasil; a primeira codificação geral do nosso direito continuou essa ficção engenhosa. A verdade é que ofende a suscetibilidade nacional o confessar que somos, e não o sermos, um país de escravos, e por isso não se tem tratado de regular a condição destes.

Cumpre advertir que não há um só lugar do nosso texto onde se trate de escravos. Temos, é verdade, a escravidão entre nós; mas se esse mal é uma exceção que lamentamos, condenada a extinguir-se em época mais ou menos remota, façamos também uma exceção, um capítulo avulso na reforma das nossas leis civis; não as maculemos com disposições vergonhosas, que não podem servir para a posteridade; fique o *estado de liberdade* sem o seu correlativo odioso. As leis concernentes à escravidão (que não são muitas) serão pois classificadas à parte, e formarão nosso Código Negro.

Tudo isso seria muito *patriótico* se melhorasse de qualquer forma a posição dos escravos; mas quando não se legisla sobre estes porque a escravidão é repugnante, ofende o patriotismo,* é uma vista que os nervos de uma nação delicada não podem suportar sem crise, e outros motivos igualmente ridículos desde que no país noite e dia se pratica a escravidão e todos se habituaram, até a

---

*A escravidão nos coloca muitas vezes em dificuldades exteriores mal conhecidas aliás do país — apesar de conhecidas nas chancelarias estrangeiras. Uma dessas ocorreu com a França a propósito da celebração de um tratado de extradição de criminosos. Em 1857 não se pôde celebrar um tal tratado porque o Brasil fez questão da devolução de escravos prófugos. Em 1868 tratou-se novamente de fazer um tratado, e surgiu outra dificuldade: a França exigia que se lhe garantisse que os escravos cuja extradição fosse pedida seriam tratados como os outros cidadãos brasileiros. "Não fiz menção no projeto", escrevia o sr. Paranhos ao sr. Roquette, transmitindo-lhe um projeto de tratado, "dos casos relativos a escravos porque não havia necessidade uma vez que entram na regra geral. *Demais tenho grande repugnância em escrever essa palavra em documento internacional.*" O governo francês, porém, tinha também a sua honra a zelar, não partilhava essa repugnância, e precisava de garantir a sorte dos antigos escravos que extraditasse. Daí a insistência do sr. Gobineau em ter um protocolo estabelecendo que, quando se reclamasse a extradição de um escravo, o governo francês teria inteira faculdade de conceder ou recusar a entrega do acusado, examinando cada caso, pedindo as justificações que lhe parecessem indispensáveis. Semelhante protocolo, declarou ainda o ministro de Napoleão III, não constituiria uma cláusula secreta, mas, sem ter nenhuma intenção de dar-lhe publicidade inútil, a França conservaria toda a liberdade a esse respeito. Esse documento nunca foi publicado, que me conste. Até quando teremos uma instituição que nos obriga a falsificar a nossa Constituição, as nossas leis, tratados, estatísticas e livros, para escondermos a vergonha que nos queima o rosto e que o mundo inteiro está vendo?

mais completa indiferença, a tudo o que ela tem de desumano e cruel, à vivissecção moral a que ela continuamente submete as suas vítimas, esse receio de *macular as nossas leis civis com disposições vergonhosas* só serve para conservar aquelas no estado bárbaro em que se acham.

As disposições do nosso Código Negro são muito poucas. A escravidão não é um contrato de locação de serviços que imponha ao que se obrigou certo número de deveres definidos para com o locatário. É a posse, o domínio, o sequestro de um homem — corpo, inteligência, forças, movimentos, atividade —, e só acaba com a morte. Como se há de definir juridicamente o que o senhor pode sobre o escravo, ou o que este não pode contra o senhor? Em regra o senhor pode *tudo*. Se quiser ter o escravo fechado perpetuamente dentro de casa, pode fazê-lo; se quiser privá-lo de formar família, pode fazê-lo; se, tendo ele mulher e filhos, quiser que eles não se vejam e não se falem, mandar que o filho açoite a mãe, apropriar-se da filha para fins imorais, pode fazê--lo. Imaginem-se todas as mais extraordinárias perseguições que um homem pode exercer contra outro, sem o matar, sem separá-lo por venda de sua mulher e filhos menores de quinze anos — e ter-se-á o que *legalmente* é a escravidão entre nós. A Casa de Correção é ao lado desse outro estado um paraíso. Exceto a ideia do crime, que é pior do que a sorte do escravo o mais infeliz, tomando-se por exemplo um condenado inocente, não há comparação entre um regime de obrigações certas, de dependência da lei e dos seus administradores, e um regime de sujeição a um indivíduo, que pode ser um louco ou um bárbaro, como sua *propriedade*.

Quanto à capacidade civil, pela lei de 28 de setembro de 1871 é permitido ao escravo a formação de um pecúlio do que lhe provier de doações, legados e heranças, e com o que, *por consentimento do senhor*, obtiver do seu trabalho e economias. Mas a aplicação da lei depende inteiramente do senhor, o qual está de posse do escravo, e portanto de tudo o que ele tem, num país onde a proteção da magistratura aos escravos não é espontânea nem efetiva. Quanto à família, é proibido, sob pena de nulidade de venda, separar o marido da mulher, o filho do pai ou mãe, salvo sendo os filhos maiores de quinze anos (lei n. 1695 de 15 de setembro de 1869, art. 2º); mas depende do senhor autorizar o casamento, e se não pode separar por venda, separa quando o quer, pelo tempo que quer, por uma simples ordem. Para resumir, fixarei alguns dos principais traços do que é *legalmente* a escravidão em 1883 no Brasil:

1. Os escravos nascidos antes do dia 28 de setembro de 1871, hoje com onze anos e meio de idade no mínimo, são até a morte *tão* escravos como os das gerações anteriores; o número desses, como adiante se verá, é de mais de 1 milhão.

2. Essa escravidão consiste na obrigação de quem está sujeito a ela de cumprir sem ponderar as ordens que recebe, de fazer o que se lhe manda, sem direito de reclamar coisa alguma, nem salário, nem vestuário, nem melhor alimentação, nem descanso, nem medicamento, nem mudança de trabalho.

3. Esse homem assim escravizado não tem deveres para com Deus, para com pais, mulher ou filhos, para consigo mesmo, que o senhor seja *obrigado* a respeitar e a deixá-lo cumprir.

4. A lei não marca máximo de horas de trabalho, mínimo de salário, regime higiênico, alimentação, tratamento médico, condições de moralidade, proteção às mulheres, em uma palavra, interfere tanto na sorte da fábrica de uma fazenda como na dos animais do serviço.

5. Não há lei alguma que regule as obrigações e os direitos do senhor; qualquer que seja o número de escravos que possua, ele exerce uma autoridade limitada apenas pelo seu arbítrio.

REFORMAS NACIONAIS: O ABOLICIONISMO

6. O senhor pode punir os escravos com castigos moderados, diz o Código Criminal, que equipara a autoridade dominical ao poder paterno; mas, de fato, à sua vontade, porque a justiça não lhe penetra no feudo; a queixa do escravo seria fatal a este, como já tem sido,* e a prática tornou o senhor soberano.

7. O escravo vive na completa incerteza da sua sorte; se pensa que vai ser vendido, hipotecado ou dado em penhor, não tem o direito de interrogar o seu dono.

*Em 1852 o Conselho de Estado teve que considerar os meios de proteger o escravo contra a barbaridade do senhor. Diversos escravos no Rio Grande do Sul denunciaram o seu senhor comum pela morte de um dos escravos da casa. O senhor fora preso e estava sendo processado, e tratava-se de garantir os informantes contra qualquer vingança futura da família. A Seção de Justiça propôs que se pedisse ao Poder Legislativo uma medida para que a ação do escravo, em caso de sevícias, para obrigar o senhor a vendê-lo, fosse intentada ex officio. O Conselho de Estado (Olinda, Abrantes, José Clemente, Hollanda Cavalcanti, Alves Branco e Lima e Silva) votou contra a proposta da seção (Limpo de Abreu, Paraná, Lopes Gama) "por ter em consideração o perigo que pode ter o legislar sobre a matéria, pondo em risco a segurança, ou ao menos a tranquilidade da família; por convir nada alterar a respeito da escravidão entre nós, conservando-se tal qual se acha; e por evitar a discussão no corpo legislativo sobre quaisquer novas medidas a respeito de escravos, quando já se tinha feito quanto se podia e convinha fazer na efetiva repressão do tráfico". Paraná cedeu à maioria, Araújo Vianna também, e os conselheiros Maia, Lopes Gama e Limpo de Abreu formaram a minoria. É justo não omitir que Hollanda Cavalcanti sugeriu a desapropriação do escravo seviciado, pelo Governo e o Conselho de Estado. O Imperador deu razão à maioria. As ideias de 1852 são as de 1883. Era tão perigoso então, por ser igualmente inútil, queixar-se um escravo às autoridades como o é hoje. O escravo precisa ter para queixar-se do senhor a mesma força de vontade e resolução que para fugir ou suicidar-se, sobretudo se ele deixa algum refém no cativeiro.

8. Qualquer indivíduo que saia da Casa de Correção ou esteja dentro dela, por mais perverso que seja, brasileiro ou estrangeiro, pode possuir ou comprar uma família de escravos respeitáveis e honestos, e sujeitá-los aos seus caprichos.

9. Os senhores podem empregar escravas na prostituição recebendo os lucros desse negócio, sem que isso lhes faça perder a propriedade que têm sobre elas; assim como o pai pode ser senhor do filho.

10. O Estado não protege os escravos de forma alguma, não lhes inspira confiança na justiça pública; mas entrega-os *sem esperança* ao poder implacável que pesa sobre eles, e que moralmente os prende ou magnetiza, lhes tira o movimento, em suma, os destrói.

11. Os escravos são regidos por leis de exceção. O castigo de açoites existe contra eles apesar de ter sido abolido pela Constituição; os seus crimes são punidos por uma lei bárbara, a lei de 10 de junho de 1835, cuja pena uniforme é a morte.*

*No Conselho de Estado foi proposta a revogação do artigo 60 do Código Criminal que criou a pena de açoites e a da lei de 10 de junho. Sustentando uma e outra abolição, iniciada pela comissão da qual era relator, o conselheiro Nabuco fez algumas considerações assim resumidas na ata da sessão de 30 de abril de 1868: "O conselheiro Nabuco sustenta a necessidade da abolição da lei excepcional de 10 de junho de 1835. Que ela tem sido ineficaz está provado pela estatística criminal; os crimes que ela previne têm aumentado. É uma lei injusta porque destrói todas as regras da imputação criminal, toda a proporção das penas, porquanto os fatos graves e menos graves são confundidos, e não se consideram circunstâncias agravantes e atenuantes, como se os escravos não fossem homens, não tivessem paixões e o instinto de conservação. Que a pena de morte, e sempre a morte, não é uma pena exemplar para o escravo que só vê nela a cessação dos males da escravidão. Que o suicídio frequente entre os escravos, e a facilidade com que confessam

REFORMAS NACIONAIS: O ABOLICIONISMO

12. Tem-se espalhado no país a crença de que os escravos muitas vezes cometem crimes para se tornarem servos da pena e escaparem assim do cativeiro,* porque preferem o serviço das galés ao da fazenda, como os es-

---

os crimes, e se entregam depois de cometê-los, provam bem que eles não temem a morte". "Diz que a pena de açoites não pode existir na nossa lei penal, desde que a Constituição, art. 179, §19, aboliu esta pena e a considerou pena cruel. É um castigo que não corrige, mas desmoraliza. É além disto uma pena que não mantém o princípio da proporção das penas, sendo que o mesmo número de açoites substitui a prisão perpétua, a prisão por trinta, vinte e dez anos. As forças do escravo é que regulam o máximo dos açoites e pois o máximo vem a ser o mesmo para os casos graves e os mais graves. Que a execução dessa pena dá lugar a muitos abusos, sendo que em muitos casos é iludida, em outros tem causado a morte." O barão do Bom Retiro disse combatendo a abolição da pena de açoites: "Abolida a de açoites ficarão as penas de galés e de prisão com trabalho, e pensa que nenhuma destas será eficaz com relação ao escravo. Para muitos, a de prisão com trabalho, sendo este, como deve ser, regular, *tornar-se-á até um melhoramento de condição senão um incentivo para o crime*". Aí está a escravidão como ela é! O suicídio, a morte parecem ao escravo a *cessação dos males da escravidão*, a prisão com trabalho *um melhoramento de condição* tal que pode ser *um incentivo para o crime*! No entanto nós, nação humana e civilizada, condenamos mais de 1 milhão de homens, como foram condenados tantos outros, a uma sorte ao lado da qual a penitenciária ou a forca parece preferível!
*A preferência que muitos escravos dão à vida de galés à que levam nos cárceres privados induziu o governo em 1879 (o conselheiro Lafaiete Rodrigues Pereira) a propor a substituição da pena de galés pela de prisão celular. Tranquilizando aqueles senadores que se mostravam assustados quanto à eficácia desta última pena, o presidente do conselho convenceu-os com este argumento: "Hoje está reconhecido que não há pessoa ainda a mais robusta que possa resistir a uma prisão solitária de dez a doze anos, *o que quase equivale a uma nova pena de morte*".

cravos romanos preferiam lutar com as feras, pela esperança de ficarem livres se não morressem. Por isso o júri no interior tem absolvido escravos criminosos para serem logo restituídos aos seus senhores, e a lei de Lynch há sido posta em vigor em mais de um caso.

13. Todos os poderes, como vemos praticamente sem limitação alguma, do senhor, não são exercitados diretamente por ele, que se ausenta das suas terras e não vive em contato com os seus escravos; mas são delegados a indivíduos sem educação intelectual ou moral, que só sabem guiar homens por meio do chicote e da violência.

É curioso que os senhores, que exercem esse poder ilimitado sobre os seus escravos, considerem uma opressão intolerável contra si a mínima intervenção da lei a favor destes. A resistência, entretanto, que a lavoura opôs à parte da lei de 28 de setembro, que criou o direito do escravo de ter pecúlio próprio e o de resgatar-se por meio deste, prova que nem essa migalha de liberdade ela queria deixar cair da sua mesa. Os lavradores do Bananal, por exemplo, representando pelos seus nomes a lavoura de São Paulo e dos limites da província do Rio, diziam em uma petição às Câmaras: *"Ou existe a propriedade com suas qualidades essenciais, ou então não pode decididamente existir. A alforria forçada, com a série de medidas que lhe são relativas, é a vindita armada sobre todos os tetos, a injúria suspensa sobre todas as famílias, o aniquilamento da lavoura, a morte do país".* Quando se tratou no Conselho de Estado de admitir o direito de pecúlio, o marquês de Olinda serviu-se desta frase significativa: "Não estamos fazendo lei de moral".

O pior da escravidão não é todavia os seus grandes abusos e cóleras, nem as suas vinditas terríveis; não é mesmo a morte do escravo: é sim a pressão diária que ela exerce sobre este; a ansiedade de cada hora a respeito de si e dos seus; a dependência em que está da boa vontade do senhor; a espionagem e a traição que o cercam por toda a parte, e o fazem viver, eternamente fechado numa prisão de Dionísio, cujas paredes repetem cada palavra, cada segredo que ele confia a outrem, ainda mais cada pensamento que a sua expressão somente denuncia.

Diz-se que entre nós a escravidão é suave, e os senhores são bons. A verdade, porém, é que toda a escravidão é a mesma, e quanto à bondade dos senhores esta não passa da resignação dos escravos. Quem se desse ao trabalho de fazer uma estatística dos crimes ou de escravos ou contra escravos; quem pudesse abrir um inquérito sobre a escravidão e ouvir as queixas dos que a sofrem; veria que ela no Brasil ainda hoje é tão dura, bárbara e cruel, como foi em qualquer outro país da América. Pela sua própria natureza a escravidão é tudo isso, e quando deixa de o ser, não é porque os senhores se tornem melhores; mas, sim, porque os escravos se resignaram completamente à anulação de toda a sua personalidade.

Enquanto existe, a escravidão tem em si todas as barbaridades possíveis. Ela só pode ser administrada com brandura relativa quando os escravos obedecem cegamente e sujeitam-se a tudo; a menor reflexão destes, porém, desperta em toda a sua ferocidade o monstro adormecido. É que a escravidão só pode existir pelo terror absoluto infundido na alma do homem.

Suponha-se que os duzentos escravos de uma fazenda não querem trabalhar; o que pode fazer um *bom* senhor para forçá-los a ir para o serviço? Castigos estritamente moderados talvez não deem resultado: o tronco, a prisão, não preenchem o fim, que é o trabalho; reduzi-los pela fome não é humano nem praticável; está assim o bom senhor colocado entre a alternativa de abandonar os seus escravos e a de subjugá-los por um castigo exemplar infligido aos principais dentre eles.

O limite da crueldade do senhor está, pois, na passividade do escravo. Desde que esta cessa, aparece aquela; e como a posição do proprietário de homens no meio do seu povo sublevado seria a mais perigosa, e por causa da família a mais aterradora possível, cada senhor, em todos os momentos da sua vida, vive exposto à contingência de ser bárbaro, e para evitar maiores desgraças coagido a ser severo. A escravidão não pode ser com efeito outra coisa. Encarreguem-se os homens os mais moderados da administração da intolerância religiosa, e teremos novos autos de fé tão terríveis como os da Espanha. É a escravidão que é má, e obriga o senhor a sê-lo. Não se lhe pode mudar a natureza. O bom senhor de um mau escravo seria mais do que *um acidente feliz*; o que nós conhecemos é o bom senhor do escravo que renunciou a própria individualidade, e é um cadáver moral; mas esse é *bom* porque trata bem, materialmente falando, ao escravo — não porque procure levantar nele o homem aviltado nem ressuscitar a dignidade humana morta.

A escravidão é hoje no Brasil o que era em 1862 nos Estados do Sul da União, o que foi em Cuba e nas Antilhas, o que não pode deixar de ser, como a guerra não pode deixar de ser sanguinolenta: isto é, bárbara, e bárbara como a descreveu Charles Sumner.*

---

*Discurso de Boston (outubro, 1862).

XIII
Influência da escravidão
sobre a nacionalidade

> [Com a escravidão] nunca o Brasil aperfeiçoará as raças existentes.
>
> José Bonifácio

O Brasil, como é sabido, é um dos mais vastos países do globo, tendo uma área de mais de 8 milhões de quilômetros quadrados; mas esse território em grandíssima parte nunca foi explorado, e na sua porção conhecida acha-se esparsamente povoado. A população nacional é calculada entre 10 milhões e 12 milhões; mas não há base séria para se a computar, a não ser que se acredite nas listas de recenseamento apuradas em 1876, listas e apuração que espantariam a qualquer principiante de estatística. Sejam, porém, 10 milhões ou 12 milhões, essa população na sua maior parte descende de escravos, e por isso a escravidão atua sobre ela como uma herança do berço.

Quando os primeiros africanos foram importados no Brasil, não pensaram os principais habitantes — é verdade que, se o pensassem, isso não os impediria de fazê-lo, porque não tinham o patriotismo brasileiro — que preparavam para o futuro um povo composto na sua maioria de descendentes de escravos. Ainda hoje muita gente acredita que a introdução de 100 mil ou 200 mil chins[30] seria um fato sem consequências étnicas e sociais importantes, mesmo depois de cinco ou seis gerações. O principal efeito da escravidão sobre a nossa população foi assim africanizá-la, saturá-la de sangue preto, como o principal efeito de qualquer grande empresa de imigração da China seria mongolizá-la, saturá-la de sangue amarelo.

Chamada para a escravidão, a raça negra, só pelo fato de viver e propagar-se, foi-se tornando um elemento cada vez mais considerável da população. A célebre frase que tanto destoou no parecer do padre Campos em 1871 — "Vaga Vênus arroja aos maiores excessos aquele ardente sangue líbico" —, traduzida em prosa, é a gênese primitiva de grande parte do nosso povo. Foi essa a primeira vingança das vítimas. Cada ventre escravo dava ao senhor três e quatro *crias* que ele reduzia a dinheiro; essas por sua vez multiplicavam-se, e assim os vícios do sangue africano acabavam por entrar na circulação geral do país.

Se, multiplicando-se a raça negra sem nenhum dos seus cruzamentos, se multiplicasse a raça branca por outro lado mais rapidamente, como nos Estados Unidos, o problema das raças seria outro, muito diverso — talvez mais sério, e quem sabe se solúvel somente pela expulsão da mais fraca e inferior por incompatíveis uma com a outra; mas não se deu isso no Brasil. As duas raças misturaram-se e confundiram-se; as combinações as mais variadas dos elementos de cada uma tiveram lugar, e a esses juntaram-se os de uma terceira, a dos aborígines. Das três principais correntes de sangue que se confundiram nas nossas veias, o português, o africano e o indígena, a escravidão viciou sobretudo os dois primeiros. Temos aí um primeiro efeito sobre a população: o cruzamento dos caracteres da raça negra com os da branca, tais como se apresentam na escravidão; a mistura da degradação servil de uma com a imperiosidade brutal da outra.

No princípio da nossa colonização, Portugal descarregava no nosso território os seus criminosos, as suas mulheres *erradas*,* as suas fezes sociais todas, no meio das quais excepcionalmente vinham emigrantes de outra posição, e por felicidade grande número de judeus. O Brasil se apresentava então como até ontem o Congo. No século XVI ou XVII o espírito de emigração não estava bastante desenvolvido em Portugal para mover o povo, como desde o fim do século passado até hoje, a procurar na América Portuguesa o bem-estar e a fortuna que não achava na península. Os poucos portugueses que se arriscavam a atravessar o oceano a vela e a ir estabelecer-se nos terrenos incultos do Brasil, representavam a minoria de espíritos aventureiros, absolutamente destemidos, indiferentes aos piores transes na luta da vida, minoria que em Portugal hoje mesmo não é grande e não podia sê-lo há dois ou três séculos. Apesar de se haver estendido pelo mundo todo o domínio português, à América do Sul, à África Ocidental, Austral e Oriental, à Índia e até à China, Portugal não tinha corpo nem forças para possuir mais do que nominalmente esse imenso império. Por isso o território do Brasil foi distribuído entre donatários sem meios, nem capitães, nem recursos de ordem alguma, para colonizar as suas capitanias, isto é, de fato entregue aos jesuítas. A população europeia era insignificante para ocupar essas ilimitadas expansões de terra, cuja fecundidade a tentava. Estando a África nas mãos de Portugal, começou então o povoamento da América por negros; lançou-se, por assim dizer, uma ponte entre África e o Brasil, pela qual passaram milhões de africanos, e estendeu-se o *habitat* da raça negra das margens do Congo e do Zambeze às do São Francisco e do Paraíba do Sul.

*Padre Manoel da Nóbrega. No seu romance abolicionista *Os herdeiros de Caramuru*, o dr. Jaguaribe Filho, um dos mais convictos propugnadores da nossa causa, transcreve a carta daquele célebre jesuíta, de 9 de agosto de 1549, em que se vê como foi fabricada pela escravidão a primitiva célula nacional.

Ninguém pode ler a história do Brasil no século XVI, no século XVII e em parte no século XVIII (excetuada unicamente a de Pernambuco) sem pensar que a todos os respeitos houvera sido melhor que o Brasil fosse descoberto três séculos mais tarde. Essa imensa região, mais favorecida do que outra qualquer pela natureza, se fosse encontrada livre e desocupada há cem anos, teria provavelmente feito mais progressos até hoje do que a sua história recorda. A população seria menor, porém mais homogênea; a posse do solo talvez não se houvesse estendido tão longe, mas não houvera sido uma exploração ruinosa e esterilizadora; a nação não teria ainda chegado ao grau de crescimento que atingiu, mas também não mostraria já sintomas de decadência prematura.

Pretende um dos mais eminentes espíritos de Portugal que "a escravidão dos negros foi o duro preço da colonização da América, porque sem ela o Brasil não se teria tornado no que vemos".* Isso é exato, "sem ela o Brasil não se teria tornado no que vemos"; mas esse preço quem o pagou, e está pagando, não foi Portugal, fomos nós; e esse preço a todos os respeitos é duro demais e caro demais para o desenvolvimento inorgânico, artificial e extenuante que tivemos. A africanização do Brasil pela escravidão é uma nódoa que a mãe-pátria imprimiu na sua própria face, na sua língua, e na única obra nacional verdadeiramente duradoura que conseguiu fundar. O eminente autor daquela frase é o próprio que nos descreve o que eram as carregações do Tráfico:

> Quando o navio chegava ao porto de destino — uma praia deserta e afastada —, o carregamento desembarcava; e à luz clara do sol dos trópicos aparecia uma coluna de esqueletos cheios de pústulas, com o ventre protuberante, as rótulas chagadas, a pele ras-

*Oliveira Martins, *O Brasil e as colônias*, 2. ed., p. 50.

gada, comidos de bichos, com o ar parvo e esgazeado dos idiotas. Muitos não se tinham em pé: tropeçavam, caíam e eram levados aos ombros como fardos.

Não é com tais elementos que se vivifica moralmente uma nação.

Se Portugal tivesse tido no século XVI a intuição de que a escravidão é sempre um erro, e força bastante para puni--la como um crime, o Brasil "não se teria tornado no que vemos"; seria ainda talvez uma colônia portuguesa, o que eu não creio, mas estaria crescendo sadio, forte e viril como o Canadá e a Austrália. É possível que nesse caso ele não houvesse tido forças para repelir o estrangeiro, como repeliu os holandeses, e seja exata a afirmação de que, a não serem os escravos, o Brasil teria passado a outras mãos e não seria português. Ninguém pode dizer o que teria sido a história se acontecesse o contrário do que aconteceu. Entre um Brasil arrebatado aos portugueses no século XVII por estes não consentirem o Tráfico, e explorado com escravos por holandeses ou franceses, e o Brasil explorado com escravos pelos mesmos portugueses: ninguém sabe o que teria sido melhor para a história da nossa região. Entre o Brasil explorado por meio de africanos livres por Portugal e o mesmo Brasil explorado com escravos também por portugueses: o primeiro a esta hora seria uma nação muito mais robusta do que é o último. Mas entre o que teve lugar — a exploração da América do Sul por alguns portugueses cercados de um povo de escravos importados da África — e a proibição severa da escravidão na América Portuguesa: a colonização gradual do território por europeus, por mais lento que fosse o processo, seria infinitamente mais vantajosa para o destino dessa vasta região do que o foi, e o será, o haverem-se espalhado por todo o território ocupado as raízes quase que inextirpáveis da escravidão.

Diz-se que a raça branca não se aclimaria no Brasil sem a imunidade que lhe proveio do cruzamento com os

Indígenas e os Africanos. Em primeiro lugar o mau elemento de população não foi a raça negra, mas essa raça reduzida ao cativeiro; em segundo lugar, nada prova que a raça branca, sobretudo as raças meridionais, tão cruzadas de sangue mouro e negro, não possam existir e desenvolver-se nos trópicos. Em todo caso, se a raça branca não se pode adaptar aos trópicos em condições de fecundidade ilimitada, essa raça não há de indefinidamente prevalecer no Brasil: o desenvolvimento vigoroso dos mestiços há de por fim sobrepujá-la, a imigração europeia não bastará para manter o predomínio perpétuo de uma espécie de homens à qual o sol e o clima são infensos. A ser assim, o Brasil ainda mesmo hoje, como povo europeu, seria uma tentativa de adaptação humana forçosamente efêmera; mas nada está menos provado do que essa incapacidade orgânica da raça branca para existir e prosperar em uma zona inteira da terra.

Admitindo-se, sem a escravidão, que o número dos africanos fosse o mesmo, e maior se se quiser, os cruzamentos teriam sempre tido lugar; mas a família teria aparecido desde o começo. Não seria o cruzamento pelo concubinato, pela promiscuidade das senzalas, pelo abuso da força do senhor; o filho não nasceria debaixo do açoite, não seria levado para a roça ligado às costas da mãe, obrigada à tarefa da enxada; o leite desta não seria utilizado, como o da cabra, para alimentar outras crianças, ficando para o próprio filho as últimas gotas que ela pudesse forçar do seio cansado e seco; as mulheres não fariam o trabalho dos homens, não iriam para o serviço do campo ao sol ardente do meio-dia, e poderiam durante a gravidez atender ao seu estado. Não é do cruzamento que se trata; mas sim da reprodução no cativeiro, em que o interesse verdadeiro da mãe era que o filho não vingasse. Calcule-se o que a exploração dessa bárbara indústria, expressa em 1871 nas seguintes palavras dos fazendeiros do Piraí — "a parte mais produtiva da pro-

REFORMAS NACIONAIS: O ABOLICIONISMO

173

priedade escrava é o ventre gerador" —, deve ter sido durante três séculos sobre milhões de mulheres. Tome-se a família branca, como ser moral, em três gerações, e veja-se qual foi o rendimento para essa família de uma só escrava comprada pelo seu fundador.

A história da escravidão africana na América é um abismo de degradação e miséria que se não pode sondar, e infelizmente essa é a história do crescimento do Brasil. No ponto a que chegamos, olhando para o passado, nós, brasileiros, descendentes ou da raça que escreveu essa triste página da humanidade, ou da raça com cujo sangue ela foi escrita, ou da fusão de uma e outra, não devemos perder tempo a envergonhar-nos desse longo passado que não podemos lavar, dessa hereditariedade que não há como repelir. O que devemos é fazer convergir todos os nossos esforços para o fim de eliminar a escravidão do nosso organismo, de forma que essa fatalidade nacional diminua em nós e se transmita às gerações futuras já mais apagada, rudimentar e atrofiada.

Muitas das influências da escravidão podem ser atribuídas à raça negra, ao seu desenvolvimento mental atrasado, aos seus instintos bárbaros ainda, às suas superstições grosseiras. A fusão do catolicismo, tal como o apresentava ao nosso povo o fanatismo dos missionários, com a feitiçaria africana — influência ativa e extensa nas camadas inferiores, intelectualmente falando, da nossa população, e que pela ama de leite, pelos contatos da escravidão doméstica, chegou até aos mais notáveis dos nossos homens; a ação de doenças africanas sobre a constituição física de parte do nosso povo; a corrupção da língua, das maneiras sociais, da educação e outros tantos efeitos resultantes do cruzamento com uma raça num período mais atrasado de desenvolvimento; podem ser considerados isoladamente do cativeiro. Mas, ainda mesmo no que seja mais caraterístico dos africanos importados, pode afirmar-se que, introduzidos no Brasil em um período no qual não se desse o fanatismo religioso, a cobiça, independente das leis, a escassez da população aclimada, e sobretudo a escravidão, doméstica e pessoal, o cruzamento entre brancos e negros não teria sido acompanhado do abastardamento da raça mais adiantada pela mais atrasada, mas da gradual elevação da última.

Não pode, para concluir, ser objeto de dúvida que a Escravidão transportou da África para o Brasil mais de 2 milhões de africanos; que, pelo interesse do senhor na produção do ventre escravo, ela favoreceu quanto pôde a fecundidade das mulheres negras; que os descendentes dessa população formam pelo menos dois terços do nosso povo atual; que durante três séculos a Escravidão, operando sobre milhões de indivíduos, em grande parte desse período sobre a maioria da população nacional, impediu o aparecimento regular da família nas camadas fundamentais do país; reduziu a procriação humana a um interesse venal dos senhores; manteve toda aquela massa pensante em estado puramente animal; não a alimentou, não a vestiu suficientemente; roubou-lhe as suas economias, e nunca lhe pagou os seus salários; deixou-a cobrir-se de doenças, e morrer ao abandono; tornou impossíveis para ela hábitos de previdência, de trabalho voluntário, de responsabilidade própria, de dignidade pessoal; fez dela o jogo de todas as paixões baixas, de todos os caprichos sensuais, de todas as vinditas cruéis de uma outra raça.

É quase impossível acompanhar a ação de tal processo nessa imensa escala — inúmeras vezes realizado por descendentes de escravos — em todas as direções morais e intelectuais em que ele operou e opera; nem há fator social que exerça a mesma extensa e profunda ação psicológica que a escravidão quando faz parte integrante da família. Pode-se descrever essa influência, dizendo que a escravidão cercou todo o espaço ocupado do Amazonas ao Rio Grande do Sul de um ambiente fatal a todas as qualidades viris e nobres, humanitárias e progressivas, da nossa espécie; criou um ideal de pátria grosseiro, mercenário, egoísta e retrógrado, e nesse molde fundiu durante séculos as três raças heterogêneas que hoje constituem a nacionalidade brasileira. Em outras palavras ela tornou, na frase do direito medievo, em nosso território o próprio ar *servil*, como o ar das aldeias da Alemanha que nenhum homem livre podia habitar sem perder a liberdade. *Die Luft leibeigen war* é uma frase que, aplicada ao Brasil todo, melhor que outra qualquer, sintetiza a obra *nacional* da Escravidão: ela criou uma atmosfera que nos envolve e abafa todos, e isso no mais rico e admirável dos domínios da terra.

XIV
Influência sobre o território e a população do interior

*Não há um senhor de escravos nesta casa ou fora dela que não saiba perfeitamente bem que, se a escravidão ficar fechada dentro de certos limites especificados, a sua existência futura estará condenada. A escravidão não pode encerrar-se dentro de limites certos sem produzir a destruição não só do senhor, como também do escravo.**

Em 1880, a Assembleia Provincial do Rio de Janeiro dirigiu à Assembleia Geral uma representação em que se lê o seguinte trecho:

> É desolador o quadro que se oferece às vistas do viajante que percorre o interior da província, e mais precária é sua posição nos municípios de serra abaixo, onde a fertilidade primitiva do solo já se esgotou e a incúria deixou que os férteis vales se transformassem em lagoas profundas que intoxicam todos aqueles que delas se avizinham. Os infelizes habitantes do campo, sem direção, sem apoio, sem exemplos, não fazem parte da comunhão social, não consomem, não produzem. Apenas tiram da terra alimentação incompleta

*Palavras do juiz Warner, da Geórgia, citadas em *The Proposed Slave Empire*, de C. S. Miall.

REFORMAS NACIONAIS: O ABOLICIONISMO

177

quando não encontram a caça e a pesca das coitadas e viveiros dos grandes proprietários. Destarte são considerados uma verdadeira praga, e convém não esquecer que mais grave se tornará a situação quando a esses milhões de párias se adicionar o milhão e meio de escravos que hoje formam os núcleos das grandes fazendas.

Essas palavras insuspeitas de uma assembleia escravagista descrevem a obra da escravidão: onde ela chega, queima as florestas, minera e esgota o solo, e quando levanta as suas tendas deixa após si um país devastado em que consegue vegetar uma população miserável de proletários nômades.

O que se dá no Rio de Janeiro, dá-se em todas as outras províncias onde a escravidão se implantou. André Rebouças, descrevendo o estado atual do Recôncavo da Bahia, esse antigo Paraíso do Tráfico, fez o quadro da triste condição dos terrenos, ainda os mais férteis, por onde passa aquela praga.* Quem vai embarcado a Nazaré e para em Jaguaripe e Maragogipinho, ou vai pela estrada de ferro a Alagoinhas e além, vê que a escravidão, ainda mesmo vivificada e alentada pelo vapor e pela locomotiva, é em si um princípio de morte inevitável mais ou menos lenta. Não há à margem do rio, nem da estrada, senão sinais de vida decadente e de atrofia em começo. A indústria grosseira do barro é explorada, em alguns lugares, do modo o mais primitivo; em Jaguaripe, os edifícios antigos, como a igreja, do período florescente da escravidão, contrastam com a paralisia de hoje.

A verdade é que as vastas regiões exploradas pela escravidão colonial têm um aspecto único de tristeza e abandono: não há nelas o consórcio do homem com a terra, as feições da habitação permanente, os sinais do

*Garantia de juros, p. 202.

crescimento natural. O passado está aí visível, mas não há prenúncio do futuro: o presente é o definhamento gradual que precede a morte. A população não possui definitivamente o solo: o grande proprietário conquistou-o à natureza com os seus escravos, explorou-o, enriqueceu por ele extenuando-o, depois faliu pelo emprego extravagante que tem quase sempre a fortuna mal adquirida, e por fim esse solo voltou à natureza, estragado e exausto.

É assim que nas províncias do Norte a escravidão se liquidou, ou está liquidando, pela ruína de todas as suas antigas empresas. O ouro realizado pelo açúcar foi largamente empregado em escravos, no luxo desordenado da vida senhorial; as propriedades, com a extinção dos vínculos, passaram das antigas famílias da terra, por hipoteca ou pagamento de dívidas, para outras mãos; e os descendentes dos antigos morgados e senhores territoriais acham-se hoje reduzidos à mais precária condição imaginável, na Bahia, no Maranhão, no Rio e em Pernambuco, obrigados a recolher-se ao grande asilo das fortunas desbaratadas da escravidão, que é o funcionalismo público. Se por acaso o Estado despedisse todos os seus pensionistas e empregados, ver-se-ia a situação real a que a escravidão reduziu os representantes das famílias que a exploraram no século passado e no atual, isto é, como ela liquidou-se quase sempre pela bancarrota das riquezas que produziu. E o que temos visto é nada em comparação do que havemos de ver.

O Norte todo do Brasil há de recordar por muito tempo que o resultado final daquele sistema é a pobreza e a miséria do país. Nem é de admirar que a cultura do solo por uma classe sem interesse algum no trabalho que lhe é extorquido dê esses resultados. Como se sabe, o regime da terra sob a escravidão consiste na divisão de todo o solo explorado em certo número de grandes propriedades.*

---

*"O antigo e vicioso sistema de sesmarias e do direito de posse produziu o fenômeno de achar-se ocupado quase todo o solo

Esses feudos são logo isolados de qualquer comunicação com o mundo exterior; mesmo os agentes do pequeno comércio que neles penetram são suspeitos ao senhor, e os escravos que nascem e morrem dentro do horizonte do engenho ou da fazenda são praticamente galés. A divisão de uma vasta província em verdadeiras colônias penais, refratárias ao progresso, pequenos axântis em que impera uma só vontade, entregues às vezes a administradores saídos da própria classe dos escravos, e sempre a feitores que em geral são os escravos sem entranhas, não pode trazer benefício algum permanente à região parcelada, nem à população livre que nela mora por favor dos donos da terra, em estado de contínua dependência.

Por isso também os progressos do interior são nulos em trezentos anos de vida nacional. As cidades, a que a presença dos governos provinciais não dá uma animação artificial, são por assim dizer mortas. Quase todas são decadentes. A capital centraliza todos os fornecimentos para o interior; é com o correspondente do Recife, da Bahia ou do Rio que o senhor de engenho e o fazendeiro se entendem, e assim o comércio dos outros municípios da província é nenhum. O que se dá na Bahia e em Pernambuco, dá-se em toda a parte; a vida provincial está concentrada nas capitais, e a existência que essas levam, o pouco progresso que fazem, o lento crescimento que têm, mostram que essa centralização, longe de derramar vida pela província, fá-la definhar. Essa falta de centros locais é tão grande que o

---

por uma população relativamente insignificante, que o não cultiva nem consente que seja cultivado. O imposto territorial é o remédio que a comissão encontra para evitar esse mal, ou antes abuso, que criou uma classe proletária no meio de tanta riqueza desaproveitada." Essa *classe proletária* é a grande maioria da nação. Parecer de uma comissão nomeada em 1874 para estudar o estado da lavoura na Bahia, assinado em primeiro lugar pelo barão de Cotegipe.

mapa de cada província poderia ser feito sem se esconder nenhuma cidade florescente, notando-se apenas as capitais. Muitas destas mesmo constam de insignificantes coleções de casas, cujo material todo, e tudo o que nelas se contém, não bastaria para formar uma cidade norte-americana de décima ordem. A vida nas outras é precária, falta tudo o que é bem-estar, não há água encanada nem iluminação a gás, a municipalidade não tem a renda de um particular medianamente abastado, não se encontra o rudimento, o esboço sequer dos órgãos funcionais de uma *cidade*. São esses os *grandes* resultados da escravidão em trezentos anos.

Ao lado dessa velhice antecipada de povoações que nunca chegaram a desenvolver-se, e muitas das quais hão de morrer sem passar do que são hoje, imagine-se a improvisação de uma cidade americana do Far-West, ou o crescimento rápido dos estabelecimentos da Austrália. Em poucos anos nos Estados Unidos uma povoação cresce, passa pelos sucessivos estádios, levanta-se sobre uma planta na qual foram antes de tudo marcados os locais dos edifícios necessários à vida moral da comunhão, e quando chega a ser cidade é um todo cujas diversas partes desenvolveram-se harmonicamente.

Mas essas cidades são o centro de uma pequena zona que se desenvolveu, também, de modo radicalmente diverso da nossa zona agrícola. Fazendas ou engenhos isolados, com uma fábrica de escravos, com os moradores das terras na posição de agregados do estabelecimento, de camaradas ou capangas; onde os proprietários não permitem relações entre o seu povo e estranhos; divididos muitas vezes entre si por questões de demarcação de terras, tão fatais num país onde a justiça não tem meios contra os potentados: não podem dar lugar à aparição de cidades internas, autônomas, que vivifiquem com os seus capitais e recursos a zona onde se estabeleçam. Tome-se o Cabo, ou Valença, ou qualquer outra cidade do interior de qualquer província, e há de ver-se que não tem vida própria, que não preenche função alguma definitiva na economia social. Uma ou outra que apresenta, como Campinas ou Campos, uma aparência de florescimento, é porque está na fase do brilho meteórico que as outras também tiveram, e da qual a olho desarmado pode reconhecer-se o caráter transitório.

O que se observa no Norte, observa-se no Sul, e observar-se-ia melhor ainda se o café fosse destronado pela *Hemileia vastatrix*.[31] Enquanto durou a idade de ouro do açúcar, o Norte apresentava um espetáculo que iludia a muitos. As casas, os chamados palacetes, da aristocracia territorial na Bahia e no Recife, as librés dos lacaios, as liteiras, as cadeirinhas e as carruagens nobres marcam o monopólio florescente da cana — quando a beterraba ainda não havia aparecido no horizonte. Assim também as riquezas da lavoura do Sul, de fato muito exageradas, de liquidação difícil, mas apesar de tudo consideráveis, e algumas, para o país, enormes, representam a prosperidade temporária do café. A concorrência há de surgir como surgiu para o açúcar. É certo que este pode ser extraído de diversas plantas, ao passo que o café só é produzido pelo cafezeiro; mas diversos países o estão cultivando e hão de produzi-lo mais barato, sobretudo pelo custo do transporte, além de que Ceilão já mostrou os pés de barro dessa lavoura única.

Quando passar o reinado do café, e os preços baixos já serviram de prenúncio, o Sul há de ver-se reduzido ao estado do Norte. Ponhamos São Paulo e o extremo sul de lado, e consideremos o Rio de Janeiro e Minas Gerais. Sem o café, uma e outra são duas províncias decrépitas. Ouro Preto não representa hoje na vida nacional maior papel do que representou Vila Rica nos dias em que a casa de Tiradentes foi arrasada por sentença; Mariana, São João del-Rei, Barbacena, Sabará, Diamantina, ou estão decadentes, ou apenas conseguem não decair. É nos municípios do café que está a parte opulenta de Minas Gerais.

Com São Paulo dá-se um fato particular. Apesar de ser São Paulo o baluarte atual da escravidão, em São Paulo e nas províncias do Sul ela não causou tão grandes estragos: é certo que São Paulo empregou grande parte do seu capital na compra de escravos do Norte, mas a lavoura não depende tanto como a do Rio de Janeiro e a de Minas Gerais da escravidão para ser reputada solvável.

Tem-se exagerado muito a iniciativa paulista nos últimos anos, por haver a província feito estradas de ferro sem socorro do Estado, depois que viu os resultados da estrada de ferro de Santos a Jundiaí; mas se os paulistas não são como foram chamados, os ianques do Brasil, o qual não tem ianques — nem São Paulo é a província mais adiantada, nem a mais americana, nem a mais liberal de espírito do país; será a Louisiana do Brasil, mas não o Massachusetts —, não é menos certo que a província, por ter entrado no seu período florescente no fim do domínio da escravidão, há de revelar na crise maior elasticidade do que as suas vizinhas.

No Paraná, em Santa Catarina, no Rio Grande [do Sul], a imigração europeia infunde sangue novo nas veias do povo, reage contra a escravidão constitucional, ao passo que a virgindade das terras e a suavidade do clima abrem ao trabalho livre horizontes maiores do que teve o escravo. No vale do Amazonas, igualmente, a posse da escravidão sobre o território foi até hoje nominal; a pequena população formou-se diversamente, longe de senzalas; a navegação a vapor do grande mediterrâneo brasileiro só começou há trinta anos, e a imensa bacia do Amazonas, cujos tributários são como o Madeira, o Tocantins, o Purus, o Tapajós, o Xingu, o Juruá, o Javari, o Tefé, o Japurá, o rio Negro, cursos de água de mais de mil, 2 mil, e mesmo 3 mil quilômetros, está assim ainda por explorar, em grande parte no poder dos indígenas, perdida para a indústria, para o trabalho, para a civilização. O atraso dessa vastíssima área pode ser imaginado pela descrição que faz dela o sr. Couto de Magalhães, o explorador do Araguaia, no seu livro O *selvagem*. É um território, conta-nos ele, ou coberto de florestas alagadas, nas quais se navega em canoas como nos pantanais do Paraguai, ou de campinas abertas e despovoadas com algum arvoredo rarefeito.

Os 3 milhões de quilômetros quadrados de duas das províncias em que se divide a bacia do Amazonas, o Pará e o Amazonas, com espaço para quase seis países como a França, e com o território vazio limítrofe para toda a Europa menos a Rússia, não têm uma população de 500 mil habitantes. O estado dessa região é tal que em 1878 o governo brasileiro fez concessão por vinte anos do vale do alto Xingu, um tributário do Amazonas cujo curso é calculado em cerca de 2 mil quilômetros, com todas as suas produções e tudo o que nele se achasse, a alguns negociantes do Pará! O Parlamento não ratificou essa doação; mas o fato de ter sido ela feita mostra como praticamente ainda é *res nullius* a bacia do Amazonas. Os seringais, apesar da sua imensa extensão, têm sido grandemente destruídos, e essa riqueza natural do grande vale está ameaçada de desaparecer, porque o caráter da indústria extrativa é tão ganancioso, e por isso esterilizador, no regime da escravidão como o da cultura do solo. O regatão é o agente da destruição no Amazonas como o senhor de escravos o foi no Norte e no Sul.

"Por toda a parte", dizia no seu relatório à Assembleia Provincial do Pará em 1862 o presidente [da província, Francisco] Brusque,*

> onde penetra o homem civilizado nas margens dos rios inabitados, ali encontra os traços não apagados dessa população (os indígenas) que vagueia sem futuro.

Comissão do Madeira, pelo cônego F. Bernardino de Souza, p. 130.

E a pobre aldeia, as mais das vezes por eles mesmos erguida em escolhida paragem, onde a terra lhes oferece mais ampla colheita da pouca mandioca que plantam, desaparece de todo, pouco tempo depois da sua lisonjeira fundação. O regatão, formidável cancro que corrói as artérias naturais do comércio lícito das povoações centrais, desviando delas a concorrência dos incautos consumidores, não contente com os fabulosos lucros que assim aufere, transpõe audaz enormes distâncias, e lá penetra também na choça do índio. Então a aldeia se converte para logo num bando de servidores, que distribui a seu talante, mais pelo rigor do que pela brandura, nos diversos serviços que empreende na colheita dos produtos naturais. Pelo abandono da aldeia se perde a roça, a choça desaparece, e o mísero índio em recompensa de tantos sacrifícios e trabalhos recebe muitas vezes *uma calça e uma camisa*.

Esses regatões, de quem disse o bispo do Pará,* que "embriagam os chefes das casas para mais facilmente desonrar-lhes as famílias", que "não há imoralidade que não pratiquem", não são mais do que o produto da escravidão, estabelecida nas capitais, atuando sobre o espírito cupido e aventureiro de homens sem educação moral.

Como a aparência de riqueza que a extração da borracha dá ao vale do Amazonas, foi a do açúcar e do café cultivado pelos processos e com o espírito da escravidão. O progresso e crescimento da capital contrastam com a decadência do interior. É o mesmo em toda a parte. Com a escravidão não há centros locais, vida de distrito, espírito municipal; as paróquias não tiram benefícios da vizinhança de potentados ricos; a aristocracia que possui a terra não se entrega a ela, não trata de torná-la a mo-

---

*Ibidem, p. 132.

REFORMAS NACIONAIS: O ABOLICIONISMO 185

rada permanente, saudável e cheia de conforto de uma
população feliz; as famílias são todas nômades enquanto
gravitam para o mesmo centro, que é a Corte. A fazenda ou o engenho serve para cavar o dinheiro que se vai
gastar na cidade, para a hibernação e o aborrecimento
de uma parte do ano. A terra não é fertilizada pelas economias do pobre, nem pela generosidade do rico; a pequena propriedade não existe senão por tolerância;* não
há as classes médias que fazem a força das nações. Há o
opulento senhor de escravos, e proletários. A nação de
fato é formada de proletários, porque os descendentes
dos senhores logo chegam a sê-lo.

É um triste espetáculo essa luta do homem com o território por meio do trabalho escravo. Em parte alguma
o solo adquire vida; os edifícios que nele se levantam são
uma forma de luxo passageiro e extravagante, destina-
da a pronta decadência e abandono. A população vive
em choças onde o vento e a chuva penetram, sem soalho
nem vidraças, sem móveis nem conforto algum, com a
rede do índio ou o estrado do negro por leito, a vasilha
de água e a panela por utensílios, e a viola suspensa ao
lado da imagem. Isso é no campo; nas pequenas cidades e vilas do interior, as habitações dos pobres, dos que

---

* "Em regra o fazendeiro enxerga no colono ou agregado, a
quem cede ou vende alguns palmos de terreno, um princípio de
antagonismo, um inimigo que trabalha por lhe usurpar a propriedade; que lhe prepara e tece rixas e litígios; que lhe seduz os
escravos para fugir, roubar-lhe os gêneros de fazenda e vendê-
-los, a resto de barato, à taberna do mesmo ex-agregado estabelecido, que assim se locupleta com a jactura alheia. O resultado
disto é que o trabalhador, perdendo a esperança de se tornar
proprietário, não se sujeita a lavrar os campos da fazenda, nem
a lhe preparar os produtos." Parecer das comissões de Fazenda
e Especial da Câmara dos Deputados sobre a criação do crédito
territorial (1875), p. 21.

não têm emprego nem negócio, são pouco mais do que essas miseráveis palhoças do agregado ou do morador; nas capitais de ruas elegantes e subúrbios aristocráticos, estende-se, como nos Afogados no Recife, às portas da cidade o bairro da pobreza com a sua linha de cabanas que parecem no século XIX residências de animais, como nas calçadas mais frequentadas da Bahia, e nas praças do Rio, ao lado da velha casa nobre que fora de algum antigo morgado ou de algum traficante enobrecido, vê-se o miserável e esquálido antro do africano, como a sombra grotesca dessa riqueza efêmera e do abismo que a atrai.

Quem vê os caminhos de ferro que temos construído, a imensa produção de café que exportamos, o progresso material que temos feito, pensa que os resultados da escravidão não são assim tão funestos ao território. É preciso, porém, lembrar que a aparência atual de riqueza e prosperidade provém de um produto só — quando a população do país excede de 10 milhões — e que a liquidação forçada desse produto seria nada menos do que uma catástrofe financeira. A escravidão está no Sul no apogeu, no seu grande período industrial, quando tem terras virgens, como as de São Paulo, a explorar, e um gênero de exportação precioso a produzir. A empresa neste momento, porque ela não é outra coisa, está dando algum lucro aos associados: lucro de que partilham todas as classes intermédias do comércio, comissários, ensacadores, exportadores; cujas migalhas sustentam uma clientela enorme de todas as profissões, desde o camarada que faz o serviço de votante, até ao médico, ao advogado, ao vigário, ao juiz de paz; e do qual por fim uma parte, e não pequena, é absorvida pelo Tesouro para a manutenção da cauda colossal do nosso orçamento — o funcionalismo público. Com essa porcentagem dos proventos da escravidão, o Estado concede garantia de juros de 7% a companhias inglesas que constroem estradas de ferro no país, e assim o capital estrangeiro, atraído pelos altos juros e pelo crédito

REFORMAS NACIONAIS: O ABOLICIONISMO 187

intacto de uma nação que parece solvável, vai tentar fortuna em empresas como a estrada de ferro de São Paulo, que têm a dupla garantia do Brasil e... do café.

Mas essa ilusão toda de riqueza, de desenvolvimento nacional, criada por este, como a do açúcar e a do algodão no Norte, como a da borracha no vale do Amazonas, como a do ouro em Minas Gerais, não engana a quem a estuda e observa nos seus contrastes, na sombra que ela projeta: a realidade é um povo antes escravo do que senhor do vasto território que ocupa; a cujos olhos o trabalho foi sistematicamente aviltado; ao qual se ensinou que a nobreza está em fazer trabalhar; afastado da escola; indiferente a todos os sentimentos, instintos, paixões e necessidades que formam, dos habitantes de um mesmo país, mais do que uma simples sociedade — uma nação. Quando o sr. Silveira Martins disse no Senado [que] "O Brasil é o café, e o café é o negro" — não querendo por certo dizer o escravo —, definiu o Brasil como fazenda, como empresa comercial de uma pequena minoria de interessados, em suma, o Brasil da escravidão atual. Mas basta que um país, muito mais vasto do que a Rússia da Europa, quase o dobro da Europa sem a Rússia, mais de um terço do Império Britânico nas cinco partes do mundo, povoado por mais de 10 milhões de habitantes, possa ser descrito daquela forma, para se avaliar o que a Escravidão fez dele.

Esse terrível azorrague não açoitou somente as costas do homem negro, macerou as carnes de um povo todo: pela ação de leis sociais poderosas, que decorrem da moralidade humana, essa fábrica de espoliação não podia realizar bem algum, e foi com efeito um flagelo que imprimiu na face da sociedade e da terra todos os sinais da decadência prematura. A fortuna passou das mãos dos que a fundaram às dos credores; poucos são os netos de agricultores que se conservam à frente das propriedades que seus pais herdaram; o adágio "pai rico, filho nobre, neto pobre" expressa a longa experiência popular dos hábitos da escravidão, que dissiparam todas as riquezas, não raro no estrangeiro, e, como temos visto, em grande parte eliminaram da reserva nacional o capital acumulado naquele regime.

A escravidão explorou parte do território estragando-o, e não foi além, não o abarcou todo, porque não tem iniciativa para migrar, e só avidez para estender-se. Por isso o Brasil é ainda o maior pedaço de terra incógnita no mapa do globo.

"Num Estado de escravos", diz o sr. T. R. Cobb, da Geórgia,*

> a maior prova de riqueza no agricultor é o número dos escravos. A melhor propriedade para emprego de capital são escravos. A melhor propriedade a deixar aos filhos, e da qual se separam com maior relutância, são escravos. Por isso o agricultor emprega o excesso da sua renda em escravos. O resultado natural é que as terras são uma consideração secundária. Não fica saldo para melhorá-las. O estabelecimento tem valor somente enquanto as terras adjacentes são proveitosas para o cultivo. Não tendo o agricultor afeições locais, os filhos não as herdam. Pelo contrário, ele mesmo os anima a irem em busca de novas terras. O resultado é que, como classe, nunca estão estabelecidos. Essa população é quase nômade. É inútil procurar excitar emoções patrióticas em favor da terra do nascimento, quando o interesse próprio fala tão alto. Por outro lado, onde a escravidão não existe, e os lucros do agricultor não podem ser empregados em trabalhadores, são aplicados a melhorar ou estender a sua propriedade e aformosear o seu solar.

*Citado em *England, the United States, the Southern Confederacy*, de F. W. Sargent, p. 110.

REFORMAS NACIONAIS: O ABOLICIONISMO   189

Foi isso o que aconteceu entre nós, sendo que em parte alguma a cultura do solo foi mais destruidora. A última seca do Ceará pôs em evidência, do modo o mais calamitoso, uma das maldições que sempre acompanharam, quando não precederam, a marcha da escravidão, isto é, a destruição das florestas pela queimada. "O machado e o fogo são os cruéis instrumentos", escreve o senador Pompeu, "com que uma população, ignara dos princípios rudimentares da economia rural, e herdeira dos hábitos dos aborígines, há dois séculos desnuda sem cessar as nossas serras e vales dessas florestas virgens, só para aproveitar-se o adubo de um roçado em um ano."* A cada passo encontramos e sentimos os vestígios desse sistema que reduz um belo país tropical da mais exuberante natureza ao aspecto das regiões onde se esgotou a força criadora da terra.

Para resumir-me num campo de observação que exigiria um livro à parte: a influência da escravidão sobre o território e a população que vive dele foi em todos os sentidos desastrosa. Como exploração do país, os seus resultados são visíveis na carta geográfica do Brasil, na qual os pontos negros do seu domínio são uma área insignificante comparada à área desconhecida ou despovoada; como posse do solo explorado, nós vimos o que ela foi e é. O caráter da sua cultura é a improvidência, a rotina, a indiferença pela máquina, o mais completo desprezo pelos interesses do futuro, a ambição de tirar o maior lucro imediato com o menor trabalho próprio possível, qualquer que seja o prejuízo das gerações seguintes. O parcelamento feudal do solo que ela instituiu, junto ao monopólio do trabalho que possui, impede a formação de núcleos de população industrial e a extensão do comércio no interior. Em todos os sentidos foi ela, e é, um obstáculo ao desenvolvimento material dos mu-

---

*Memória sobre o clima e secas do Ceará, pelo senador Pompeu, p. 42.

nicípios: explorou a terra sem atenção à localidade, sem reconhecer deveres para com o povo de fora das suas porteiras; queimou, plantou e abandonou; consumiu os lucros na compra de escravos e no luxo da cidade; não edificou escolas, nem igrejas, não construiu pontes, nem melhorou rios, não canalizou a água nem fundou asilos, não fez estradas, não construiu casas, sequer para os seus escravos, não fomentou nenhuma indústria, não deu valor venal à terra, não fez benfeitorias, não granjeou o solo, não empregou máquinas, não concorreu para progresso algum da zona circunvizinha. O que fez foi esterilizar o solo pela sua cultura extenuativa, embrutecer os escravos, impedir o desenvolvimento dos municípios e espalhar em torno dos feudos senhoriais o aspecto das regiões miasmáticas, ou devastadas pelas instituições que suportou, aspecto que o homem livre instintivamente reconhece. Sobre a população toda do nosso interior, ou às orlas das capitais ou nos páramos do sertão, os seus efeitos foram: dependência, miséria, ignorância, sujeição ao arbítrio dos potentados — para os quais o recrutamento foi o principal meio de ação; a falta de um canto de terra que o pobre pudesse chamar seu, ainda que por certo prazo, e cultivar como próprio; de uma casa que fosse para ele um asilo inviolável e da qual não o mandassem esbulhar à vontade; da família — respeitada e protegida. Por último, essa população foi por mais de três séculos acostumada a considerar o trabalho do campo como próprio de escravos. Saída quase toda das senzalas, ela julga aumentar a distância que a separa daqueles, não fazendo livremente o que eles fazem forçados.

Mais de uma vez tenho ouvido referir que se oferecera dinheiro a um dos nossos sertanejos por um serviço leve e que esse recusara prestá-lo. Isso não me admira. Não se lhe oferecia um salário certo. Se lhe propusessem um meio de vida permanente, que melhorasse a sua condição, ele teria provavelmente aceito a oferta. Mas, quando não a aceitasse, admitindo-se que os indivíduos com quem se verificaram tais fatos representem uma classe de brasileiros que se conta por milhões, como muitos pretendem, a dos que recusam trabalhar por salário, que melhor prova da terrível influência da escravidão? Durante séculos ela não consentiu mercado de trabalho, e não se serviu senão de escravos; o trabalhador livre não tinha lugar na sociedade, sendo um nômade, um mendigo, e por isso em parte nenhuma achava ocupação fixa; não tinha em torno de si o incentivo que desperta no homem pobre a vista do bem-estar adquirido por meio do trabalho por indivíduos da sua classe, saídos das mesmas camadas que ele. E como vivem, como se nutrem, esses milhões de homens, porque são milhões que se acham nessa condição intermédia, que não é o escravo, mas também não é o cidadão; cujo único contingente para o sustento da comunhão, que aliás nenhuma proteção lhes garante, foi sempre o do sangue, porque essa era a massa recrutável, os feudos agrícolas roubando ao exército os senhores e suas famílias, os escravos, os agregados, os moradores e os brancos?

As habitações já as vimos. São quatro paredes, separadas no interior por uma divisão em dois ou três cubículos infectos, baixas e esburacadas, abertas à chuva e ao vento, pouco mais do que o curral, menos do que a estrebaria. É nesses ranchos que vivem famílias de cidadãos brasileiros! A alimentação corresponde à independência de hábitos sedentários causada pelas moradas. É a farinha de mandioca que forma a base da alimentação, na qual entra como artigo de luxo o bacalhau da Noruega ou o charque do rio da Prata. "Eles vivem diretamente" — diz o sr. Milet, referindo-se à população que está "fora do movimento geral das trocas internacionais", avaliada por ele na quinta parte da população do Brasil, e que faz parte desses milhões de párias livres da escravidão — "da caça e da pesca, dos frutos imediatos do seu trabalho agrícola, da criação do gado e dos produtos de uma indústria rudimentar."*

Foi essa a população que se foi internando, vivendo como ciganos, aderindo às terras das fazendas ou dos engenhos onde achava agasalho, formando-se em pequenos núcleos nos interstícios das propriedades agrícolas, edificando as suas quatro paredes de barro onde se lhe dava permissão para fazê-lo, mediante condições de vassalagem que constituíam os moradores em servos da gleba.

Para qualquer lado que se olhe, esses efeitos foram os mesmos. *Latifundia perdidere Italiam* [Os latifúndios arruinaram a Itália] é uma frase que soa como uma verdade tangível aos ouvidos do brasileiro. Compare por um momento, quem viajou nos Estados Unidos ou na Suíça, o aspecto do país, da cultura, da ocupação do solo pelo homem. Diz-se que o Brasil é um país novo; sim, é um país novo em algumas partes, virgem mesmo, mas em outras é um país velho; há mais de trezentos anos que as terras foram primeiro devastadas, as florestas abatidas, e plantados os canaviais. Tome-se Pernambuco, por exemplo, onde no século XVI João Paes Barreto fundou o morgado do Cabo; que tinha no século XVII durante a ocupação holandesa bom número de engenhos de açúcar; que lutou palmo a palmo contra a Companhia das Índias Ocidentais para seguir a sorte de Portugal; e compare-se essa província heroica de mais de trezentos anos com países, por assim dizer, de ontem, como as colônias da Austrália e a Nova Zelândia; com os últimos Estados que entraram para a União Americana. Se não fora a escravidão, o nosso crescimento não seria por certo tão rápido como o dos países ocupados pela raça inglesa; Portugal não poderia nos vivificar, desenvolver-nos com os seus capitais, como faz a Inglaterra com as suas colônias; o valor do homem seria sempre menor, e portanto o do povo e o do Estado.

Miscelânea econômica, p. 36.

REFORMAS NACIONAIS: O ABOLICIONISMO 193

Mas, por outro lado, sem a escravidão não teríamos hoje em existência um povo criado fora da esfera da civilização, e que herdou grande parte das suas tendências, por causa das privações que lhe foram impostas e do regime brutal a que o sujeitaram, da raça mais atrasada e primitiva, corrigindo assim, felizmente, a hereditariedade da outra, é certo mais adiantada, porém cruel, desumana, ávida de lucros ilícitos, carregada de crimes atrozes: aquela que responde pelos milhões de vítimas de três séculos de escravatura.

Onde quer que se a estude, a escravidão passou sobre o território e os povos que a acolheram como um sopro de destruição. Ou se a veja nos ergástulos da antiga Itália, nas aldeias da Rússia, nas plantações dos Estados do Sul, ou nos engenhos e fazendas do Brasil, ela é sempre a ruína, a intoxicação e a morte. Durante um certo período ela consegue esconder, pelo intenso brilho metálico do seu pequeno núcleo, a escuridão que o cerca por todos os lados; mas, quando esse período de combustão acaba, vê-se que a parte luminosa era um ponto insignificante comparado à massa opaca, deserta e sem vida do sistema todo. Dir-se-ia que, assim como a matéria não faz senão transformar-se, os sofrimentos, as maldições, as interrogações mudas a Deus, do escravo, condenado ao nascer a galés perpétuas, criança desfigurada pela ambição do dinheiro, não se extinguem de todo com ele, mas espalham nesse *vale de lágrimas* da escravidão, em que ele viveu, um fluido pesado, fatal ao homem e à natureza.

"É uma terrível pintura", diz o grande historiador alemão de Roma,

> essa pintura da Itália sob o governo da oligarquia. Não havia nada que conciliasse ou amortecesse o fatal contraste entre o mundo dos mendigos e o mundo dos ricos. A riqueza e a miséria ligadas estreitamente uma com outra expulsaram os italianos da Itália, e encheram a península em parte com enxames de escravos,

em parte com silêncio sepulcral. É uma terrível pintura, mas não uma que seja particular à Itália: em toda a parte onde o governo dos capitalistas num país de escravos se desenvolveu completamente, devastou o belo mundo de Deus da mesma forma. A Itália ciceroniana como a Hélade de Políbio, como a Cartago de Aníbal. Todos os grandes crimes de que o capital é culpado para com a nação e a civilização no mundo moderno ficam sempre tão abaixo das abominações dos antigos Estados capitalistas, como o homem livre, por mais pobre que seja, fica superior ao escravo, e só quando a semente de dragão da América do Norte houver amadurecido, terá o mundo que colher frutos semelhantes.*

No Brasil essas sementes espalhadas por toda a parte germinaram há muito; e se o mundo não colheu os mesmos frutos, nem sabe que os estamos colhendo, é porque o Brasil não representa nele papel algum, e está escondido à civilização "pelos últimos restos do escuro nevoeiro que pesa ainda sobre a América".**

*Theodor Mommsen, *História de Roma*, livro 5, cap. 11.
**Antonio Candido, sessão de 8 de janeiro de 1881 (Câmara dos Deputados de Portugal).

XV
Influências sociais
e políticas da escravidão

Não é somente como instrumento produtivo que a escravidão é apreciada pelos que a sustentam. É ainda mais pelos seus resultados políticos e sociais, como o meio de manter uma forma de sociedade na qual os senhores de escravos são os únicos depositários do prestígio social e poder político, como a pedra angular de um edifício do qual eles são os donos, que esse sistema é estimado. Aboli a escravidão e introduzireis uma nova ordem de coisas.

Professor Cairnes

Depois da ação que vimos do regime servil sobre o território e a população, os seus efeitos sociais e políticos são meras consequências. O fato de um governo livre edificado sobre a escravidão seria virgem na história. Os governos antigos não foram baseados sobre os mesmos alicerces da liberdade individual que os modernos, e representam uma ordem social muito diversa. Um só grande fato de democracia combinada com a escravidão teve lugar depois da Revolução Francesa — os Estados Unidos; mas os Estados do Sul nunca foram governos livres. A liberdade americana, tomada a União como um todo, data verdadeiramente da proclamação de Lincoln que declarou livres os milhões de escravos do Sul. Longe de serem países livres, os Estados ao sul do Potomac eram sociedades organizadas sob a violação de todos os direitos da humanidade. Os estadistas americanos, como Henry Clay e Calhoun, que ou transigiram ou se identificaram com a escravidão, não calcularam a força do antagonismo que devia mais tarde revelar-se tão formidável. O que aconteceu — a rebelião na qual o Sul foi salvo pelo braço do Norte do suicídio que ia cometer, separando-se da União para formar uma potência escravagista, e o modo pelo qual ela foi esmagada — prova que nos Estados Unidos a escravidão não afetara a constituição social toda como entre nós; mas deixara a parte superior do organismo intacta e forte ainda o bastante para curvar a parte até então dirigente à sua vontade, apesar de toda a sua cumplicidade com essa.

Entre nós não há linha alguma divisória: não há uma seção do país que seja diversa da outra. O contato foi sinônimo de contágio. A circulação geral, desde as grandes artérias até aos vasos capilares, serve de canal às mesmas impurezas. O corpo todo — sangue, elementos constitutivos, respiração, forças e atividade, músculos e nervos, inteligência e vontade, não só o caráter, como o temperamento, e mais do que tudo a energia — acha-se afetado pela mesma causa.

Não se trata somente no caso da escravidão no Brasil de uma instituição que ponha fora da sociedade um imenso número de indivíduos como na Grécia ou na Itália antiga, e lhes dê por função social trabalhar para os cidadãos; trata-se de uma sociedade não só *baseada*, como era a civilização antiga, sobre a escravidão, e permeada em todas as classes por ela, mas também constituída na sua maior parte de secreções daquele vasto aparelho.

Com a linha divisória da cor, assim era por exemplo nos Estados do Sul da União, os escravos e os seus descendentes não faziam parte da sociedade. A escravidão misturava, confundia a população em escala muito pequena. Estragava o solo; impedia as indústrias, prepara-

REFORMAS NACIONAIS: O ABOLICIONISMO

va a bancarrota econômica, afastava a imigração, produzia enfim todos os resultados dessa ordem que vimos no Brasil; mas a sociedade americana não era formada de unidades criadas por esse processo. A Emenda Constitucional, alterando tudo isso, incorporou os negros na comunhão social, e mostrou como são transitórias as divisões que impedem artificialmente ou raças ou classes de tomar o seu nível natural.

Mas enquanto durou a escravidão, nem os escravos nem os seus descendentes livres concorreram de forma alguma para a vida mental ou ativa dessa sociedade parasita que eles tinham o privilégio de sustentar com o seu sangue. Quando veio a abolição e depois dela a igualdade de direitos políticos, a Virgínia e a Geórgia viram de repente todas as altas funções do Estado entregues a esses mesmos escravos, que eram até então, socialmente falando, matéria inorgânica, e que, por isso, só podiam servir nesse primeiro ensaio de vida política para instrumentos de especuladores adventícios, como os *carpet baggers*. Esse período entretanto pode ser considerado como a continuação da Guerra Civil. A separação das duas raças, que fora o sistema adotado pela escravidão norte-americana — mantida por uma antipatia à cor preta, que foi sucessivamente buscar fundamentos na maldição de Cam e na teoria da evolução pitecoide, e por princípios severos de educação —, continua a ser o estado das relações entre os dois grandes elementos de população dos Estados do Sul.

No Brasil deu-se exatamente o contrário: a escravidão, ainda que fundada sobre a diferença das duas raças, nunca desenvolveu a prevenção da cor, e nisso foi infinitamente mais hábil. Os contatos entre aquelas, desde a colonização primitiva dos donatários até hoje, produziram uma população mestiça, como já vimos, e os escravos, ao receberem a sua carta de alforria, recebiam também a investidura de cidadão. Não há assim entre nós castas sociais perpétuas, não há mesmo divisão fixa de classes. O escravo, que como tal praticamente *não existe* para a sociedade, porque o senhor pode não tê-lo matriculado e, se o matriculou, pode substituí-lo, e a matrícula mesmo nada significa desde que não há inspeção do Estado nas fazendas, nem os senhores são obrigados a dar contas dos seus escravos às autoridades; esse ente assim equiparado, quanto à proteção social, a qualquer outra coisa de domínio particular, é no dia seguinte à sua alforria um cidadão como outro qualquer, com todos os direitos políticos, e o mesmo grau de elegibilidade. Pode mesmo, ainda na penumbra do cativeiro, comprar escravos, talvez mesmo — quem sabe? — algum filho do seu antigo senhor. Isso prova a confusão de classes e indivíduos, e a extensão ilimitada dos cruzamentos sociais entre escravos e livres, que fazem da maioria dos cidadãos brasileiros, se se pode assim dizer, mestiços políticos, nos quais se combatem duas naturezas opostas: a do senhor de nascimento e a do escravo domesticado.

A escravidão entre nós manteve-se aberta e estendeu os seus privilégios a todos indistintamente: brancos ou pretos, ingênuos ou libertos, escravos mesmo, estrangeiros ou nacionais, ricos ou pobres; e dessa forma adquiriu ao mesmo tempo uma força de absorção dobrada e uma elasticidade incomparavelmente maior do que houvera tido se fosse um monopólio de raça, como nos Estados do Sul. Esse sistema de igualdade absoluta abriu por certo um melhor futuro à raça negra do que era o seu horizonte na América do Norte. Macaulay disse na Câmara dos Comuns em 1845, ano do Bill Aberdeen: — "Eu não julgo improvável que a população preta do Brasil seja livre e feliz dentro de oitenta ou cem anos. Mas não vejo perspectiva razoável de igual mudança nos Estados Unidos". Essa intuição da felicidade relativa da raça nos dois países parece hoje ser tão certa quanto provou ser errada a suposição de que os Estados Unidos tardariam mais do que nós a emancipar os seus escravos. O que enganou nesse caso o grande orador inglês foi o preconceito da cor, que se lhe figurou ser uma força política e social para a escravidão, quando pelo contrário a força desta consiste em banir tal preconceito e em abrir a instituição a todas as classes. Mas, por isso mesmo, entre nós, o caos étnico foi o mais gigantesco possível, e a confusão reinante nas regiões em que se está elaborando com todos esses elementos heterogêneos a unidade nacional faz pensar na soberba desordem dos mundos incandescentes.

Atenas, Roma, a Virgínia, por exemplo, foram tomando uma comparação química, simples misturas nas quais os diversos elementos guardavam as suas propriedades particulares; o Brasil, porém, é um composto, do qual a escravidão representa a afinidade causal. O problema que nós queremos resolver é o de fazer desse composto de senhor e escravo um cidadão. O dos Estados do Sul foi muito diverso, porque essas duas espécies não se misturaram. Entre nós a escravidão não exerceu toda a sua influência apenas abaixo da linha romana da *libertas*; exerceu-a também dentro e acima da esfera da *civitas*; nivelou, exceção feita dos escravos, que vivem sempre nos subterrâneos sociais, todas as classes; mas nivelou-as degradando-as. Daí a dificuldade, ao analisar-lhe a influência, de descobrir um ponto qualquer, ou na índole do povo, ou na face do país, ou mesmo nas alturas as mais distantes das emanações das senzalas, sobre que de alguma forma aquela afinidade não atuasse, e que não deva ser incluída na síntese nacional da escravidão. Vejam-se as diversas classes sociais: todas elas apresentam sintomas de desenvolvimento ou retardado ou impedido, ou, o que é ainda pior, de crescimento prematuro artificial; estudem-se as diversas forças, ou que mantêm a hereditariedade nacional ou que lhe dirigem a evolução, e ver-se-á que as conhecidas se estão todas enfraquecendo, e que tanto a conservação como o progresso do país são problemas atualmente insolúveis, dos quais a escravidão, e só ela, é a incógnita. Isso tudo, tenho apenas espaço para apontar, não para demonstrar.

Uma classe importante, cujo desenvolvimento se acha impedido pela escravidão, é a dos lavradores que não são proprietários, e em geral dos moradores do campo ou do sertão. Já vimos ao que essa classe, que forma a quase totalidade da nossa população, se acha infelizmente reduzida. Sem independência de ordem alguma, vivendo ao azar do capricho alheio, as palavras da oração dominical "O pão nosso de cada dia nos dai hoje" têm para ela uma significação concreta e real. Não se trata de operários, que, expulsos de uma fábrica, achem lugar em outra; nem de famílias que possam emigrar; nem de jornaleiros que vão ao mercado de trabalho oferecer os seus serviços; trata-se de uma população sem meios, nem recursos alguns, ensinada a considerar o trabalho como uma ocupação servil, sem ter onde vender os seus produtos, longe da região do salário — se existe esse Eldorado em nosso país —, e que por isso tem que resignar-se a viver e criar os filhos nas condições de dependência e miséria em que lhe se consente vegetar.

Esta é a pintura que, com verdadeiro sentimento humano, fez de uma porção dessa classe, e a mais feliz, um senhor de engenho no Congresso Agrícola do Recife em 1878:

> O plantador não fabricante leva vida precária; seu trabalho não é remunerado, seus brios não são respeitados; seus interesses ficam à mercê dos caprichos do fabricante em cujas terras habita. Não há ao menos um contrato escrito, que obrigue as partes interessadas; tudo tem base na vontade absoluta do fabricante. Em troca de habitação, muitas vezes péssima, e de algum terreno que lhe é dado para plantações de mandioca, que devem ser limitadas, e feitas

em terreno sempre o menos produtivo; em troca disto, parte o parceiro todo o açúcar de suas canas em quantidades iguais; sendo propriedade do fabricante todo o mel de tal açúcar, toda a cachaça delas resultante, todo o bagaço, que é excelente combustível para o fabrico do açúcar, todos os olhos das canas, suculento alimento para o seu gado. É uma partilha leonina, tanto mais injusta quanto todas as despesas da plantação, trato da lavoura, corte, arranjo das canas e seu transporte à fábrica, são feitas exclusivamente pelo plantador meeiro.

À parte os sentimentos dos que são equitativos e generosos, o pobre plantador de canas da classe a que me refiro, nem habitação segura tem: de momento para outro pode ser caprichosamente despejado, ficando sujeito a ver estranhos até à porta da cozinha de sua triste habitação, ou a precipitar a sua saída, levando à família o último infortúnio.*

Essa é ainda uma classe favorecida, a dos lavradores meeiros, abaixo da qual há outras que nada têm de seu, moradores que nada têm para vender ao proprietário, e que levam uma existência nômade e segregada de todas as obrigações sociais, como fora de toda a proteção do Estado.

Tomem-se outras classes, cujo desenvolvimento se acha retardado pela escravidão: as classes operárias e industriais e, em geral, o comércio.

A escravidão não consente em parte alguma classes operárias propriamente ditas, nem é compatível com o regime do salário e a dignidade pessoal do artífice. Este mesmo, para não ficar debaixo do estigma social que ela imprime nos seus trabalhadores, procura assinalar o intervalo que o separa do escravo, e imbui-se assim de um senti-

---

Congresso Agrícola do Recife, pp. 323-4, observações do sr. A. Victor de Sá Barreto.

mento de superioridade, que é apenas baixeza de alma, em quem saiu da condição servil, ou esteve nela por seus pais. Além disso não há classes operárias fortes, respeitadas e inteligentes, onde os que empregam trabalho estão habituados a mandar escravos. Também os operários não exercem entre nós a mínima influência política.*

Escravidão e indústria são termos que se excluíram sempre, como escravidão e colonização. O espírito da primeira espalhando-se por um país mata cada uma das faculdades humanas de que provém a indústria: a iniciativa, a invenção, a energia individual; e cada um dos elementos de que ela precisa: a associação de capitais, a abundância de trabalho, a educação técnica dos operários, a confiança no futuro. No Brasil a indústria agrícola é a única que tem florescido em mãos de nacionais; o comércio só tem prosperado nas de estrangeiros. Mesmo assim veja-se qual é o estado da lavoura, como adiante o descrevo. Está, pois, singularmente retardado em nosso país o período industrial, no qual vamos apenas agora entrando.

O grande comércio nacional não dispõe de capitais comparáveis aos do comércio estrangeiro, tanto de exportação como de importação, ao passo que o comércio a retalho, em toda a sua porção florescente, com vida própria, por assim dizer consolidada, é praticamente monopólio de estrangeiros. Esse fato provocou por diversas vezes em nossa história manifestações populares, com a

---

*A seguinte distribuição dos eleitores do Município Neutro em 1881 mostra bem qual é a representação de operários que temos. Dos 5928 eleitores que representavam a capital do país, havia 2211 empregados públicos, civis ou militares, 1076 negociantes ou empregados do comércio, 516 proprietários, 398 médicos, 211 advogados, 207 engenheiros, 179 professores, 145 farmacêuticos, 236 *artistas*, dividindo-se o resto por diversas profissões, como clérigos (76), guarda-livros (58), despachantes (56), solicitadores (27) etc. Esses algarismos dispensam qualquer comentário.

bandeira da nacionalização do comércio a retalho; mas tal grito caracteriza o espírito de exclusivismo e ódio à concorrência, por mais legítima que seja, em que a escravidão educou o nosso povo, e em mais de um lugar foi acompanhado de sublevações do mesmo espírito atuando em outra direção, isto é, do fanatismo religioso. Não sabiam os que sustentavam aquele programa do fechamento dos portos do Brasil e da anulação de todo o progresso que temos feito desde 1808 que, se tirassem o comércio a retalho aos estrangeiros, não o passariam para os nacionais, mas simplesmente o reduziriam a uma carestia de gêneros permanente — porque é a escravidão, e não a nacionalidade, que impede o comércio a retalho de ser em grande parte brasileiro.

Em relação ao comércio, a escravidão procede desta forma: fecha-lhe por desconfiança e rotina o interior, isto é, tudo o que não é a capital da província; exceto em Santos e Campinas, em São Paulo, Petrópolis e Campos, no Rio, Pelotas, no Rio Grande do Sul, e alguma outra cidade mais, não há casas de negócio, senão nas capitais, onde se encontre mais do que um pequeno fornecimento de artigos necessários à vida, esses mesmos ou grosseiros ou falsificados. Assim como nada se vê que revele o progresso intelectual dos habitantes — nem livrarias, nem jornais —, não se encontra o comércio senão na antiga forma rudimentar, indivisa ainda, da venda-bazar. Por isso, o que não vai diretamente da Corte, como encomenda, só chega ao consumidor pelo mascate, cuja história é a da civilização do nosso interior todo, e que, de fato, é o *pioneer* do comércio, e representa os limites em que a escravidão é compatível com a permuta local. O comércio entretanto é o manancial da escravidão, e o seu banqueiro. Na geração passada, em toda a parte, ele a alimentou de africanos *boçais* ou *ladinos*; muitas das propriedades agrícolas caíram em mãos de fornecedores de escravos; as fortunas realizadas pelo Tráfico (para o qual a moeda falsa teve por vezes grande afinidade) foram, na parte não exportada nem convertida em pedra e cal, empregadas em auxiliar a lavoura pela usura. Na atual geração o vínculo entre o comércio e a escravidão não é assim desonroso para aquele; mas a dependência mútua continua a ser a mesma. Os principais fregueses do comércio são proprietários de escravos, exatamente como os *leaders* da classe; o café é sempre rei nas praças do Rio e de Santos, e o comércio, faltando a indústria e o trabalho livre, não pode servir senão para agente da escravidão, comprando-lhe tudo o que ela oferece e vendendo-lhe tudo o que ela precisa. Por isso também no Brasil ele não se desenvolve, não abre horizontes ao país; mas é uma força inativa, sem estímulos, e cônscia de que é apenas um prolongamento da escravidão, ou antes o mecanismo pelo qual a carne humana é convertida em ouro e circula dentro e fora do país sob a forma de letras de câmbio. Ele sabe que se a escravidão o receia, como receia todos os condutores do progresso, seja este a loja do negociante, a estação da estrada de ferro ou a escola primária, também precisa dele, como por certo não precisa, nem quer saber, desta última, e trata de viver com ela nos melhores termos possíveis. Mas com a escravidão o comércio será sempre o servo de uma classe, sem a independência de um agente nacional; ele nunca há de florescer num regime que não lhe consente entrar em relações diretas com os consumidores, e não eleva a população do interior a essa categoria.

Das classes que esse sistema fez crescer artificialmente a mais numerosa é a dos empregados públicos. A estreita relação entre a escravidão e a epidemia do funcionalismo não pode ser mais contestada do que a relação entre ela e a superstição do Estado-providência. Assim como nesse regime tudo se espera do Estado, que, sendo a única associação ativa, aspira e absorve todo o capital disponível pelo imposto e pelo empréstimo, e distribui-o entre os seus clientes pelo emprego público, sugando as economias do pobre pelo curso forçado, e tornando precária a fortuna do rico; assim também, como consequência, o funcionalismo é a profissão nobre e a vocação de todos. Tomem-se ao acaso vinte ou trinta brasileiros em qualquer lugar onde se reúna a nossa sociedade a mais culta: todos eles ou foram, ou são, ou hão de ser empregados públicos; se não eles, seus filhos.

O funcionalismo é, como já vimos, o asilo dos descendentes das antigas famílias ricas e fidalgas, que desbarataram as fortunas realizadas pela escravidão, fortunas a respeito das quais pode dizer-se em regra, como se diz das fortunas feitas ao jogo, que não medram, nem dão felicidade. É além disso o viveiro político, porque abriga todos os pobres inteligentes, todos os que têm ambição e capacidade, mas não têm meios, e que são a grande maioria dos nossos homens de merecimento. Faça-se uma lista dos nossos estadistas pobres, de primeira e segunda ordem, que resolveram o seu problema individual pelo casamento rico, isto é, na maior parte dos casos, tornando-se humildes clientes da escravidão; e outra dos que o resolveram pela acumulação de cargos públicos, e ter-se-ão nessas duas listas os nomes de quase todos eles. Isso significa que o país está fechado em todas as direções; que muitas avenidas que poderiam oferecer um meio de vida a homens de talento, mas sem qualidades mercantis, como a literatura, a ciência, a imprensa, o magistério, não passam ainda de vielas, e outras em que homens práticos, de tendências industriais, poderiam prosperar, são por falta de crédito, ou pela estreiteza do comércio, ou pela estrutura rudimentar da nossa vida econômica, outras tantas portas muradas.

Nessas condições oferecem-se ao brasileiro que começa diversos caminhos os quais conduzem todos ao emprego público. As profissões chamadas independentes, mas que dependem em grande escala do favor da escravidão, como a advocacia, a medicina, a engenharia, têm pontos de contato importantes com o funcionalismo, como sejam os cargos políticos, as academias, as obras públicas. Além desses que recolhem por assim dizer as migalhas do orçamento, há outros, negociantes, capitalistas, indivíduos inclassificáveis, que querem contratos, subvenções do Estado, garantias de juro, empreitadas de obras, fornecimentos públicos.

A classe dos que assim vivem com os olhos voltados para a munificência do Governo é extremamente numerosa, e diretamente filha da escravidão, porque ela não consente outra carreira aos brasileiros, havendo abarcado a terra, degradado o trabalho, corrompido o sentimento de altivez pessoal em desprezo por quem trabalha em posição inferior a outro, ou não faz trabalhar. Como a necessidade é irresistível, essa fome de emprego público determina uma progressão constante do nosso orçamento, que a nação, não podendo pagar com a sua renda, paga com o próprio capital necessário à sua subsistência, e que, mesmo assim, só é afinal equilibrado por novas dívidas.

Além de ser artificial e prematuro o atual desenvolvimento da classe dos remunerados pelo Tesouro, sendo como é a cifra da despesa nacional superior às nossas forças, a escravidão, fechando todas as outras avenidas, como vimos, da indústria, do comércio, da ciência, das letras, criou em torno desse exército ativo uma reserva de pretendentes, cujo número realmente não se pode contar, e que, com exceção dos que estão consumindo ociosamente as fortunas que herdaram e dos que estão explorando a escravidão com a alma do proprietário de homens, pode calcular-se quase exatamente pelo recenseamento dos que sabem ler e escrever. Num tempo em que o servilismo e a adulação são a escada pela qual se sobe, e a independência e o caráter a escada pela qual se desce; em que a inveja é uma paixão dominante; em que não há outras regras de promoção, nem provas de suficiência, senão o empenho e o patronato; quando ninguém, que não se faça lembrar, é

REFORMAS NACIONAIS: O ABOLICIONISMO 207

chamado para coisa alguma, e a injustiça é ressentida apenas pelo próprio ofendido: os empregados públicos são os servos da gleba do Governo, vivem com suas famílias em terras do Estado, sujeitos a uma evicção sem aviso, que equivale à fome, numa dependência da qual só para os fortes não resulta a quebra do caráter. Em cada um dos sintomas característicos da séria hipertrofia do funcionalismo, como ela se apresenta no Brasil, quem tenha estudado a escravidão reconhece logo um dos seus efeitos. Podemos nós, porém, ter a consolação de que abatendo as diversas profissões, reduzindo a nação ao proletariado, a escravidão todavia conseguiu fazer dos senhores, da *lavoura*, uma classe superior, pelo menos rica, e mais do que isso educada, patriótica, digna de representar o país intelectual e moralmente?

Quanto à riqueza, já vimos que a escravidão arruinou uma geração de agricultores, que ela mesma substituiu pelos que os forneciam de escravos. De 1853 a 1857, quando se deviam estar liquidando as obrigações do Tráfico, a dívida hipotecária da Corte e província do Rio de Janeiro subia a 67 mil contos. A atual geração não tem sido mais feliz. Grande parte dos seus lucros foi convertida em carne humana, a alto preço, e se hoje uma epidemia devastasse os cafezeiros, o capital que a lavoura toda do Império poderia apurar para novas culturas havia de espantar os que a reputam florescente. Além disso, há quinze anos que não se fala senão em *auxílios à lavoura*. Tem a data de 1868 um opúsculo do sr. Quintino Bocaiuva, *A crise da lavoura*, em que esse notável jornalista escrevia: — "A lavoura não se pode restaurar senão pelo efeito simultâneo de dois socorros que não podem ser mais demorados — o da instituição do crédito agrícola e o da aquisição de braços produtores". O primeiro socorro era "uma vasta emissão" sobre a propriedade predial do Império, que assim seria convertida em moeda corrente; o segundo era a colonização chinesa.

Há quinze anos que se nos descreve de todos os lados a lavoura como estando em *crise*, necessitada de *auxílios*, agonizante, em bancarrota próxima. O Estado é todos os dias denunciado por não fazer empréstimos e aumentar os impostos para habilitar os fazendeiros a comprar ainda mais escravos. Em 1875, uma lei, a de 6 de novembro, autorizou o Governo a dar a garantia nacional ao banco estrangeiro — nenhum outro poderia emitir na Europa — que emprestasse dinheiro à lavoura mais barato do que o mercado monetário interno. Para terem fábricas centrais de açúcar, e melhorarem o seu produto, os senhores de engenho precisaram de que a nação as levantasse sob a sua responsabilidade. O mesmo tem-se pedido para o café. Assim como dinheiro a juro barato e engenhos centrais, a chamada "grande propriedade" exige fretes de estrada de ferro à sua conveniência, exposições oficiais de café, dispensa de todo e qualquer imposto direto, imigração asiática, e uma lei de locação de serviços que faça do colono, alemão, ou inglês, ou italiano, um escravo branco. Mesmo a população nacional tem que ser sujeita a um novo recrutamento agrícola,*

---

*O Clube da Lavoura e Comércio de Taubaté, por exemplo, incumbiu uma comissão de estudar a lei de locação de serviços, e o resultado desse estudo foi um projeto cujo primeiro artigo obrigava a contratos de serviços todo o nacional de *doze anos* para cima que fosse encontrado sem ocupação honesta. Esse nacional teria a escolha de ser *recrutado* para o exército ou de contratar seus serviços com algum lavrador *de sua aceitação*. O art. 6º dispunha: "O locador que bem cumprir seu contrato durante os cinco anos terá direito, afinal, a um prêmio pecuniário que não excederá de 500$000. — §1º: Este prêmio será pago pelo Governo em dinheiro ou em apólice da dívida pública". A escravidão tem engendrado tanta extravagância que não sei dizer se essa é a maior de todas. Mas assim como Valença se obstina em ser a Esparta, a Corte a Delos, a Bahia a Corinto, dir-se-á, à vista desse prêmio de 500$, que se quer fazer de Taubaté —

REFORMAS NACIONAIS: O ABOLICIONISMO

para satisfazer diversos clubes, e mais que tudo o câmbio, por uma falácia econômica, tem que ser conservado tão baixo quanto possível, para o café, que é pago em ouro, valer mais papel.

Também a horrível usura de que é vítima a lavoura em diversas províncias, sobretudo do Norte, é a melhor prova do mau sistema que a escravidão fundou, e do qual dois caraterísticos principais — a extravagância e o *provisório* — são incompatíveis com o crédito agrícola que ela reclama. "A taxa dos juros dos empréstimos à lavoura pelos seus correspondentes" — é o extrato oficial das informações prestadas pelas presidências de província em 1874 — "regula em algumas províncias de 7% a 12%; em outras sobe de 18% a 24%", e "há exemplo de se cobrar a de 48% e 72% anualmente!" Como não se pretende que a lavoura renda mais de 10%, e toda ela precisa de capitais a juro, essa taxa quer simplesmente dizer: a bancarrota. Não é por certo essa a classe que se pode descrever em estado próspero e florescente, e que pode chamar-se rica.

Quanto às suas funções sociais, uma aristocracia territorial pode servir ao país de diversos modos: melhorando e desenvolvendo o bem-estar da população que a cerca e o aspecto do país em que estão encravados os seus estabelecimentos; tomando a direção do progresso nacional; cultivando ou protegendo as letras e as artes; servindo no exército e na armada, ou distinguindo-se nas diversas carreiras; encarnando o que há de bom no caráter nacional, ou as qualidades superiores do país, o que mereça ser conservado como tradição. Já vimos o que a nossa lavoura conseguiu em cada um desses sentidos, quando notamos o que a escravidão administrada por ela há feito do território e do povo, dos senhores e dos escravos. Desde que a classe

---

que J. M. de Macedo nos descreve como "antiga, histórica e orgulhosa do seu passado" — a Beócia da escravidão.

única, em proveito da qual ela foi criada e existe, não é a aristocracia do dinheiro, nem a do nascimento, nem a da inteligência, nem a do patriotismo, nem a da raça, que papel permanente desempenha no Estado uma aristocracia heterogênea e que nem mesmo mantém a sua identidade por duas gerações?

Se das diversas classes passamos às forças sociais, vemos que a escravidão ou as apropriou aos seus interesses, quando transigentes, ou fez em torno delas o vácuo, quando inimigas, ou lhes impediu a formação, quando incompatíveis.

Entre as que se identificaram desde o princípio com ela, tornando-se um dos instrumentos das suas pretensões, está por exemplo a Igreja. No regime da escravidão doméstica, o Cristianismo cruzou-se com o fetichismo como se cruzaram as duas raças. Pela influência da ama de leite e dos escravos de casa sobre a educação da criança, os terrores materialistas do fetichista convertido, isto é, que mudou de Inferno, exercem sobre a fortificação do cérebro e a coragem da alma daquelas a maior depressão. O que resulta como fé, e sistema religioso, dessa combinação das tradições africanas com o ideal antissocial do missionário fanático, é um composto de contradições que só a inconsciência pode conciliar. Como a religião, a Igreja.

Nem os bispos, nem os vigários, nem os confessores estranham o mercado de entes humanos; as bulas que o condenam são hoje obsoletas. Dois dos nossos prelados foram sentenciados a prisão com trabalho pela guerra que moveram à maçonaria; nenhum deles, porém, aceitou ainda a responsabilidade de descontentar a escravidão. Compreende-se que os exemplos dos profetas penetrando no palácio dos reis de Judá para exprobrar-lhes os seus crimes, e os sofrimentos dos antigos mártires pela verdade moral, pareçam aos que representam a religião entre nós originalidades tão absurdas como a de São Si-

REFORMAS NACIONAIS: O ABOLICIONISMO

meão Estilita vivendo no tope de uma coluna para estar mais perto de Deus. Mas se o regime da côngrua e dos emolumentos, mais do que isso, das honras oficiais e do bem-estar, não consente esses rasgos de heroísmo religioso, hoje próprios tão somente de um faquir do Himalaia, apesar desse resfriamento glacial de uma parte da alma outrora incandescente, a escravidão e o Evangelho deviam mesmo hoje ter vergonha de se encontrarem na casa de Jesus e de terem o mesmo sacerdócio.

Nem quanto aos casamentos dos escravos, nem por sua educação moral, tem a Igreja feito coisa alguma. Os monges de São Bento forraram os seus escravos e isso produziu entre os panegiristas dos conventos uma explosão de entusiasmo. Quando mosteiros possuem rebanhos humanos, quem conhece a história das fundações monásticas, os votos dos noviços, o desinteresse das suas aspirações, a sua abnegação pelo mundo, só pode admirar-se de que esperem reconhecimento e gratidão por terem deixado de tratar homens como animais, e de explorar mulheres como máquinas de produção.

"Se em relação às pessoas livres mesmo", oficiou em 1864 ao governo o cura da freguesia do Sacramento da Corte, "se observa o abandono, a indiferença atinge ao escândalo em relação aos escravos. Poucos senhores cuidam em proporcionar aos seus escravos em vida os socorros espirituais; raros são aqueles que cumprem o caridoso dever de lhes dar os derradeiros sufrágios da Igreja."* Grande número de padres possui escravas, sem que o celibato clerical o proíba. Esse contato, ou antes contágio da escravidão, deu à religião entre nós o caráter materialista que ela tem, destruiu-lhe a face ideal, e tirou-lhe toda a possibilidade de desempenhar na vida social do país o papel de uma força consciente.

*Consultas do Conselho de Estado sobre Negócios Eclesiásticos. Consulta de 18 de junho de 1864.

Tome-se outro elemento de conservação que também foi apropriado dessa forma: o patriotismo. O trabalho todo dos escravagistas consistiu sempre em identificar o Brasil com a escravidão. Quem a ataca é logo suspeito de conivência com o estrangeiro, de inimigo das instituições do seu próprio país. Antônio Carlos foi acusado nesse interesse de não ser brasileiro. Atacar a Monarquia, sendo o país monárquico, a religião, sendo o país católico, é lícito a todos; atacar, porém, a escravidão, é traição nacional e felonia. Nos Estados Unidos, "a instituição particular" por tal forma criou em sua defesa essa confusão entre si e o país que pôde levantar uma bandeira sua contra a de Washington, e produzir, numa loucura transitória, um patriotismo separatista desde que se sentiu ameaçada de cair deixando a pátria de pé. Mas, como com todos os elementos morais que avassalou, a escravidão, ao conquistar o patriotismo brasileiro, fê-lo degenerar. A Guerra do Paraguai é a melhor prova do que ela fez do patriotismo das classes que a praticavam, e do patriotismo dos senhores. Muito poucos desses deixaram os seus escravos para atender ao seu país; muitos afforriaram alguns "negros" para serem eles feitos titulares do Império. Foi nas camadas mais necessitadas da população, descendentes de escravos na maior parte, nessas mesmas que a escravidão condena à dependência e à miséria, entre os proletários analfabetos cuja emancipação política ela adiou indefinidamente, que se sentiu bater o coração de uma nova pátria. Foram elas que produziram os soldados dos batalhões de voluntários. Com a escravidão, disse José Bonifácio em 1825, "nunca o Brasil formará, como imperiosamente o deve, um exército brioso e uma marinha florescente", e isso porque com a escravidão não há patriotismo nacional, mas somente patriotismo de casta ou de raça; isto é, um sentimento que serve para unir todos os membros da sociedade é explorado para o fim de dividi-los. Para que o patriotismo se purifique, é pre-

REFORMAS NACIONAIS: O ABOLICIONISMO

ciso que a imensa massa da população livre, mantida em estado de subserviência pela escravidão, atravesse, pelo sentimento da independência pessoal, pela convicção da sua força e do seu poder, o longo estádio que separa o simples nacional — que hipoteca tacitamente, por amor, a sua vida à defesa voluntária da integridade material e da soberania externa da pátria — do cidadão que quer ser uma unidade ativa e pensante na comunhão a que pertence.

Entre as forças em torno de cujo centro de ação o escravagismo fez o vácuo, por lhe serem contrárias, forças de progresso e transformação, está notavelmente a imprensa, não só o jornal, como também o livro, tudo o que respeita à educação. Por honra do nosso jornalismo, a imprensa tem sido a grande arma de combate contra a escravidão e o instrumento da propagação das ideias novas; os esforços tentados para a criação de um "órgão negro" naufragaram sempre. Ou se insinue timidamente, ou se afirme com energia, o pensamento dominante no jornalismo todo do Norte ao Sul é a emancipação. Mas, para fazer o vácuo em torno do jornal e do livro, e de tudo o que pudesse amadurecer antes do tempo a consciência abolicionista, a escravidão por instinto procedeu repelindo a escola, a instrução pública, e mantendo o país na ignorância e escuridão, que é o meio em que ela pode prosperar. A senzala e a escola são polos que se repelem.

O que é a educação nacional num regime interessado na ignorância de todos, o seguinte trecho do notável parecer do sr. Rui Barbosa, relator da Comissão de Instrução Pública da Câmara dos Deputados, o mostra bem.

A verdade — e a vossa Comissão quer ser muito explícita a seu respeito, desagrade a quem desagradar — é que o ensino público está à orla do limite possível a uma nação que se presume livre e civilizada; é que há decadência em vez de progresso; é que somos um povo de analfabetos, e que a massa deles, se decresce, é numa proporção desesperadamente lenta; é que a instrução acadêmica está infinitamente longe do nível científico desta idade; é que a instrução secundária oferece ao ensino superior uma mocidade cada vez menos preparada para o receber; é que a instrução popular, na Corte como nas províncias, não passa de um *desideratum*.

Aí está o efeito, sem aparecer a causa, como em todos os inúmeros casos em que os efeitos da escravidão são apontados entre nós. Um lavrador fluminense, por exemplo, o sr. Paes Leme, foi em 1876 aos Estados Unidos comissionado pelo nosso governo: escreveu relatórios sobre o que viu e observou na América do Norte; pronunciou discursos na Assembleia Provincial do Rio de Janeiro que são ainda o resultado daquela viagem; e nunca lhe ocorreu, nos diferentes paralelos que fez entre o estado do Brasil e o da grande República, atribuir à escravidão uma parte sequer do nosso atraso. O mesmo dá-se com toda a literatura política, liberal ou republicana, em que um fator da ordem da escravidão figura como um órgão rudimentar e inerte.

Entre as forças cuja aparição ela impediu está a opinião pública, a consciência de um destino nacional. Não há com a escravidão essa força poderosa chamada opinião pública, ao mesmo tempo alavanca e ponto de apoio das individualidades que representam o que há de mais adiantado no país. A escravidão, como é incompatível com a imigração espontânea, também não consente o influxo das ideias novas. Incapaz de invenção, ela é igualmente refratária ao progresso. Não é dessa opinião pública que sustentou os negreiros contra os Andrada, isto é, da soma dos interesses coligados que se trata, porque essa é uma força bruta e inconsciente como a do número por si só. Duzentos piratas valem tanto como um pirata, e não ficarão valendo mais se os cercarem da população toda que eles enriquecem e da que eles devastam. A opinião pública de que falo é propriamente a consciência nacional, esclarecida, moralizada, honesta e patriótica; essa é impossível com a escravidão, e desde que aparece, esta trata de destruí-la.

É por não haver entre nós essa força de transformação social que a política é a triste e degradante luta por ordenados que nós presenciamos; nenhum homem vale nada, porque nenhum é sustentado pelo país. O presidente do Conselho vive à mercê da Coroa, de quem deriva a sua força, e só tem aparência de poder quando se o julga um lugar-tenente do Imperador e se acredita que ele tem no bolso o decreto de dissolução, isto é, o direito de eleger uma Câmara de apaniguados seus. Os ministros vivem logo abaixo, à mercê do presidente do Conselho, e os deputados no terceiro plano, à mercê dos ministros. O sistema representativo é assim um enxerto de formas parlamentares num governo patriarcal, e senadores e deputados só tomam ao sério o papel que lhes cabe nessa paródia da democracia pelas vantagens que auferem. Suprima-se o subsídio, e forcem-nos a não se servirem da sua posição para fins pessoais e de família, e nenhum homem que tenha o que fazer se prestará a perder o seu tempo em tais *skiamaxiai*, em combates com sombras, para tomar uma comparação de Cícero.

Ministros sem apoio na opinião, que ao serem despedidos caem no vácuo; presidentes do Conselho que vivem noite e dia a perscrutar o pensamento esotérico do Imperador; uma Câmara cônscia da sua nulidade e que só pede tolerância; um Senado que se reduz a ser um pritaneu; partidos que são apenas sociedades cooperativas de colocação ou de seguro contra a miséria: todas essas aparências de um governo livre são preservadas por orgulho nacional como foi a dignidade consular no Império Romano; mas, no fundo, o que temos é um governo de uma simplicidade primitiva, em que as responsabilidades se dividem ao infinito, e o poder está concentrado nas mãos de um só. Este é o chefe do Estado. Quando alguém parece ter força própria, autoridade efetiva, prestígio individual, é porque lhe acontece nesse momento estar exposto à luz do trono: desde que der um passo, ou à direita ou à esquerda, e sair daquela réstia, ninguém mais o divisará no escuro.

Foi a isso que a escravidão, como causa infalível de corrupção social, e pelo seu terrível contágio, reduziu a nossa política. O povo como que sente um prazer cruel em escolher o pior, isto é, em rebaixar-se a si mesmo, por ter consciência de que é uma multidão heterogênea, sem disciplina a que se sujeite, sem fim que se proponha. A municipalidade da Corte, do centro da vida atual da nação toda, foi sempre eleita por esse princípio. Os *capangas* no interior, e nas cidades os *capoeiras*, que também têm a sua flor, fizeram até ontem das nossas eleições o jubileu do crime. A faca de ponta e a navalha, exceto quando a baioneta usurpava essas funções, tinham sempre a maioria nas urnas. Com a eleição direta, tudo isso desapareceu na perturbação do primeiro momento, porque houve um ministro de vontade que disse aspirar à honra de ser derrotado nas eleições. O sr. Saraiva, porém, já foi canonizado pela sua abnegação; já tivemos bastantes ministros-mártires para formar o hagiológio da reforma, e ficou provado que nem mesmo é preciso a candidatura oficial para eleger câmaras governistas. A máquina eleitoral é automática, e por mais que mudem a lei, o resultado há de ser o mesmo. O *capoeira* conhece o seu valor, sabe que não passam tão depressa como se acredita os dias de Clódio, e em breve a eleição direta será o que foi a indireta: a mesma orgia desenfreada a que nenhum homem decente deverá sequer assistir.

Autônomo, só há um poder entre nós, o poder irresponsável; só esse tem certeza do dia seguinte; só esse representa a permanência da tradição nacional. Os ministros não são mais do que as encarnações secundárias, e às vezes grotescas, dessa entidade superior. Olhando em torno de si, o Imperador não encontra uma só individualidade que limite a sua, uma vontade, individual ou coletiva, a que ele se deva sujeitar: nesse sentido ele é absoluto como o tsar e o sultão, ainda que se veja no centro de um governo moderno e provido de todos os órgãos superiores, como o Parlamento, que não tem a Rússia nem a Turquia, a supremacia parlamentar que não tem a Alemanha, a liberdade absoluta da imprensa, que muito poucos países conhecem. Quer isso dizer que, em vez de soberano absoluto, o Imperador deve antes ser chamado o primeiro-ministro permanente do Brasil. Ele não comparece perante as Câmaras, deixa grande latitude, sobretudo em matéria de finanças e legislação, ao Gabinete; mas nem um só dia perde de vista a marcha da administração, nem deixa de ser o árbitro dos seus ministros.

Esse chamado *governo pessoal* é explicado pela teoria absurda de que o Imperador corrompeu um povo inteiro; desmoralizou por meio de tentações supremas, à moda de Satanás, a honestidade dos nossos políticos; desvirtuou intencionalmente partidos que nunca tiveram ideias e princípios senão como capital de exploração. A verdade é que esse governo é o resultado imediato da prática da escravidão pelo país. Um povo que se habitua a ela não dá valor à liberdade, nem aprende a governar-se a si mesmo. Daí, a abdicação geral das funções cívicas, o indiferentismo político, o desamor pelo exercício obscuro e anônimo da responsabilidade pessoal, sem a qual nenhum povo é livre, porque um povo livre é somente um agregado de unidades livres: causas que deram em resultado a supremacia do elemento permanente e perpétuo, isto é, a Monarquia. O Imperador não tem culpa, exceto talvez por não ter reagido contra essa abdicação nacional, de ser tão poderoso como é, tão poderoso que nenhuma delegação da sua autoridade atualmente conseguiria criar no país uma força maior do que a Coroa.

Mas, por isso mesmo, d. Pedro ii será julgado pela história como o principal responsável pelo seu longo reinado; tendo sido o seu próprio valido durante 43 anos, ele nunca admitiu presidentes do Conselho superiores à sua influência e, de fato, nunca deixou o leme. (Com relação a certos homens que ocuparam aquela posição, foi talvez melhor para eles mesmos e para o país o serem objetos desse *liberum veto*.) Não é assim como soberano constitucional que o futuro há de considerar o Imperador, mas como estadista; ele é um Luís Filipe, e não uma rainha Vitória — e ao estadista hão de ser tomadas estreitas contas da existência da escravidão, ilegal e criminosa, depois de um reinado de quase meio século. O Brasil despendeu mais de 600 mil contos em uma guerra politicamente desastrosa, e só tem despendido até hoje 90 mil contos em emancipar os seus escravos: tem um orçamento seis vezes apenas menor do que o da Inglaterra, e desse orçamento menos de 1% é empregado em promover a emancipação.

Qualquer, porém, que seja, quanto à escravidão, a responsabilidade pessoal do Imperador, não há dúvida de que a soma de poder que foi acrescendo à sua prerrogativa foi uma aluvião devida àquela causa perene. No meio da dispersão das energias individuais e das rivalidades dos que podiam servir à pátria, levanta-se, dominando as tendas dos agiotas políticos e os antros dos gladiadores eleitorais que cercam o nosso fórum, a estátua do Imperador, símbolo do único poder nacional independente e forte.

Mas, em toda essa dissolução social, na qual impera o mais ávido materialismo, e os homens de bem e patriotas estão descrentes de tudo e de todos, quem não vê a forma colossal da raça maldita, sacudindo os ferros dos seus pulsos, espalhando sobre o país as gotas do seu sangue? Essa é a vingança da raça negra. Não importa que tantos dos seus filhos espúrios tenham exercido sobre irmãos o mesmo jugo, e se tenham associado como cúmplices aos destinos da instituição homicida: a escravidão na América é sempre o crime da raça branca, elemento predominante da civilização nacional, e esse miserável estado a que se vê reduzida a sociedade brasileira não é senão o cortejo da Nêmesis africana que visita por fim o túmulo de tantas gerações.

XVI
Necessidade da abolição
— Os perigos da demora

Se os seus [do Brasil] dotes morais e intelectuais cresce-
rem de harmonia com a sua admirável beleza e riqueza
natural, o mundo não terá visto uma terra mais bela.
Atualmente há diversos obstáculos a esse progresso; obs-
táculos que atuam como uma doença moral sobre o seu
povo. A escravidão ainda existe no meio dele.

Agassiz

Mas, dir-se-á, se a escravidão é como acabamos de ver
uma influência que afeta todas as classes; o molde em que
se está fundindo, há séculos, a população toda: em primeiro lugar, que força existe fora dela que possa destruí-la
tão depressa como quereis sem ao mesmo tempo dissolver
a sociedade que é, segundo vimos, um composto de elementos heterogêneos do qual ela é a afinidade química?
Em segundo lugar, tratando-se de um interesse de tamanha importância, de que dependem tão avultado número
de pessoas e a produção nacional — a qual sustenta a fábrica e o estabelecimento do Estado, por mais artificiais
que proveis serem as suas proporções atuais —, e quando
não contestais, nem podeis contestar, que a escravidão esteja condenada a desaparecer num período que pelo progresso moral contínuo do país nunca poderá exceder de
vinte anos; por que não esperais que o fim de uma institui-

REFORMAS NACIONAIS: O ABOLICIONISMO

ção, que já durou em vosso país mais de trezentos anos, se consume naturalmente, sem sacrifício da fortuna pública nem das fortunas privadas, sem antagonismo de raças ou classes, sem uma só das ruínas que em outros países acompanharam a emancipação forçada dos escravos?

Deixo para o seguinte capítulo a resposta à primeira questão. Aí mostrarei que, apesar de toda a influência retardativa da escravidão, há dentro do país forças morais capazes de suprimi-la como posse de homens, assim como não há por enquanto — e a primeira necessidade do país é criá-las — forças capazes de eliminá-la como principal elemento da nossa constituição. Neste capítulo respondo tão somente à objeção, politicamente falando formidável, de impaciência, de cegueira para os interesses da classe dos proprietários de escravos, tão brasileiros pelo menos como estes, para as dificuldades econômicas de um problema — a saber, se a escravidão deve continuar indefinidamente — que no ponto de vista humanitário ou patriótico o Brasil todo já resolveu pela mais solene e convencida afirmativa.

Essas impugnações têm tanto mais peso para mim quanto — e por todo este livro se terá visto — eu não acredito que a escravidão deixe de atuar como até hoje sobre o nosso país quando os escravos forem todos emancipados. A lista de subscrição que resulta na soma necessária para a alforria de um escravo dá um *cidadão* mais ao rol dos brasileiros; mas é preciso muito mais do que as esmolas dos compassivos ou a generosidade do senhor para fazer desse novo cidadão uma unidade digna de concorrer ainda mesmo infinitesimalmente para a formação de uma nacionalidade americana. Da mesma forma com o senhor. Ele pode alforriar os seus escravos, com sacrifício dos seus interesses materiais, ainda que sempre em benefício da educação dos seus filhos, quebrando assim o último vínculo aparente, ou de que tem consciência, das relações em que se achava para com a escravidão; mas, somente por isso, o espírito desta não deixará de incapacitá-lo para cidadão de um país livre e para exercer as virtudes que tornam as nações mais poderosas pela liberdade individual do que pelo despotismo.

Em um e outro caso é preciso mais do que a cessação do sofrimento ou da inflição do cativeiro para converter o escravo e o senhor em homens animados do espírito de tolerância, de adesão aos princípios de justiça quando mesmo sejam contra nós, de progresso e de subordinação individual aos interesses da pátria, sem os quais nenhuma sociedade nacional existe senão no grau de molusco, isto é, sem vértebras nem individualização.

Os que olham para os três séculos e meio de escravidão que temos no passado e medem o largo período necessário para apagar-lhe os últimos vestígios não consideram, pelo menos à primeira vista, de cumprimento intolerável o espaço de vinte ou trinta anos que ainda lhes reste de usufruto. Abstraindo da sorte individual dos escravos e tendo em vista tão somente o interesse geral da comunhão — não se deve com efeito exigir que atendamos ao interesse particular dos proprietários, que são uma classe social muito menos numerosa do que os escravos, mais do que ao interesse dos escravos somado com o interesse da nação toda —, não será o prazo de vinte anos curto o bastante para que não procuremos ainda abreviá-lo mais, comprometendo o que de outra forma se salvaria?

Vós dizeis que sois políticos — acrescentarei completando o argumento sério e refletido de homens tão inimigos como eu da escravidão, mas que se recusam a desmoroná-la de uma só vez, supondo que esse, a não ser o papel de um Heróstrato, seria o de um Sansão inconsciente — dizeis que não encarais a escravidão principalmente do ponto de vista do escravo, ainda que tenhais feito causa comum com ele para melhor moverdes a generosidade do país; mas sim do ponto de vista nacional, considerando que a pátria deve proteção igual a todos os seus filhos e não pode enjeitar nenhum. Pois bem, como homens políticos, que entregais a vossa defesa ao futuro, e estais prontos a provar que não quereis destruir ou empecer o progresso do país, nem desorganizar o trabalho, ainda mesmo por sentimentos de justiça e humanidade; não vos parece que cumpriríeis melhor o vosso dever para com os escravos, para com os senhores — os quais têm pelo menos direito à vossa indulgência pelas relações que o próprio Abolicionismo, de uma forma ou outra, pela hereditariedade nacional comum, tem com a escravidão — e finalmente para com a nação toda, se em vez de propordes medidas legislativas que irritam os senhores e que não serão adotadas, esses não querendo; em vez de quererdes proteger os escravos pela justiça pública e arrancá-los do poder dos seus donos; começásseis por verificar até onde e de que forma estes, pelo menos na sua porção sensata e politicamente falando pensante, estão dispostos a concorrer para a obra que hoje é confessadamente nacional — da emancipação? Não seríeis mais políticos, oportunistas e práticos, e portanto muito mais úteis aos próprios escravos, se em vez de vos inutilizardes como propagandistas e agitadores, correndo o risco de despertar, o que não quereis por certo, entre escravos e senhores, entre senhores e abolicionistas, sentimentos contrários à harmonia das diversas classes — que mesmo na escravidão é um dos títulos de honra do nosso país —, vos associásseis, como brasileiros, à obra pacífica da liquidação desse regime?

Cada uma dessas observações, e muitas outras semelhantes, eu as discuti seriamente comigo mesmo, antes de queimar os meus navios, e cheguei de boa-fé e contra mim próprio à convicção de que deixar à escravidão o prazo de vida que ela tem pela lei de 28 de setembro seria abandonar o Brasil todo à contingência das mais terríveis catástrofes; e, por outro lado, de que nada se havia de conseguir para limitar de modo sensível aquele prazo senão pela agitação abolicionista, isto é, procurando-se concentrar a atenção do país no que tem de horrível, injusto e fatal ao seu desenvolvimento uma instituição com a qual ele se familiarizou e confundiu a ponto de não poder mais vê-la objetivamente.

Há três anos que o país está sendo agitado como nunca havia sido antes em nome da abolição, e os resultados dessa propaganda ativa e patriótica têm sido tais que hoje ninguém mais dá à escravatura a duração que ela prometia ter quando em 1878 o sr. Sinimbu[32] reuniu o Congresso Agrícola, essa Arca de Noé em que devia salvar-se a "grande propriedade".

Pela lei de 28 de setembro de 1871 a escravidão tem por limite a vida do escravo nascido na véspera da lei. Mas essas águas mesmas não estão ainda estagnadas, porque a fonte do nascimento não foi cortada, e todos os anos as mulheres escravas dão milhares de *escravos por 21 anos* aos seus senhores. Por uma ficção de direito eles nascem *livres*, mas de fato valem por lei *aos oito anos de idade* seiscentos réis cada um. A escrava nascida a 27 de setembro de 1871 pode ser mãe em 1911 de um desses *ingênuos*, que assim ficaria em cativeiro provisório até 1932. Essa é a lei, e o período de escravidão que ela ainda permite.

O ilustre homem de Estado que a fez votar, se hoje fosse vivo, seria o primeiro a reconhecer que esse horizonte de meio século aberto ainda à propriedade escrava é um absurdo, e nunca foi o pensamento íntimo do legislador. O visconde do Rio Branco, antes de morrer, havia já recolhido como sua recompensa a melhor parte do reconhecimento dos escravos: a gratidão das mães. Esse é um hino à sua memória que a posteridade nacional há de ouvir, desprendendo-se como uma nota suave e límpida do delírio de lágrimas e soluços do vasto coro trágico. Mas, por isso mesmo que o visconde do Rio Branco foi o autor daquela lei, ele seria o primeiro a reconhecer que pela deslo-

REFORMAS NACIONAIS: O ABOLICIONISMO

cação de forças sociais produzida há treze anos e pela velocidade ultimamente adquirida, depois do torpor de um decênio, pela ideia abolicionista, a lei de 1871 já deverá ser obsoleta. O que nós fizemos em 1871 foi o que a Espanha fez em 1870; a nossa Lei Rio Branco de 28 de setembro daquele ano é a Lei Moret espanhola de 4 de julho deste último; mas, depois disso, a Espanha já teve outra lei — a de 13 de fevereiro de 1880 — que aboliu a escravidão, desde logo nominalmente, convertendo os escravos em *patrocinados*,[33] mas de fato depois de oito anos decorridos, ao passo que nós estamos ainda na primeira lei.

Pela ação do nosso atual direito, o que a escravatura perde por um lado adquire por outro. Ninguém tem a loucura de supor que o Brasil possa guardar a escravidão por mais vinte anos, qualquer que seja a lei; portanto o serem os *ingênuos* escravos por 21 anos, e não por toda a vida, não altera o problema que temos diante de nós: a necessidade de resgatar do cativeiro 1,5 milhão de pessoas.

Comentando este ano a redução pela mortalidade e pela alforria da população escrava desde 1873, escreve o *Jornal do Commercio*:

> Dado que naquela data hajam sido matriculados em todo o Império 1,5 milhão de escravos, algarismo muito presumível, é lícito estimar que a população escrava do Brasil, assim como diminuiu de uma sexta parte no Rio de Janeiro, haja diminuído no resto do Império em proporção pelo menos igual, donde a existência presumível de 1,25 milhão de escravos. Este número pode entretanto descer por estimativa a 1,2 milhão de escravos, atentas as causas que têm atuado em vários pontos do Império para maior proporcionalidade nas alforrias.

A esses é preciso somar os *ingênuos*, cujo número excede de 250 mil. Admitindo-se que, desse milhão e meio de pessoas que hoje existem sujeitas à servidão, 60 mil saiam dela anualmente, isto é, o dobro da média do decênio, a escravidão terá desaparecido, com um grande remanescente de *ingênuos*, é certo, a liquidar, em 25 anos, isto é, em 1908. Admito mesmo que a escravidão desapareça de agora em diante à razão de 75 mil pessoas por ano, ou 5% da massa total, isto é, com uma velocidade duas vezes e meia maior do que a atual. Por este cálculo a instituição ter-se-á liquidado em 1903, ou dentro de vinte anos. Esse cálculo é otimista, e feito sem contar com a lei, mas por honra dos bons impulsos nacionais eu o aceito como exato.

"Por que não esperais esses vinte anos?", é a pergunta que nos fazem.

(Há pessoas de má-fé que pretendem que, sem propaganda alguma, pela marcha natural das coisas, pela mortalidade e liberalidade particular, uma propriedade que no mínimo excede hoje em valor a 500 mil contos se eliminará espontaneamente da economia nacional se o Estado não intervier. Há outras pessoas também, capazes de reproduzir a Multiplicação dos Pães, que esperam que os escravos sejam todos resgatados em vinte anos pelo Fundo de Emancipação, cuja renda anual não chega a 2 mil contos.)

Este livro todo é uma resposta àquela pergunta. Vinte anos mais de escravidão, é a morte do país. Esse período é com efeito curto na história nacional, como por sua vez a história nacional é um momento na vida da humanidade, e esta um instante na da terra, e assim por diante; mas vinte anos de escravidão quer dizer a ruína de duas gerações mais: a que há pouco entrou na vida civil, e a que for educada por essa. Isto é o adiamento por meio século da consciência livre do país.*

---

*"O resultado há sido este: Em onze anos o Estado não logrou manumitir senão 11 mil escravos, ou a média anual de 1 mil, que equivale aproximadamente a 0,7% sobre o algarismo médio

Vinte anos de escravidão quer dizer o Brasil celebrando em 1892 o quarto centenário do descobrimento da América com a sua bandeira coberta de crepe! A ser assim, toda a atual mocidade estaria condenada a viver com a escravidão, a servi-la durante a melhor parte da vida, a manter um exército e uma magistratura para torná-la obrigatória, e, pior talvez do que isso, a ver as crianças, que hão de tomar os seus lugares dentro de vinte anos, educadas na mesma escola que ela. *Maxima debetur puero reverentia* [Deve-se a maior reverência à(s) criança(s)] é um princípio de que a escravidão escarneceria vendo-o aplicado a simples *crias*; mas ele deve ter alguma influência aplicado aos próprios filhos do senhor.

Vinte anos de escravidão, por outro lado, quer dizer durante todo esse tempo o nome do Brasil inquinado, unido com o da Turquia, arrastado pela lama da Europa e da América, objeto de irrisão na Ásia de tradições imemoriais, e na Oceania três séculos mais jovem do que nós. Como há de uma nação, assim atada ao pelourinho do mundo, dar ao seu exército e à sua marinha, que amanhã podem talvez ser empregados em dominar uma insurreição de escravos, virtudes viris e militares, inspirar-lhes o respeito da pátria? Como pode ela igualmente competir, ao fim desse prazo de enervação, com as nações menores que estão crescendo ao seu lado, a República Argentina à razão de 40 mil imigrantes espontâneos e trabalhadores por ano, e o Chile homogeneamente pelo trabalho livre, com todo o seu organismo sadio e forte? Manter por esse período todo a escravidão como instituição nacional

---

da população escrava existente no período de 1871 a 1882. É evidentemente obra mesquinha que não condiz à intensidade de intuito que a inspirou. Com certeza, ninguém suspeitou em 1871 que, ao cabo de tão largo período, a humanitária empresa do Estado teria obtido este minguado fruto." *Jornal do Commercio*, artigo editorial de 28 de setembro de 1882.

equivale a dar mais vinte anos para que exerça toda a sua influência mortal à crença de que o Brasil precisa da escravidão para existir: isso quando o Norte, que era considerado a parte do território que não poderia dispensar o braço escravo, está vivendo sem ele, e a escravidão floresce apenas em São Paulo, que pode pelo seu clima atrair o colono europeu, e com o seu capital pagar o salário do trabalho que empregue, nacional ou estrangeiro.

Estude-se a ação sobre o caráter e a índole do povo de uma lei do alcance e da generalidade da escravidão; veja-se o que é o Estado entre nós, poder coletivo que representa apenas os interesses de uma pequena minoria e por isso envolve-se e intervém em tudo o que é da esfera individual, como a proteção à indústria, o emprego da reserva particular, e por outro lado abstém-se de tudo o que é da sua esfera, como a proteção à vida e segurança individual, a garantia da liberdade dos contratos; por fim, prolongue-se pela imaginação por um tão longo prazo a situação atual das instituições minadas pela anarquia e apenas sustentadas pelo servilismo, com que a escravidão substitui ao liquidar-se respectivamente o espírito de liberdade e o de ordem, e diga o brasileiro que ama a sua pátria se podemos continuar por mais vinte anos com esse regime corruptor e dissolvente.

Se esperar vinte anos quisesse dizer preparar a transição por meio da educação do escravo; desenvolver o espírito de cooperação; promover indústrias; melhorar a sorte dos servos da gleba; repartir com eles a terra que cultivam na forma desse nobre testamento da condessa do Rio Novo; suspender a venda e a compra de homens; abolir os castigos corporais e a perseguição privada; fazer nascer a família, respeitada apesar da sua condição, honrada em sua pobreza; importar colonos europeus: o adiamento seria por certo um progresso; mas tudo isso é incompatível com a escravidão no seu declínio, na sua bancarrota, porque tudo isso significaria aumento de despesa, e ela só aspira a reduzir o custo das máquinas humanas de que se serve e a dobrar-lhes o trabalho.

Dar dez, quinze, vinte anos ao agricultor para preparar-se para o trabalho livre, isto é, condená-lo à previsão com tanta antecedência, encarregá-lo de elaborar uma mudança, é desconhecer a tendência nacional de deixar para o dia seguinte o que se deve fazer na véspera. Não é prolongando os dias da escravidão que se há de modificar essa aversão à previdência; mas sim destruindo-a, isto é, criando a necessidade, que é o verdadeiro molde do caráter.

Tudo o mais reduz-se a sacrificar 1,5 milhão de pessoas ao interesse privado dos seus proprietários, interesse que vimos ser moralmente e fisicamente homicida, por maior que seja a inconsciência desses dois predicados por parte de quem o explora. Em outras palavras, para que alguns milhares de indivíduos não fiquem arruinados, para que essa ruína não se consume, eles precisam não somente de trabalho certo e permanente, que o salário lhes pode achar, mas também de que a sua propriedade humana continue a ser permutável, isto é, a ter valor na carteira dos bancos e desconto nas praças do comércio. Um milhão e meio de pessoas têm que ser oferecidas ao Minotauro da escravidão, e nós temos que alimentá-lo durante vinte anos mais com o sangue das nossas novas gerações. Pior ainda do que isso, 10 milhões de brasileiros, que nesse decurso de tempo talvez cheguem a ser 14 milhões, continuarão a suportar os prejuízos efetivos e os lucros cessantes que a escravidão lhes impõe, e vítimas do mesmo espírito retardatário que impede o desenvolvimento do país, a elevação das diversas classes, e conserva a população livre do interior em andrajos, e, mais triste do que isso, indiferente à sua própria condição moral e social. Que interesse ou compaixão podem inspirar ao mundo 10 milhões de homens que confessam que, em faltando-lhes o trabalho forçado e gratuito de poucas centenas de milhares de escravos agrícolas, entre eles velhos, mulheres e crianças, se deixarão morrer de fome no mais belo, rico e fértil território que até hoje nação alguma possuiu? Essa mesma atonia do instinto da conservação pessoal e da energia que ele demanda não estará mostrando a imperiosa necessidade de abolir a escravidão sem perda de um momento?

XVII
Receios e consequências
— Conclusão

*A história do mundo, e especialmente a dos Estados desta União, mostra do modo o mais concludente que a prosperidade pública está sempre em uma proporção quase que matemática para o grau de liberdade de que gozam todos os habitantes do Estado.**

Admitida a urgência da abolição para todos os que não se contentam com o ideal de Java da América sonhado para o Brasil, e provada a necessidade dessa operação tanto quanto pode provar-se em cirurgia a necessidade de amputar a extremidade gangrenada para salvar o corpo, devemos considerar os receios e as predições dos adversários da reforma.

Em primeiro lugar, porém, é preciso examinar se há no país forças capazes de lutar com a escravidão e de vencê-la. Vemos como ela possui o solo e por esse meio tem ao seu serviço a população do interior que se compõe de moradores proletários, tolerados em terras alheias; sabemos que ela está senhora do capital disponível, tem à sua mercê o comércio das cidades, do seu lado a propriedade toda do país, e por fim às suas ordens uma clientela formidável

*_The Wheeling Intelligencer_, parágrafo citado por Frederick Law Olmsted em _A Journey in the Back Country_.

de todas as profissões, advogados, médicos, engenheiros, clérigos, professores, empregados públicos; além disto, a maior parte das forças sociais constituídas, e seguramente dessas todas as que são resistentes e livres, sustentam-na quanto podem.

Por outro lado, é sabido que a escravidão assim defendida, com esse grande exército alistado sob a sua bandeira, não está disposta a capitular; não está mesmo sitiada, senão por forças morais, isto é, por forças que, para atuarem, precisam de ter um ponto de apoio dentro dela mesma, em sua própria consciência. Pelo contrário, é certo que a escravidão opor-se-á com a maior tenacidade — e resolvida a não perder um palmo de terreno por lei — a qualquer tentativa do Estado para beneficiar os escravos.

Palavras vagas, promessas mentirosas, declarações inofensivas, tudo isso ela admite: desde, porém, que se tratar de fazer uma lei de pequeno ou grande alcance direto para aqueles, o chacal há de mostrar as presas a quem penetrar no seu ossuário.

Infelizmente para a escravidão, ao enervar o país todo, ela enervou-se também: ao corromper, corrompeu-se. Esse exército é uma multidão indisciplinada, heterogênea, ansiosa por voltar-lhe as costas; essa clientela tem vergonha de viver das suas migalhas, ou de depender do seu favor; a população que vive nômade em terras de outrem, no dia em que se lhe abra uma perspectiva de possuir legitimamente a terra em que se lhe consente viver como párias, abandonará a sua presente condição de servos; quanto às diversas forças sociais, o servilismo as tornou tão fracas, tímidas e irresolutas que elas serão as primeiras a aplaudir qualquer renovação que as destrua para reconstruí-las com outros elementos. Senhora de tudo e de todos, a escravidão não poderia levantar em parte alguma do país um bando de guerrilhas que um batalhão de linha não bastasse para dispersar. Habituada ao chicote, ela não pensa em servir-se da espingarda, e assim como está resolvida a empregar todos

REFORMAS NACIONAIS: O ABOLICIONISMO 233

os seus meios de 1871 — os Clubes da Lavoura, as cartas anônimas, a difamação pela imprensa, os insultos no Parlamento, as perseguições individuais —, que dão a medida da sua energia potencial, está também decidida de antemão a resignar-se à derrota. O que há de mais certo em semelhante campanha é que dez anos depois, como aconteceu com a de 1871, os que nela tomarem parte contra a liberdade hão de ter vergonha da distinção que adquiriram, e se hão de pôr a mendigar o voto daqueles a quem quiseram fazer o maior mal que um homem pode infligir a outro: o de afundá-lo na escravidão, a ele ou aos seus filhos, quando um braço generoso luta para salvá-los.

Por tudo isso o poder da escravidão, como ela própria, é uma sombra. Ela, porém, conseguiu produzir outra sombra mais forte, resultado, como vimos, da abdicação geral da função cívica por parte do nosso povo: o Governo. O que seja essa força, não se o pode melhor definir do que o fez, na frase já uma vez citada, o eloquente homem de Estado que mediu pessoalmente com o seu olhar de águia o vasto horizonte desse pico — "o poder é o poder". Isso diz tudo. Do alto dessa fantasmagoria colossal, dessa evaporação da fraqueza e do entorpecimento do país, dessa miragem da própria escravidão no deserto que ela criou, a casa da fazenda vale tanto como a senzala do escravo. Sem dúvida alguma, o Parlamento no novo regime eleitoral está impondo a vontade dos seus pequenos corrilhos, sobre os quais a lavoura exerce a maior coação; mas ainda assim o Governo paira acima das Câmaras, e, quando seja preciso repetir o fenômeno de 1871, as Câmaras hão de se sujeitar, como então fizeram.

Essa é a força capaz de destruir a escravidão, da qual aliás dimana, ainda que talvez venham a morrer juntas. Essa força neste momento está avassalada pelo poder territorial, mas todos veem que um dia entrará em luta com ele, e que a luta será desesperada, quer este peça a abolição imediata, quer peça medidas indiretas, queira suprimir a escravidão de um jato ou somente fechar o mercado de escravos.

A opinião pública, tal qual se está formando, tem influência e ação sobre o Governo. Ele representa o país perante o mundo, concentra em suas mãos a direção de um vasto todo político, que estaria pronto para receber sem abalo a notícia da emancipação, se não fossem os distritos de café nas províncias de São Paulo, Minas e Rio de Janeiro, e assim é sempre impelido pela consciência nacional a afastar-se cada vez mais da órbita que a escravidão lhe traçou.

Por maior que seja o poder desta, o seu crédito nos bancos, o valor da sua propriedade hipotecada, ela está como o erro dogmático para a verdade demonstrada. Uma onça de ciência vale por fim mais do que uma tonelada de fé: assim também o mínimo dos sentimentos nobres da humanidade acaba por destruir o maior de todos os monopólios dirigidos contra ele. Sem atribuir força alguma metafísica aos princípios quando não há quem os imponha, ou quando a massa humana, a que nós queremos aplicá-los, lhes é refratária, não desconto alto demais o caráter, os impulsos, as aspirações da nação brasileira dizendo que todas as suas simpatias, desprezados os interesses, são pela liberdade contra a escravidão.

Todavia é forçoso reconhecê-lo: a atitude relutante da única força capaz de destruir esta última, isto é, o Governo, a medida insignificante ainda em que ele é acessível à opinião, e o progresso lento desta, não nos deixam esperar que se realize tão cedo o divórcio. Se não existisse a pressão abolicionista, todavia ele seria ainda mais demorado. O nosso esforço consiste, pois, em estimular a opinião, em apelar para a ação que deve exercer entre todas as classes a crença de que a escravidão não avilta somente o nosso país: arruína-o materialmente. O agente está aí, é conhecido, é o Poder. O meio de produzi-lo é também conhecido: é a opinião pública. O que resta é inspirar a esta a energia precisa,

REFORMAS NACIONAIS: O ABOLICIONISMO

tirá-la do torpor que a inutiliza, mostrar-lhe como a inércia prolongada é o suicídio.

Vejamos agora os receios que a reforma inspira. Teme-se que a abolição seja a morte da lavoura, mas a verdade é que não há outro modo de aviventá-la. Há noventa anos, Noah Webster escreveu num opúsculo acerca dos efeitos da escravidão sobre a moral e a indústria o seguinte:

"A um cidadão da América parece estranho e admira-lhe que no século XVIII" — e a nós brasileiros quase cem anos depois? — "tal questão seja objeto de dúvida em qualquer parte da Europa; e mais ainda assunto de discussão séria." (A questão: "Se é mais vantajoso para um Estado que o camponês possua terra ou outros quaisquer bens, e até que limite deve ser admitida essa propriedade no interesse público?", posta em concurso pela Sociedade Econômica de São Petersburgo.)

> Entretanto não somente na Rússia e grande parte da Polônia, mas também na Alemanha e Itália, onde há muito a luz da ciência dissipou a noite da ignorância gótica, os barões se ofenderiam com a simples ideia de dar liberdade aos seus camponeses. Esta repugnância deve nascer da suposição de que se os libertassem, os seus estabelecimentos sofreriam materialmente; porque o *orgulho* só não seria obstáculo ao *interesse*. Mas isto é um engano fatalíssimo, e americanos não deveram ser os últimos a convencer-se de que o é; homens livres não só produzem mais, como gastam menos do que escravos; não só são mais trabalhadores, são mais providos também, *e não há um proprietário de escravos na Europa ou América que não possa dobrar em poucos anos o valor do seu estabelecimento agrícola alforriando os seus escravos e ajudando-os no manejo das suas culturas.**

Effects of Slavery on Morals and Industry, Noah Webster Junior. Hartford (Connecticut), 1793.

As palavras finais que eu grifei são tão exatas e verdadeiras hoje como eram quando foram escritas; tão exatas então como o seriam, no fundo, ao tempo em que a Sicília romana estava coberta de *ergástulos* e os escravos viviam a mendigar ou a roubar.

A esse respeito a prova a mais completa possível é a transformação material e econômica da lavoura nos Estados do Sul depois da guerra: a agricultura é hoje ali muitas vezes mais rica, próspera e florescente do que no tempo em que a colheita do algodão representava os salários sonegados à raça negra e as lágrimas e misérias do regime bárbaro que se dizia necessário àquele produto. Não é mais rica somente por produzir maior colheita e dar maior renda; é mais rica porque a estabilidade é outra, porque as indústrias estão afluindo, as máquinas multiplicando-se, e a população vai crescendo, em desenvolvimento moral, intelectual e social desimpedido.

Em data de 1º de setembro de 1882 escrevia o correspondente do *Times* em Filadélfia:

> "No fim da guerra", disse enfaticamente um dos representantes do Sul na recente Convenção dos Banqueiros em Saratoga, "o Sul ficou apenas com terras e dívidas". Contudo o povo começou a trabalhar para desenvolver as primeiras e libertar-se das segundas, e depois de alguns anos de inteligente dedicação a esses grandes deveres, ele conseguiu resultados que o surpreendem tanto, como ao resto do mundo. Assim a abolição da escravidão com a queda dos sistemas de agricultura que ela sustentava foi da maior vantagem para o Sul. Nenhum país do globo passou por uma revolução social mais completa — e todavia comparativamente pacífica e quase despercebida — do que os Estados do Sul desde 1865. O fim da rebelião encontrou o Sul privado de tudo menos a terra, e carregado de uma imensa dívida individual — fora a dos Estados —, dívida

contraída principalmente pelo crédito fundado no valor da propriedade escrava. No maior Estado do Sul — a Geórgia — esse valor subia a 30 milhões de dólares (60 mil contos de réis). A abolição destruiu a garantia, mas deixou de pé a dívida, e quando cessaram as hostilidades o Sul estava exausto, meio faminto e falido, nacionalmente e individualmente, com os libertos feitos senhores e induzidos a toda a sorte de excessos políticos pelos brancos sem escrúpulos que se puseram à frente deles.

Depois da restauração da paz, o alto preço do algodão incitou os lavradores a cultivá-lo quanto possível, e como a nova condição do negro impedia o seu antigo senhor de dispor do trabalho dele, tornou-se a princípio costume quase invariável dos proprietários arrendarem as plantações aos libertos e procurarem tirar delas o mesmo rendimento que antes da rebelião, e isso sem trabalho pessoal. Muitos dos agricultores mudaram-se para as cidades, deixando a administração das suas terras aos libertos, e uma vez que lhes fosse paga a renda do algodão, não se importavam com os métodos empregados. Os negros, livres de toda fiscalização, lavravam imensas áreas, remexendo a flor da terra com pequenos arados, não empregando adubo, nunca deixando o solo descansar, e seguindo do modo o mais fácil os métodos de cultura que aprenderam quando escravos. Desta forma, cedo as plantações ficaram exaustas na superfície do solo, e os libertos não puderam mais conseguir colheita o bastante nem para pagar a renda, nem para o seu próprio sustento. Os proprietários, que viviam na ociosidade, acharam-se assim com os seus rendimentos suspensos e as suas terras estragadas, ao passo que, estando o país cheio de estabelecimentos nas mesmas condições, a venda era quase impossível a qualquer preço. A necessidade então forçou-os a voltar às suas plantações, de modo que por administração pessoal elas pudessem ser restauradas na sua força produtiva anterior; mas esses processos negligentes e atrasados mantiveram o Sul por diversos anos em uma condição extremamente precária.

Durante a última década os agricultores convenceram-se de que tal sistema não devia continuar indefinidamente; que o estilo de lavoura lhes estava arruinando as terras; que os fabricantes e os banqueiros com os juros altos, lucros enormes e dispondo incontestavelmente das colheitas eram os únicos a colher benefícios; e que por falta de capital o bastante para dirigirem os seus negócios pelo sistema de pagamento à vista eles se conservavam pobres e trabalhavam as suas plantações com desvantagem sempre crescente. Isso determinou mudanças que foram todas para o bem duradouro do Sul. As plantações estão sendo cortadas em pequenos sítios, e a classe mais inteligente está cultivando menor número de jeiras, alternando as safras, descansando a terra, adotando um melhor sistema de lavrar e fazendo uso em grande escala de estrumes. Eles agora conseguem, em muitos casos onde este sistema adiantado está há anos em prática, um fardo de algodão por jeira onde antes eram precisos cinco ou seis jeiras para produzir um fardo de qualidade inferior. Eles estão também plantando mais trigo e aveia, produzindo mais carne para os trabalhadores e mais forragem de diversas espécies para os animais. A grande colheita é sempre o algodão — que dá uma safra maior proporcionalmente à superfície do que anos atrás —, mas o algodão não é já tão rei absoluto como antes foi. O Sul pode hoje sustentar-se por si em quase toda a parte, no que concerne à alimentação. Os mantimentos e o trigo do Norte e do Oeste não encontram mais ali o mesmo mercado de antes da guerra. Trabalhando por sistemas sensatos, os plantadores estão tirando muito melhores resultados; em geral livraram-se das dívidas, e sentem-se em condição mais vantajosa, ao passo que o tra-

REFORMAS NACIONAIS: O ABOLICIONISMO 239

balho no Sul está tão contente que não se tem ouvido falar dele este verão. Esta é a grande revolução pacífica — social e industrial — que teve lugar nesta década, todavia de modo tão quieto a surpreender a todos quando as publicações do recenseamento a revelaram.

O mesmo correspondente em data de 1º de abril de 1880 havia transmitido algumas observações de Jefferson Davis, o presidente da Confederação, sobre os resultados da medida que emancipou os escravos:

> As suas opiniões, ele o confessou, mudaram inteiramente com referência à cultura do algodão e do açúcar. Essas mercadorias principais do Sul podem ser produzidas em maior abundância e com mais economia pagando-se o trabalho do que por escravos. Isto, disse ele, está demonstrado, e serve para mostrar como foi vantajosa para os brancos a abolição da escravidão. O Sul depende menos do Norte do que antes da guerra. Ao passo que ele continua a exportar os seus grandes produtos (o algodão e o açúcar), o povo está produzindo maior variedade de colheitas para uso próprio, e há de eventualmente competir com o Norte em manufaturas e nas artes mecânicas.*

*Em 1861 (antes da guerra) a colheita de algodão era de 3 650 000 fardos; em 1871 foi 4 340 000 fardos, e em 1881, 6 589 000. Em dois anos o Sul produziu 12 milhões de fardos. "O Sul está também adiantando-se", diz o *Times*, "na manufatura de instrumentos agrícolas, couro, *wagons*, marcenaria, sabão, amido etc., e estes produtos, com o crescimento do comércio de algodão, açúcar, fumo, arroz, trigo e provisões para a marinha, hão de aumentar materialmente a riqueza dos diversos Estados. Como corolários naturais desse surpreendente progresso os lavradores se estão tornando mais ricos e mais independentes, e em alguns dos Estados do Sul se está fazendo um grande

Ambas essas citações encerram, com a autoridade da experiência, e da história elaborada debaixo de nossas vistas, grandes avisos aos nossos agricultores, assim como a maior animação para o nosso país. Não há dúvida de que o trabalho livre é mais econômico, mais inteligente, mais útil à terra, benéfico ao distrito onde ela está encravada, mais próprio para gerar indústrias, civilizar o país e elevar o nível de todo o povo. Para a agricultura o trabalho livre é uma vida nova, fecunda, estável e duradoura. Buarque de Macedo entreviu a pequena lavoura dos atuais escravos em torno dos engenhos centrais de açúcar, e deu testemunho disso para despertar a energia individual. A todos os respeitos, o trabalho livre é mais vantajoso do que o escravo. Não é a agricultura que há de sofrer por ele.

Sofrerão, porém, os atuais proprietários, e, se sofrerem, terão o direito de queixar-se do Estado? Acabamos de ler que a Guerra Civil Americana só deixou em mãos dos antigos senhores terras e dívidas. Mas entre nós não se dá o mesmo que nos Estados Unidos. Ali, a emancipação veio depois de uma rebelião, à qual nenhuma outra pode ser comparada; depois de um bloqueio ruinoso, e muito mais cedo do que os abolicionistas mais esperançosos de Boston ou Nova York podiam esperar. No Brasil, fez-se há doze anos uma lei que para os atuais possuidores não podia senão significar que a nação estava desejosa de pôr termo à escravidão, que tinha vergonha de ser um país de escravos, e só não decretava em vez da alforria dos nascituros a dos próprios escravos para não prejudicar

---

esforço para impedir a absorção das pequenas lavouras pelas maiores." Por outro lado, o professor E. W. Gilliam pretende que a raça negra aumentou nos últimos dez anos à razão de 34%, enquanto a branca aumentou cerca de 29%. Ele calcula que dentro de um século haverá nos Estados do Sul 192 milhões de homens de cor.

os interesses dos senhores. O Brasil, em outras palavras, para não ferir de leve a propriedade de uma classe de indivíduos, muitos deles estrangeiros, filhos de países onde a escravidão não existe e nos quais a proibição de possuir escravos, qualquer que seja a latitude, já deveria ser parte do estatuto pessoal da nacionalidade, assentiu a continuar responsável por um crime.

O argumento dos proprietários de escravos é com efeito este: — "O meu escravo vale 1 conto de réis, empregado nele de boa-fé, ou possuído legalmente pelo princípio da acessão do fruto. Se tendes 1 conto de réis para dar-me por ele, tendes o direito de libertá-lo. Mas se não tendes essa quantia ele continuará a ser meu escravo". Eu admito este argumento, o qual significa isto: desde que uma geração consentiu ou tolerou um crime qualquer, seja a pirataria, seja a escravidão, outra geração não pode suprimir esse crime sem indenizar os que cessarem de ganhar por ele; isto é, enquanto não tiver o capital que esse crime representa, não poderá, por mais que a sua consciência se revolte e ela queira viver honestamente, desprender-se da responsabilidade de cobri-lo com a sua bandeira e de prestar-lhe o auxílio das suas tropas, em caso de necessidade. À vista dessa teoria, nenhum país pode subir um degrau na escala da civilização e da consciência moral se não tiver com que desapropriar a sua própria imoralidade e o seu atraso. Adoto entretanto esse ponto de vista para simplificar a questão, e concedo o princípio que o Estado deva entrar em acordo para indenizar a propriedade escrava, legalmente possuída.

Em 1871, porém, a nação brasileira deu o primeiro aviso à escravidão de que a consciência a vexava, e ela estava ansiosa por liquidar esse triste passado e começar vida nova. Pode alguém, que tenha adquirido escravos depois dessa data, queixar-se de não ter sido informado de que a reação do brio e do pudor começava a tingir as faces da nação? O preço dos escravos subiu depois da lei; chegou em São Paulo a 3 contos de réis, como subira depois de acabado o Tráfico, sendo o efeito de cada lei humanitária que restringe a propriedade humana aumentar-lhe o valor, como o de outra qualquer mercadoria, cuja produção diminui quando a procura continua a ser a mesma. Mas tem o Estado que responder pelo incremento de valor do escravo, sátira pungente de cada medida de moralidade social, e que mostra como o comércio da carne humana gira todo fora da ação do patriotismo? Não é só do que a lei proíbe que o cidadão cioso do nome do seu país deve abster-se conscienciosamente: mas de tudo quanto ele sabe que a lei só não proíbe porque não pode, e que envergonha a lei, sobretudo depois que a nação lhe dá um aviso de que é preciso acabar quanto antes com esse abuso, cada brasileiro ajudando o Estado a fazê-lo. Haverá entre nós quem desconheça que a Constituição teve vergonha da escravidão, e que a lei de 28 de setembro de 1871 foi um solene aviso nacional, um apelo ao patriotismo?

Durante cinquenta anos a grande maioria da propriedade escrava foi possuída ilegalmente: nada seria mais difícil aos senhores tomados coletivamente do que justificar perante um tribunal escrupuloso a legalidade daquela propriedade, tomada também em massa. Doze anos, porém, depois da lei de 28 de setembro, como fundariam eles quaisquer acusações de má-fé, espoliação e outras, contra o Estado por transações efetuadas sobre escravos?

Ninguém infelizmente espera que a escravidão acabe de todo no Brasil antes de 1890; não há poder atualmente conhecido que nos deixe esperar uma duração menor, e uma lei que hoje lhe marcasse esse prazo aplacaria de repente as ondas agitadas. Pois bem, não há escravo que dentro de cinco anos não tenha pagado o seu valor, sendo os seus serviços inteligentemente aproveitados. Pense entretanto a lavoura, faça cada agricultor a conta dos seus escravos: do que eles efetivamente lhe custaram e do que lhe renderam, das *crias* que produziram — descontando os africanos importados depois de 1831 e seus filhos conhecidos, pelos quais seria um ultraje reclamarem uma indenização pública —, e vejam se o país, depois de grandes e solenes avisos para que descontinuassem essa indústria cruel, não tem o direito de extingui-la de chofre sem ser acusado de os sacrificar.

Se eles não conseguem remir as suas hipotecas, pagar as suas dívidas, a culpa não é dos pobres escravos que os ajudam quanto podem, e não devem responder pelo que o sistema da escravidão tem de mau e contrário aos interesses do agricultor. Dê cada senhor hoje uma papeleta a cada um dos seus escravos, inscrevendo na primeira página não já o que ele lhe custou — somente esse processo eliminaria metade da escravatura *legal* —, mas o que cada um vale no mercado, e lance ao crédito desse escravo cada serviço que ele preste; dentro de pouco tempo a dívida estará amortizada. Se alguma coisa o escravo lhe ficar restando, ele mesmo fará honra à sua firma, servindo-o depois de livre: tudo o que não for isso é usura, e a pior de todas, a de Shylock, levantada sobre a carne humana, e, pior do que a de Shylock, executada pelo próprio usurário.

Se a agricultura hoje não dá rendimento para a amortização da dívida hipotecária, e não há probabilidade de que em tempo algum a lavoura com o presente sistema possa libertar os seus escravos sem prejuízo, não há vantagem alguma para o Estado em que a propriedade territorial continue em mãos de quem não pode fazê-la render, e isso mediante a conservação por lei de um sistema desacreditado de sequestro pessoal. Nesse caso a emancipação teria ainda a vantagem de introduzir sangue novo na agricultura, promovendo a liquidação do atual regime. A lavoura, quer a do açúcar, quer a do café, nada tem que temer do trabalho livre. Se hoje o trabalho é escasso; se uma população livre, válida e desocupada, que já se calculou, em seis províncias somente, em cerca de 3 milhões de braços,* continua inativa; se o próprio liberto recusa trabalhar na fazenda onde cresceu; tudo isso é resultado da escravidão, que faz do trabalho ao lado do escravo um desar para o homem livre, desar que não o é para o europeu, mas que o liberto reconhece e não tem coragem para sobrepujar.

Tudo nessa transição, tão fácil havendo boa inteligência entre o país e a lavoura, como difícil resistindo esta ao fato consumado, depende dos nossos agricultores. Se a escravidão não houvesse por assim dizer esgotado os recursos do nosso crédito; se a Guerra do Paraguai, cujas origens distantes são tão desconhecidas ainda, não nos tivesse murado o futuro por uma geração toda; nada seria mais remunerador para o Estado do que ajudar por meio do seu capital a rápida reconstrução da nossa agricultura. Auxílios à lavoura para outro fim, diverso da emancipação — para mobilizar e fazer circular pela Europa, em letras hipotecárias, como o pretendia a lei de 6 de novembro de 1875, a propriedade escrava —, seria, além de um plano injusto de socorros à classe a mais favorecida à custa de todas as outras, complicar a falência da lavoura com a do Estado, e arrastá-los à mesma ruína. Nem "auxílios à lavoura" pode significar em um país democratizado como o nosso, e que precisa do imposto territorial para abrir espaço à população agrícola, um subsídio à grande propriedade com desprezo dos pequenos lavradores que aspiram a possuir o solo onde são rendeiros. Mas, por outro lado, de nenhum modo poderia o Estado usar melhor do seu crédito do que para,

---

Tentativas centralizadoras do governo liberal, pelo senador Godoy, de São Paulo. Nesse opúsculo há o seguinte cálculo dos braços empregados na lavoura das províncias de Minas, Ceará, São Paulo, Bahia, Pernambuco e Rio de Janeiro: livres, 1 434 170; escravos, 650 540. Braços livres válidos, desocupados, de treze a 45 anos, 2 822 583.

REFORMAS NACIONAIS: O ABOLICIONISMO

numa contingência, facilitar à agricultura a transição do regime romano dos ergástulos ao regime moderno do salário e do contrato livre.

Não há em todo o movimento abolicionista, e no futuro que ele está preparando, senão benefício para a agricultura, como indústria nacional; e, como classe, para os agricultores solváveis, ou que saibam aproveitar as condições transformadas do país. O exemplo dos Estados do Sul deve servir-lhes de farol; cada um dos escolhos em que seria possível naufragar foi cuidadosamente iluminado. Nem rebelião contra uma consciência nacional superior, nem desconfiança dos seus antigos escravos, nem abandono completo das suas terras aos libertos, nem *absenteísmo*, nem a rotina da velha cultura, nem desânimo; mas reconhecimento do fato consumado como um progresso para o país todo e portanto para eles mesmos que são e continuarão a ser a classe preponderante do país, a criação de novos laços de gratidão e amizade entre eles e os que os serviram como cativos e estão presos às suas terras, a elevação dessa classe pela liberdade, a melhor educação dos seus filhos, a indústria, a perseverança, a agronomia.

Nós não estamos combatendo a lavoura contra o seu próprio interesse: não só a influência política dos nossos agricultores há de aumentar quando se abaterem essas muralhas de preconceitos e suspeitas que lhes cercam as fazendas e os engenhos, como também a sua segurança individual será maior, e os seus recursos crescerão pari passu com o bem-estar, a dignidade, o valor individual da população circunvizinha. O trabalho livre, dissipando os últimos vestígios da escravidão, abrirá o nosso país à imigração europeia; será o anúncio de uma transformação viril, e far-nos-á entrar no caminho do crescimento orgânico e portanto homogêneo. O antagonismo latente das raças — a que a escravidão é uma provocação constante, e que ela não deixa morrer, por mais que isso lhe convenha — desaparecerá de todo. Tudo isso servirá para reconstruir sobre bases sólidas o ascendente social da grande propriedade, para abrir-lhe altas e patrióticas ambições, para animá-la do espírito de liberdade, que nunca fez a desgraça de nenhum povo e de nenhuma classe. Volte a nossa lavoura resolutamente as costas à Escravidão, como fez com o Tráfico, e dentro de vinte anos de trabalho livre os proprietários territoriais brasileiros formarão uma classe a todos os respeitos mais rica, mais útil, mais poderosa e mais elevada na comunhão do que hoje.

Quem fala sinceramente esta linguagem só deve ser considerado inimigo da lavoura, se lavoura e escravidão são sinônimos. Mas quando, pelo contrário, esta é a vítima daquela; quando, humilhando o escravo, a escravidão não consegue senão arruinar o senhor, entregar depois de duas gerações as suas terras à usura e atirar os seus descendentes ao hospício do Estado; quem denuncia honestamente a escravidão não denuncia a lavoura, mas trata de separá-la da influência que a entorpece, ainda que para salvá-la seja preciso descrever com toda a verdade o que a escravidão faz dela.

Foi sempre a sorte de quantos se opuseram à loucura de uma classe ou de uma nação, e procuraram convencê-las de que se sacrificavam perseverando num erro ou num crime, serem tidos por inimigos de uma ou de outra. Cobden foi considerado um inimigo da agricultura inglesa porque pediu que o pobre tivesse o direito de comprar o pão barato; e Thiers foi acusado de traidor à França, porque quis detê-la no caminho de Sedan. Pensem, porém, os nossos lavradores no futuro.

Dois meninos nasceram na mesma noite de 27 de setembro de 1871 nessa fazenda cujo regime se pretende conservar: um é senhor do outro. Hoje eles têm, cada um, perto de doze anos. O senhor está sendo objeto de uma educação esmerada; o escravo está crescendo na senzala. Quem há tão descrente do Brasil a ponto de supor que em 1903, quando ambos tiverem 32 anos, esses dois homens estarão um para o outro na mesma relação de senhor e escravo? Quem não admite que essas duas crianças, uma educada para grandes coisas, outra embrutecida para o cativeiro, representam duas correntes sociais que já não correm paralelas — e se corressem, uma terceira, a dos nascidos depois daquela noite, servir-lhes-ia de canal —, mas se encaminham para um ponto dado em nossa história na qual devem forçosamente confundir-se? Pois bem, o Abolicionismo o que pretende é que essas duas correntes não se movam uma para outra mecanicamente, por causa do declive que encontram; mas espontaneamente, em virtude de uma afinidade nacional consciente. Queremos que se ilumine e se esclareça toda aquela parte do espírito do senhor que está na sombra: o sentimento de que esse que ele chama *escravo é um* ente tão livre como ele pelo direito do nosso século; e que se levante todo o caráter, edificado abaixo do nível da dignidade humana, do que chama o outro *senhor*, e se lhe insufle a alma do cidadão que ele há de ser; isto é, que um e outro sejam arrancados a essa fatalidade brasileira — a escravidão — que moralmente arruína ambos.

Posso dar por terminada a tarefa que empreendi ao começar este volume de propaganda, desde que não entra no meu propósito discutir as diversas medidas propostas para aperfeiçoar a lei de 28 de setembro de 1871, como o plano de localizar a escravidão, o de transformar os escravos e *ingênuos* em servos da gleba, o aumento do Fundo de Emancipação. Todas essas medidas são engendradas por espíritos que não encaram a escravidão como fator social, como um impedimento levantado no caminho do país todo, ao desenvolvimento e bem-estar de todas as classes, à educação das novas gerações. Nenhum deles compreende a significação política, moral e econômica, para uma nação qualquer mergulhada na escravidão, de um testemunho como o seguinte, dado em sua mensagem de 1881 ao Congresso pelo presidente James Garfield, sobre os efeitos da emancipação nos Estados Unidos:

> A vontade da nação, falando com a voz da batalha por intermédio de uma Constituição emendada, cumpriu a grande promessa de 1767 ao proclamar a liberdade em todo o país para todos seus habitantes. A elevação da raça negra do cativeiro à plenitude dos direitos do cidadão é a mais importante mudança política que nós conhecemos desde que foi adotada a Constituição de 1787. Nenhum homem refletido deixará de reconhecer os benéficos efeitos daquele acontecimento sobre as nossas instituições e o nosso povo. Ele livrou-nos do constante perigo de guerra e dissolução; aumentou imensamente as forças morais e industriais do nosso povo; libertou tanto o senhor como o escravo de uma relação que prejudicava e enfraquecia ambos; entregou à sua própria tutela a virilidade de mais de 5 milhões de pessoas, e abriu a cada uma delas uma carreira de liberdade e de utilidade; deu uma nova inspiração ao poder de *self-help* em ambas as raças, tornando o trabalho mais honroso para uma e mais necessário à outra. A influência dessa força há de crescer cada vez mais, e dar melhores frutos com o andar dos tempos.

Nós, porém, que temos certeza de que essa mesma linguagem honrosa para todos, ex-escravos e ex-senhores, poderia ser usada poucos anos depois do ato que abolisse hoje a escravidão no Brasil, não podemos querer que se sacrifiquem esses grandes interesses do país aos interesses de uma classe retardatária, que nunca se apressou a acompanhar a marcha do século e da nação, apesar dos avisos da lei e das súplicas dos brasileiros patriotas — tanto mais que tal sacrifício seria em pura perda.

REFORMAS NACIONAIS: O ABOLICIONISMO 249

"A nossa verdadeira política", dizia em 1854 um jornal do Sul da União Americana,

> é olhar para o Brasil como a segunda grande potência escravocrata. Um tratado de comércio e aliança com o Brasil conferir-nos-á o domínio sobre o golfo do México e os Estados que ele banha, juntamente com as ilhas; e a consequência disto colocará a escravidão africana fora do alcance do fanatismo no interior ou no estrangeiro. Esses dois grandes países de escravos devem proteger e fortificar os seus interesses comuns. [...] Nós podemos não só preservar a escravidão doméstica, como também desafiar o poder do mundo [...].*

Esse sonho de união e aliança escravagista desfez-se nas sucessivas batalhas que impediram a formação de um grande e poderoso Estado americano criado para perpetuar e estender pela América toda o cativeiro das raças africanas. Mas o Brasil continua a ser aos olhos do continente o tipo da nação de escravos, o representante de uma forma social rudimentar, opressiva e antiga. Até quando será esse o nosso renome, e teremos em nossos portos esse sinal de peste que afasta os imigrantes para os Estados que procuram competir conosco?

O nosso país foi visitado e estudado por homens de ciência: o maior de todos eles, Charles Darwin (mais de uma vez tenho feito uso desse exemplo) não achou outras palavras com que despedir-se de uma terra cuja admirável natureza deverá ter exercido a maior atração possível sobre o seu espírito criador, senão estas: — "No dia 19 de agosto deixamos por fim as praias do Brasil. Eu agradeço a Deus, nunca mais hei de visitar um país de escravos". O espetáculo da escravidão na América, em pleno reinado

---

The Southern Standard, citado na conferência sobre *A condição da América*, de Theodore Parker (1854).

da natureza, no meio das formas as mais belas, variadas e pujantes que a vida assume em nosso planeta, não podia, com efeito, inspirar outros sentimentos a sábios senão os que nos expressaram Darwin, Agassiz, e antes deles Humboldt e José Bonifácio. Não é porém a mortificação, desinteressada e insuspeita, dos que amam e admiram a nossa natureza, que nos causa o maior dano: é, sim, a reputação que temos em toda a América do Sul de *país de escravos*, isto é, de sermos uma nação endurecida, áspera, insensível ao lado humano das coisas; é, mais ainda, essa reputação — injusta, porque o *povo* brasileiro não pratica a escravidão e é vítima dela — transmitida ao mundo inteiro e infiltrada no espírito da humanidade civilizada. Brasil e Escravidão tornaram-se assim sinônimos: daí a ironia com que foi geralmente acolhida a legenda de que íamos fundar a liberdade no Paraguai; daí o desvio das correntes de imigração para o rio da Prata, que, se devesse ter uma política maquiavélica, invejosa e egoísta, devia desejar ao Brasil os trinta anos mais de escravidão que os advogados desse interesse reclamam.*

*Eis um trecho da notícia em que um informante descreve no *Jornal do Commercio* a recepção feita ao dr. Avellaneda, ex--presidente da República Argentina, por um dos nossos principais fazendeiros, um *leader* da classe, e um dos homens mais esclarecidos que ela possui, o sr. barão do Rio Bonito: "Entrando-se, deparava-se com um verdadeiro bosque semeado de lanternas venezianas, escudos alegóricos, com dísticos onde se liam, por exemplo: *Aos promotores da indústria, salve! A fraternidade dos povos é um sorriso de Deus*, etc. [...] Formou--se então uma quadrilha dentro de um círculo gigantesco formado pelos quatrocentos escravos da fazenda, os quais ergueram entusiásticos vivas aos seus carinhosos senhores". Com a lembrança recente dessa festa *brasileira* e desse contraste da *fraternidade* dos povos com a escravidão, o dr. Avellaneda terá lido com dobrado orgulho de argentino os seguintes trechos da última mensagem do seu sucessor: "Em 1881 chegaram 32817

Se o Brasil só pudesse viver pela escravidão, seria melhor que ele não existisse; mas essa dúvida não é mais possível: ao lado de uma população que entre escravos e *ingênuos* não passa de 1,5 milhão de habitantes, temos uma população livre seis vezes maior. Se o resultado da emancipação fosse — o que não seria — destruir a grande cultura atual de gêneros de exportação, e o país atravessasse uma crise quanto ao rendimento nacional, mesmo isso não seria um mal relativamente ao estado presente, que se não é já a insolvabilidade encoberta ou adiada pelo crédito, está muito perto de o ser, e — se durar a escravidão — há de sê-lo. A escravidão tirou-nos o hábito de trabalhar para alimentar-nos; mas não nos tirou o instinto nem a necessidade da conservação, e esta há de criar novamente a energia atrofiada.

Se por outro lado a escravidão devesse forçosamente ser prolongada por todo o seu prazo atual, os brasileiros educados nos princípios liberais do século deveriam logo resignar-se a mudar de pátria. Mas, e esta é a firme crença

---

imigrantes, e em 1882 entraram em nossos portos 51 503. [...] Esta marcha progressiva da imigração é puramente espontânea. Uma vez votados fundos que se destinem a esse objeto; realizados, como sê-lo-ão em breve, os projetos de propaganda para que concorrestes no ano passado com a vossa sanção, e desde que formos assim melhor conhecidos nesses grandes viveiros de homens da Europa; oferecida a terra em condições vantajosas, e mantida, sobretudo, a situação de paz que nos rodeia, a imigração acudirá às nossas plagas em massas compactas, que, por mais numerosas que se apresentem, encontrarão amplo espaço e generosa compensação ao seu trabalho". *Mensaje*, de maio de 1883, pp. 31 e 32. Guardando nós a escravidão, e tendo a República Argentina paz, esta será dentro de vinte anos uma nação mais forte, mais adiantada e mais próspera do que o Brasil, e o seu crescimento e a natureza do seu progresso e das suas instituições exercerão sobre as nossas províncias do Sul o efeito de uma atração desagregante que talvez seja irresistível.

de todos nós que a combatemos, a escravidão, em vez de impelir-nos, retém-nos: em vez de ser uma causa de progresso e expansão, impede o crescimento natural do país. Deixá-la dissolver-se, e desaparecer insensivelmente como ela pretende, é manter um foco de infecção moral permanente no meio da sociedade durante duas gerações mais, tornando por longo tempo endêmico o servilismo, e a exploração do homem pelo homem, em todo o nosso território.

O que esse regime representa, já o sabemos: moralmente, é a destruição de todos os princípios e fundamentos da moralidade religiosa ou positiva — a família, a propriedade, a solidariedade social, a aspiração humanitária; politicamente, é o servilismo, a degradação do povo, a doença do funcionalismo, o enfraquecimento do amor da pátria, a divisão do interior em feudos, cada um com o seu regime penal, o seu sistema de provas, a sua inviolabilidade perante a polícia e a justiça; economicamente, e socialmente, é o bem-estar transitório de uma classe única, e essa decadente e sempre renovada; a eliminação do capital produzido pela compra de escravos; a paralisação de cada energia individual para o trabalho na população nacional; o fechamento dos nossos portos aos imigrantes que buscam a América do Sul; a importância social do dinheiro, seja como for adquirido; o desprezo por todos os que, por escrúpulos, se inutilizam ou atrasam numa luta de ambições materiais; a venda dos títulos de nobreza; a desmoralização da autoridade desde a mais alta até a mais baixa; a impossibilidade de surgirem individualidades dignas de dirigir o país para melhores destinos, porque o povo não sustenta os que o defendem, não é leal aos que se sacrificam por ele, e o país, no meio de todo esse rebaixamento do caráter, do trabalho honrado, das virtudes obscuras, da pobreza que procura elevar-se honestamente, está, como se disse dos Estados do Sul, "apaixonado pela sua própria vergonha".*

---

*_Times_ de 7 de janeiro de 1861.

REFORMAS NACIONAIS: O ABOLICIONISMO   253

Tudo, por certo, nesse triste negócio da escravidão,
não é assim desanimador. Nós vemos hoje, felizmente, por
toda a parte, sinais de que a manumissão de escravos se
entranhou no patriotismo brasileiro, e forma a solenida-
de principal das festas de família e públicas. Desde 1873
até hoje foram inscritas em nossos registros oficiais 87005
manumissões, e apesar de ser impossível calcular o capital
que esse número representa, não se conhecendo as idades,
nem as condições individuais dos alforriados, aqueles algarismos são um elevado expoente da generosidade de caráter dos brasileiros. Tanto mais assim quanto são as cidades, onde a propriedade escrava se acha muito subdividida
entre numerosas famílias pobres, que se destacam proe-
minentemente na lista, e não o campo onde há as grandes
fábricas das fazendas. Na Corte, por exemplo, com uma
população escrava neste decênio de 54167 indivíduos, ao
passo que a morte eliminou 8 mil, a liberalidade pública e particular manumitiu 10 mil; enquanto na província
do Rio de Janeiro, com uma população escrava no mesmo
período de 332949 indivíduos, a morte deu baixa na matrícula a 51269 escravos e foram alforriados 12849. Em
outros termos, na capital do país a generosidade nacional
segue as pisadas da morte; na província esta ceifa quatro
vezes mais depressa.

Por mais que nos desvaneçamos de ter registrado em
dez anos 87005 manumissões, devemos não esquecer
que no mesmo período só na província do Rio de Janeiro
houve um movimento de importação e exportação entre os seus diversos municípios de 124 mil escravos. Isto
quer dizer que o mercado de escravos, as transações de
compra e venda sobre a propriedade humana, deixam na
sombra o valor das alforrias concedidas. Também, em
todo o país, ao passo que foram alforriados, de 1873 a
1882, 70183 escravos, morreram em cativeiro 132777,
ou cerca do dobro. Mas quando a morte, que é uma força inerte e inconsciente, elimina dois, e a nação elimina

um, esta faz dez ou vinte vezes menos do que aquela, que não tem interesse, nem dever de honra, no problema que está fatidicamente resolvendo.

Pensem os brasileiros, antes de tudo, nessa imensa população escrava que excede 1,2 milhão, e nos *senhores* desses homens; pensem nos que morrem, e nos que nascem, ou para serem criados como escravos, ou para serem educados como *senhores*; e vejam se esses 2 milhões de unidades nacionais devem ser ainda entregues à escravidão para que ela torture umas até a morte, corrompa as outras desde a infância, e se os outros milhões de brasileiros restantes devem continuar a ser os clientes ou servos de um interesse que lhes repugna e a viver sob o regime universal e obrigatório da escravidão tornada um *Imperium in Imperio*.

Assim foi em toda a parte. "Como os rios brilham com cores diferentes, mas a cloaca é sempre a mesma", escreve Mommsen estudando a invariável pintura da escravidão antiga,

> assim a Itália da época ciceroniana parece-se essencialmente com a Hélade de Políbio e mais ainda com a Cartago do tempo de Aníbal, onde exatamente do mesmo modo o regime onipotente do capital arruinou a classe média, elevou o negócio e a cultura da terra ao maior grau de florescimento, e por fim produziu a corrupção moral e política da nação.

É essa mesmíssima instituição, carregada com as culpas da história toda, que, eliminada da Ásia e da Europa, esmagada na América, proscrita pela consciência humana e em véspera de ser tratada por ela como pirataria, se refugia no Brasil e nos suplica que a deixemos morrer naturalmente, isto é, devorando para alimentar-se o último milhão e meio de vítimas humanas que lhe restam no mundo civilizado.

REFORMAS NACIONAIS: O ABOLICIONISMO

O que devemos fazer? O que aconselham ao país — que até hoje tem sido a criatura daquele espírito infernal, mas que já começa a repudiar essa desonrosa tutela — os que adquiriram o direito de dar-lhe conselhos? O que lhe aconselha a Igreja, cujos bispos estão mudos vendo os mercados de escravos abertos; a imprensa, as academias, os homens de letras, os professores de direito, os educadores da mocidade, todos os depositários da direção moral do nosso povo? O que lhe dizem os poetas a quem Castro Alves mostrou bem que num país de escravos a missão do poeta é combater a escravidão? A mocidade, a quem Ferreira de Menezes e Manoel Pedro — para só falar dos mortos — podem ser apontados como exemplos do que é a frutificação do talento quando é a liberdade que o fecunda? O que lhe aconselham, por fim, dois homens, que têm cada um a responsabilidade de guias do povo? Um, o sr. Saraiva, escreveu em 1868: "Com a escravidão do homem e do voto, continuaremos a ser como somos hoje, menosprezados pelo mundo civilizado que não pode compreender se progrida tão pouco com uma natureza tão rica"; e disse em 1873: "A grande injustiça da lei é não ter cuidado das gerações atuais". O outro é o herdeiro do nome e do sangue de José Bonifácio, a cujos ouvidos devem ecoar as últimas palavras da *Representação* à Constituinte como um apelo irresistível de além-túmulo, e cuja carreira política será julgada pela história como a de um sofista eloquente, se ele não colocar ainda os sentimentos de justiça, liberdade e igualdade, que tratou de despertar em nós, acima dos interesses dos proprietários de homens de São Paulo.

A minha firme convicção é que se não fizermos todos os dias novos e maiores esforços para tornar o nosso solo perfeitamente livre, se não tivermos sempre presente a ideia de que a escravidão é a causa principal de todos os nossos vícios, defeitos, perigos e fraquezas nacionais, o prazo que ainda ela tem de duração legal — calculadas todas as influências que lhe estão precipitando o desfecho — será assinalado por sintomas crescentes de dissolução social. Quem sabe mesmo se o historiador do futuro não terá que aplicar-nos uma destas duas frases: ou a de Ewald sobre Judá: — "A destruição total do antigo reino era necessária antes que se pudesse pôr termo à escravidão que ninguém se aventurava a dar mais um passo sequer para banir";* ou, pior ainda, esta de Goldwin Smith** sobre a União Americana: — "Os Estados Cristãos da América do Norte associaram-se com a Escravidão por causa do Império e por orgulho de serem uma grande Confederação; e sofreram a penalidade disso, primeiro no veneno que o domínio do senhor de escravos espalhou por todo o seu sistema político e social, e, segundo, com esta guerra terrível e desastrosa"?

Uma guerra em que o Brasil entrasse contra um povo livre, com a sua bandeira ainda tisnada pela escravidão, poria instintivamente as simpatias liberais do mundo do lado contrário ao nosso; e uma nação de grande inteligência nativa, livre da praga do militarismo político e das guerras civis sul-americanas, branda e suave de coração, pacífica e generosa, seria, por causa desse mercado de escravos que ninguém tem a coragem de fechar, considerada mais retrógrada e atrasada do que outros países que não gozam das mesmas liberdades individuais, não têm a mesma cultura intelectual, o mesmo desinteresse, nem o mesmo espírito de democracia e igualdade que ela.

Escrevi este volume pensando no Brasil, e somente no Brasil, sem ódio nem ressentimento, e sem descobrir em mim mesmo contra quem quer que fosse um átomo consciente dessa inveja que Antônio Carlos disse ser "o ingrediente principal de que são amassadas nossas almas". Ataquei abusos, vícios, práticas; denunciei um regime todo, e

---

*Antiguidade de Israel, tradução de H. S. Solly.
**Does the Bible Sanction American Slavery?

REFORMAS NACIONAIS: O ABOLICIONISMO 257

por isso terei ofendido os que se identificam com ele; mas não se pode combater um interesse da magnitude e da ordem da Escravidão sem dizer o que ele é. Os senhores são os primeiros a qualificar, como eu próprio, a instituição com cuja sorte se entrelaçaram as suas fortunas; a diferença está somente em que eu sustento que um regime nacional, assim unanimemente condenado, não deve ser mantido, porque está arruinando cada vez mais o país, e eles querem que essa instituição continue a ser legalmente respeitada. Acabe-se com a escravidão, tenha-se a coragem de fazê-lo, e ver-se-á como os Abolicionistas estão lutando no interesse mesmo da agricultura, e de todos os agricultores solváveis, sendo que a escravidão não há de salvar os que não o sejam, exceto à custa da alienação das suas terras e escravos, isto é, da sua qualidade de lavradores. Continue, porém, o atual sistema a enfraquecer e corromper o país, aproximando-o da decomposição social, em vez de ser suprimido heroicamente, patrioticamente, nobremente, com o apoio de grande número de proprietários esclarecidos, e que ousem renunciar "a sua propriedade pensante",* reconhecendo os direitos da natureza humana: e o futuro há de infelizmente justificar o desespero, o medo patriótico, a humilhação e a dor que o adiamento da Abolição nos inspira.

Analisei detidamente algumas das inúmeras influências contrárias ao desenvolvimento orgânico do país, exercidas pela escravidão: nenhum espírito sincero contestará a filiação de um só desses efeitos, nem a importância vital do diagnóstico. A escravidão procurou por todos os meios confundir-se com o país, e na imaginação de muita gente o conseguiu. Atacar a bandeira negra é ultrajar a nacional. Denunciar o regime das senzalas é infamar o Brasil todo. Por uma curiosa teoria, todos nós brasileiros somos responsáveis pela escravidão, e não há como lavarmos as

*Victor Schoelcher.

mãos do sangue dos escravos. Não basta não possuir escravos, para não se ter parte no crime; quem nasceu com esse pecado original, não tem batismo que o purifique. Os brasileiros são todos responsáveis pela escravidão, segundo aquela teoria, porque a consentem. Não se mostra como o brasileiro que individualmente a repele pode destruí-la; nem como as vítimas de um sistema que as degrada para não reagirem podem ser culpadas da paralisia moral que as tocou. Os napolitanos foram assim responsáveis pelo bourbonismo, os romanos pelo poder temporal, os polacos pelo Tsarado, e os cristãos-novos pela Inquisição. Mas, fundada ou não, essa é a crença de muitos, e a escravidão, atacada nos mais melindrosos recantos onde se refugiou, no seu entrelaçamento com tudo o que a pátria tem de mais caro a todos nós, ferida, por assim dizer, nos braços dela, levanta contra o Abolicionismo o grito de "Traição".

"Não sei o que possa um escritor público fazer de melhor do que mostrar aos seus compatriotas os seus defeitos. Se fazer isso é ser considerado antinacional, eu não desejo furtar-me à acusação." Eu, pela minha parte, ecoo essas palavras de Stuart Mill. O contrário é talvez um meio mais seguro de fazer caminho entre nós, devido à índole nacional que precisa da indulgência e da simpatia alheia, como as nossas florestas virgens precisam de umidade; mas nenhum escritor de consciência que deseje servir ao país, despertando os seus melhores instintos, tomará essa humilhante estrada da adulação. A superstição de que o povo não pode errar, a que a história toda é um desmentido, não é necessária para fundar a lei da democracia, a qual vem a ser: que ninguém tem o direito de acertar por ele e de impor-lhe o seu critério.

Quanto à pátria que somos acusados de mutilar, é difícil definir o que ela seja. A pátria varia em cada homem: para o alsaciano ela está no solo, no *montes patrios et incunabula nostra*; para o judeu é fundamentalmente a raça;

REFORMAS NACIONAIS: O ABOLICIONISMO

para o muçulmano a religião; para o polaco a nacionalidade; para o emigrante o bem-estar e a liberdade, assim como para o soldado confederado foi o direito de ter instituições próprias. O *Brasil* não é a geração de hoje, nem ela pode querer deificar-se e ser a Pátria para nós, que temos outro ideal. Antônio Carlos foi acusado de haver renegado o seu país, quando aconselhou à Inglaterra que cobrisse de navios as nossas águas para bloquear os ninhos dos piratas do Rio e da Bahia;* mas quem desconhece hoje que ele, segundo a sua própria frase, passou *à posteridade como o vingador da honra e da dignidade do Brasil?*

Longe de injuriar o país, mostrando-lhe que tudo quanto há de vicioso, fraco, indeciso e rudimentar nele provém da escravidão, parece que dessa forma eu quis converter a instituição segregada, que tudo absorveu, em bode emissário de Israel, carregá-lo com todas as faltas do povo, e fazê-lo desaparecer com elas no deserto. O orgulho nacional procura sempre ter à mão dessas vítimas expiatórias. É melhor que sejam indivíduos; mas a penitência figura-se mais completa quando são famílias e classes, ou é um regime todo.

Não me acusa entretanto a consciência de haver prometido um *millenium* para o dia em que o Brasil celebrasse um jubileu hebraico, libertando todos os servos. A escravidão é um mal que não precisa mais de ter as suas fontes renovadas para atuar em nossa circulação, e que hoje dispensa a relação de senhor e escravo, porque já se diluiu no sangue. Não é portanto a simples emancipação dos escravos e *ingênuos* que há de destruir esses germes, para os quais o organismo adquiriu tal afinidade.

A meu ver a emancipação dos escravos e dos *ingênuos*, posso repeti-lo porque esta é a ideia fundamental deste livro, é o começo apenas da nossa obra. Quando não houver mais escravos, a Escravidão poderá ser combatida por to-

---

**Cartas do solitário*, carta xi.

dos os que hoje nos achamos separados em dois campos, só porque há um interesse material de permeio.

Somente depois de libertados os escravos e os *senhores* do jugo que os inutiliza igualmente para a vida livre, poderemos empreender esse programa sério de reformas — das quais as que podem ser votadas por lei, apesar da sua imensa importância, são todavia insignificantes ao lado das que devem ser realizadas por nós mesmos, por meio da educação, da associação, da imprensa, da imigração espontânea, da religião purificada, de um novo ideal de Estado —, reformas que não poderão ser realizadas de um jato, aos aplausos da multidão, na praça pública, mas que terão de ser executadas, para que delas resulte um povo forte, inteligente, patriota e livre, dia por dia e noite por noite, obscuramente, anonimamente, no segredo das nossas vidas, na penumbra da família, sem outro aplauso nem outra recompensa senão os da consciência avigorada, moralizada e disciplinada, ao mesmo tempo viril e humana.

Essa reforma individual, de nós mesmos, do nosso caráter, do nosso patriotismo, do nosso sentimento de responsabilidade cívica, é o único meio de suprimir efetivamente a escravidão da constituição social. A emancipação dos escravos é portanto apenas o começo de um "Rinnovamento", do qual o Brasil está carecendo de encontrar o Gioberti e, depois dele, o Cavour.

Compare-se com o Brasil atual da escravidão o ideal de Pátria que nós, Abolicionistas, sustentamos: um país onde todos sejam livres; onde, atraída pela franqueza das nossas instituições e pela liberalidade do nosso regime, a imigração europeia traga sem cessar para os trópicos uma corrente de sangue caucásico vivaz, enérgico e sadio, que possamos absorver sem perigo, em vez dessa onda chinesa, com que a grande propriedade aspira a viciar e corromper ainda mais a nossa raça; um país que de alguma forma trabalhe originalmente para a obra da humanidade e para o adiantamento da América do Sul.

REFORMAS NACIONAIS: O ABOLICIONISMO   261

Essa é justificação do movimento Abolicionista. Entre os que têm contribuído para ele é cedo ainda para distribuir menções honrosas, e o desejo de todos deve ser que o número dos operários da undécima hora seja tal que se torne impossível mais tarde fazer distinções pessoais. Os nossos adversários precisam, para combater a ideia nova, encarná-la em indivíduos, cujas qualidades nada têm que ver com o problema que eles discutem. Por isso mesmo, nós devemos combater em toda a parte tendo princípios, e não nomes, inscritos em nossa bandeira. Nenhum de nós pode aspirar à glória pessoal, porque não há glória no fim do século XIX em homens educados nas ideias e na cultura intelectual de uma época tão adiantada como a nossa pedirem a emancipação de escravos. Se alguns dentre nós tiveram o poder de tocar a imaginação e o sentimento do povo de forma a despertá-lo da sua letargia, esses devem lembrar-se de que não subiram à posição notória que ocupam senão pela escada de simpatias da mocidade, dos operários, dos escravos mesmos, e que foram impelidos pela vergonha nacional a destacarem-se, ou como oradores, ou como jornalistas, ou como libertadores, sobre o fundo negro do seu próprio país mergulhado na escravidão. Por isso eles devem desejar que essa distinção cesse de sê-lo quanto antes. O que nos torna hoje salientes é tão somente o luto da pátria: por mais talento, dedicação, entusiasmo e sacrifícios que os Abolicionistas estejam atualmente consumindo, o nosso mais ardente desejo deve ser que não fique sinal de tudo isso, e que a anistia do passado elimine até mesmo a recordação da luta em que estamos empenhados.

A anistia, o esquecimento da escravidão; a reconciliação de todas as classes; a moralização de todos os interesses; a garantia da liberdade dos contratos; a ordem nascendo da cooperação voluntária de todos os membros da sociedade brasileira: essa é a base necessária para reformas que alteiem o terreno político em que esta existiu até hoje. O estrato moral que nós representamos é o remanescente de um período há muito decorrido. O povo brasileiro necessita de outro ambiente, de desenvolver-se e crescer em um meio inteiramente diverso.

Nenhuma das grandes causas nacionais que produziram como seus advogados os maiores espíritos da humanidade teve nunca melhores fundamentos do que a nossa. Torne-se cada brasileiro de coração um instrumento dela: aceitem os moços desde que entrarem na vida civil o compromisso de não negociar em carne humana; prefiram uma carreira obscura de trabalho honesto a acumular riqueza fazendo ouro dos sofrimentos inexprimíveis de outros homens; eduquem os seus filhos, eduquem-se a si mesmos, no amor da liberdade alheia, único meio de não ser a sua própria liberdade uma doação gratuita do destino, e de adquirirem a consciência do que ela vale, e coragem para defendê-la. As posições entre nós desceram abaixo do nível do caráter; a maior utilidade que pode ter hoje o brasileiro, de valor intelectual e moral, é educar a opinião (feliz do que chega a poder guiá-la), dando um exemplo de indiferença diante de honras, distinções e títulos rebaixados, de cargos sem poder efetivo. Abandonem assim, os que se sentem com força, inteligência e honradez o bastante para servir à pátria do modo o mais útil, essa mesquinha vereda da ambição política; entreguem-se de corpo e alma à tarefa de vulgarizar, por meio do jornal, do livro, da associação, da palavra, da escola, os princípios que tornam as nações modernas fortes, felizes e respeitadas; espalhem as sementes novas da liberdade por todo o nosso território coberto das *sementes do dragão*;* e logo esse passado, a cujo esboroamento assistimos, abrirá espaço a uma ordem de coisas fundada sobre uma concepção completamente diversa dos deveres, quanto à vida, à propriedade, à pessoa, à família, à honra, aos direitos, dos seus semelhantes, do indivíduo para com a nação de que faz parte; e da na-

*Theodor Mommsen.

ção, quanto à liberdade individual, à civilização, à igual proteção a todos, ao adiantamento social realizado, para com a humanidade que lhe dá interesse e participação — e de fato o entrega tacitamente à guarda de cada uma — em todo esse patrimônio da nossa espécie.

Abolicionistas são todos os que confiam num Brasil sem escravos; os que predizem os milagres do trabalho livre; os que sofrem a *escravidão* como uma vassalagem odiosa imposta por alguns, e no interesse de alguns, à nação toda; os que já sufocam nesse ar mefítico que escravos e senhores respiram livremente; os que não acreditam que o brasileiro, perdida a escravidão, se deite para morrer, como o romano do tempo dos Césares, porque perdera a liberdade.

Isso quer dizer que nós vamos ao encontro dos supremos interesses da nossa pátria, da sua civilização, do futuro a que ela tem direito, da missão a que a chama o seu lugar na América; mas, entre nós e os que se acham atravessados no seu caminho, quem há de vencer? É esse o próprio enigma do destino nacional do Brasil. A escravidão infiltrou-lhe o fatalismo nas veias, e por isso ele nada faz para arrancar a direção daquele destino às forças cegas e indiferentes que o estão silenciosamente encaminhando.

Manifesto da Confederação Abolicionista do Rio de Janeiro[34]

ANDRÉ REBOUÇAS E JOSÉ DO PATROCÍNIO

(1883)

Augustos e digníssimos senhores representantes da nação brasileira

Ressurgimento de uma aspiração coetânea do nosso primeiro ideal de pátria, a propaganda abolicionista não é uma aspiração anárquica de sentimento nem a exigência inoportuna de conclusões filosóficas, mas a representante idônea do direito de foro dos nossos tratados e primitivas leis parlamentares.

A história foi o juiz severo que lhe entregou o mandado com que ela hoje intima supostos proprietários a saírem de uma posse criminosa, tal como a da liberdade humana, meio necessário para que possam agir eficazmente as três leis naturais de progresso social — concurso, mutualidade e solidariedade.

Filha legítima da lei, a propaganda abolicionista tem o direito de transpor os umbrais do Parlamento e, dentro dos limites constitucionais, pedir que os delegados do povo a ouçam.

———

O estuário da escravidão entre nós teve duas vertentes: a espoliação da liberdade dos íncolas, por um lado; a espoliação dos africanos, por outro.

As duas torrentes de lágrimas e abjeções, de interesses opressores e de martírios não vingados, tiveram dois leitos diferentes, ainda que entre si se abraçassem, lembrando-se da origem comum — a retrogradação social operada pelas descobertas. Uma se espraiou ao norte, outra inundou o sul.

Desde, porém, que ressuscitou a escravidão, já condenada pela civilização humana, os protestos apareceram.

O poder dos poderes, aquele que ainda hoje se proclama proveniente de uma investidura sobrenatural — o papado —, fulminou essa volta bárbara ao paganismo, desmentido sanguinário de uma religião de amor e fraternidade universal.

Não se diga que esta sentença só tem valor no foro moral.

O papado exercia então as funções de supremo árbitro político, principalmente para a península Ibérica, a infeliz evocadora da escravidão. Tanto isto é verdade que foi ele chamado a dirimir a contenda de limites da pátria adotiva de Colombo e da pátria de Pedralvares.[35]

Portugal não reage pela força contra os decretos papais; dissimula a vesânia da cobiça no ardor religioso, e chama de conquista para a fé a violência contra a humanidade. Não se propõe a escravizar, empenha-se em resgatar.

A detenção do índio e do escravo é apresentada como um noviciado religioso e social.

Isto quer dizer que, desde o seu início, a escravidão moderna não foi propriedade legal, porque esta não foi autorizada nem legalizada pelo poder competente — o papado.

Não obstante a fatalidade da civilização americana, confiada a duas nações pobres de população e demais disso ainda quentes de uma cruzada tremenda, em que haviam embotado em vinganças obcecantes os sentimentos altruístas, gerados pelo cristianismo; essa fatalidade fez com que a escravidão se tornasse um fato, e, o que é mais, obtivesse tolerância universal.

Bastará esta sanção para legitimar a chamada propriedade escrava?

Não!

MANIFESTO DA CONFEDERAÇÃO ABOLICIONISTA

Primeiro, a liberdade natural do homem é um direito imprescritível.

Segundo, a causa não era das que se findassem com a primeira sentença. A civilização apelou do fato brutal de mal compreendidos interesses da indústria para os direitos da humanidade e nunca deixou o feito correr à revelia.

A sua primeira vitória foi conseguida em favor dos índios brasileiros.

O século passado viu o braço diamantino do marquês de Pombal levantar até a altura da humanidade os pobres filhos das florestas brasileiras, para os quais se haviam convertido em grilhões seculares as capelas de flores da sua ingênua hospitalidade.

A propaganda em favor da emancipação africana começou com o mesmo estadista a ganhar a força que o poder religioso não conseguiria dar-lhe.

O marquês de Pombal fez sentir por lei que a escravidão dos africanos era um recurso fatal da colonização da América, e não o exercício de um direito. E decretando a abolição do tráfico para o território português na Europa, a liberdade para os mestiços, a liberdade para os seus avós, bloqueou de tal forma a escravidão, que ela em breve desapareceu dentro das terras europeias do reino.

Da mão do vencedor dos jesuítas a bandeira da abolição do tráfico passou para as da nacionalidade inglesa, que a devia converter num arrecife inevitável em todos os mares.

_____

Augustos e digníssimos senhores representantes da nação brasileira.

Não é sem constrangimento que recordamos à vossa memória legislativa a história dos tratados ingleses e luso-brasileiros com relação ao tráfico de africanos.

Talvez nos nossos anais pátrios não haja outras páginas capazes de envergonhar-nos tanto na posteridade.

A fé púnica incumbiu-se de zelar pelo seu cumprimento, e daí toda a série de complicações que atualmente enredam a solução do problema do elemento servil.

Começaram em 1810 as transações de Portugal com a Inglaterra, e desde então a aliança e amizade dos dois povos teve como base a abolição do comércio de escravos africanos.

A boa vontade da Inglaterra se manifesta nos subsequentes tratados, já indenizando perdas, já perdoando os compromissos; por sua parte Portugal se obriga a abolir o tráfico e a puni-lo severamente, quando oriundo da parte da África ao norte do equador.

A declaração da nossa independência em 1822 interrompeu a marcha progressiva das negociações, que talvez tivessem como resultado a extinção completa do tráfico em 1830, a julgar pelo que se fez de 1810 a 1817.

A Inglaterra aproveitou-se tanto quanto pôde das nossas dificuldades, para impor-nos como condição de reconhecimento da nossa independência um tratado, abolindo o comércio de africanos, e uma promessa de abolição total da escravidão.

———

Não é desconhecido do Parlamento brasileiro o trabalho inglório do novo governo brasileiro para conseguir da Inglaterra separar ao menos as questões do reconhecimento da nossa independência e da abolição do tráfico.

Das instruções dadas aos nossos representantes junto ao governo inglês, se vê que tomamos o solene compromisso de celebrar com a Inglaterra um tratado de abolição de tráfico, preço pelo qual aquela nação não só nos reconheceria independentes como interporia os seus bons ofícios para que Portugal se resignasse a consentir pacificamente na nossa separação.

MANIFESTO DA CONFEDERAÇÃO ABOLICIONISTA   271

O desempenho da nossa palavra foi a convenção de 23 de novembro de 1826.

Tal foi a interpretação, dada pela câmara dos srs. deputados, quando em 1827 foi submetida a debate essa convenção.

De feito, o governo estava autorizado pela Assembleia Constituinte a tratar com a Inglaterra acerca do tráfico, isto é, a nação medianeira quis que se tornasse público e solene o compromisso do governo brasileiro.

Em março de 1830, se houvesse da parte do Brasil lealdade no cumprimento da sua palavra de honra, devia ter cessado absolutamente o tráfico.

Assim o entendeu o ministro Manoel José de Souza França,[36] e por isso mesmo expediu a portaria de 21 de maio de 1831, cujo teor transcrevemos:

> Constando ao governo de S. M. I. que alguns negociantes, assim nacionais como estrangeiros, especulam com desonra da humanidade no vergonhoso contrabando de introduzir escravos da costa d'África nos portos do Brasil: *em despeito da extinção de semelhante comércio*: manda a regência provisória, em nome do Imperador, pela Secretaria de Estado dos Negócios da Justiça, que a Câmara Municipal desta cidade faça expedir uma circular a todos os juízes de paz das freguesias do seu território, recomendando-lhes toda a vigilância policial ao dito respeito; e que no caso de serem introduzidos por contrabando alguns escravos novos no território de cada uma das ditas freguesias, procedam imediatamente ao respectivo corpo de delito, e constando por este que tal ou tal escravo boçal[37] foi introduzido aí por contrabando, façam dele sequestro, e o remetam com o mesmo corpo de delito ao juiz criminal do território para ele proceder nos termos de direito, em ordem a lhe ser restituída a sua liberdade,

e punidos os usurpadores dela segundo o art. 179 do novo código, dando de tudo conta imediatamente à mesma secretaria.

O tráfico estava, portanto, proibido. O governo considerava a introdução do africano, como escravo, crime de redução de pessoa livre à escravidão.

Neste sentido foram dirigidas pelo ministro Souza França, de gloriosa memória, circulares a todos os juízes de paz e Câmaras Municipais.

Quer dizer que a proclamação da extinção do tráfico de africanos, a decretação da liberdade deles, foi largamente divulgada e solene. Nenhum habitante do Brasil podia alegar desconhecer a lei; ela fora se hospedar nos mais longínquos desvãos do país.

Para se ver como era corrente esta jurisprudência, basta ler as diversas reclamações levantadas no Parlamento, pedindo ao governo que cumprisse a convenção de 1826. (Anais de 1830.)*38

A lei de 7 de novembro de 1831[39] não foi mais do que a confirmação convencional. A abolição, contratada pelo governo, passou a ser decretada pelo Parlamento. O desejo de torná-la efetiva se vê no regulamento de 12 de abril de 1832.

Os artigos 9º e 10º desse regulamento, o primeiro obrigando ex officio os intendentes-gerais da polícia ou juízes de paz a procederem a averiguações, logo que lhes conste *que alguém comprou ou vendeu preto boçal*, o segundo que os juízes de paz ou criminais procedam oficialmente a todas as diligências sempre que o preto *requerer* que veio para o Brasil depois da extinção do tráfico, evidenciam o pensamento leal da Regência.

---

*O conselheiro Rebouças, então deputado pela Bahia, fez uma reclamação na sessão deste ano.

Triunfara na lei, portanto, a propaganda abolicionista contra o tráfico de africanos.

As duas grandes vertentes do estuário da escravidão estavam niveladas.

Por um lado o marquês de Pombal, pela lei de 6 de junho de 1755, libertara os índios; por outro lado a Regência, pela lei de 7 de novembro de 1831, abolira o tráfico.

———

Augustos e digníssimos senhores representantes da nação brasileira.

É impossível contestar o princípio de direito de imprescritibilidade da liberdade natural.

Quando, porém, esta liberdade é decretada por lei ou por sentença, manda o direito a sua irrevogabilidade. *Semel pro libertate dictam sententiam rectratari non oportet.*[40]

A primeira conclusão a tirar é que a escravidão do Norte deixa presumir a perpetração em larga escala do crime de redução de pessoa livre de escravidão.

De feito, a mais leve noção de etnologia deixa ver pela configuração craniana, pelo colorido da pele, pela maciez dos cabelos, que a maioria dos chamados escravos do Norte são descendentes puros dos íncolas brasileiros.

Será possível que toda essa enorme população escrava, originária do Norte, seja o produto da procriação da mulher africana com os indígenas brasileiros?

É sabido, e isto foi confessado pelos contemporâneos, que nos séculos XVII e XVIII a importação era somente de homens. As mulheres africanas eram importadas em diminuta escala.

No último século principalmente a indústria se limitando à exploração de minas e à exportação do pau-brasil e outras madeiras preciosas, o trabalho demandava principalmente o esforço do homem e não o da mulher.

Tudo nos leva a crer, portanto, que a mestiçagem da africana e do índio operou-se em pequena escala.

Entretanto o último relatório do sr. ministro da Agricultura apresenta nas províncias do Norte o algarismo formidável de mais de 377934 escravos.

Cumpre também observar que, se houvesse proporção razoável entre a importação de homens e mulheres, o desenvolvimento da população escrava não podia de forma alguma se manter nos limites atuais, atendendo-se a larga introdução conhecida pelas estatísticas do tráfico, geralmente aceitas.

O que se conclui portanto é que um legislador sincero e imparcial pode decretar imediatamente a abolição da escravidão no Norte.

A escravidão de origem africana tem contra a sua legalidade os mais irresistíveis argumentos.

Governos e Parlamentos se incumbiram de declarar que se violava a lei em 1831, isto é, que se praticava o crime de pirataria para engrossar a população escrava.

O projeto do Senado de 9 de agosto de 1837 pedia a anistia para os réus da lei de 7 de novembro de 1831.

Diz o art. 13 desse malsinado projeto:

"Nenhuma ação poderá ser intentada em virtude da lei de 7 de novembro de 1831, que fica revogada, e bem assim todas as outras em contrário."

A Câmara dos Deputados suprimiu o artigo, que aconselhava uma deslealdade no cumprimento da palavra nacional, hipotecada no ato do reconhecimento de sua independência.

Não foi suprimida, porém, essa declaração formal de que havia quem estivesse incurso na penalidade da lei que se pretendia revogar.

Vieram depois as leis de 4 de setembro de 1850 e 5 de junho de 1854[41] tornar ainda mais clara a continuação do crime de pirataria. Essas leis criaram uma espécie de magistratura aduaneira para a punição dos réus de contrabando humano.

Não pode ser suspeito aos olhos do Parlamento, sob o ponto de vista abolicionista, o colecionador Pereira Pinto, que apresenta a seguinte estatística da introdução criminosa de africanos:

1842	17435
1843	19095
1844	22849
1845	19453
1846	50324
1847	56172
1848	60000
1849	54000
1850	23000
1851	3287
1852	700
TOTAL	326315

Vê-se, pois, que uma considerável soma de africanos foi importada, com o mais assombroso desrespeito e a mais ousada violência da lei de 1831.

Cumpre-nos acrescentar uma observação de Eusébio de Queirós:

"A Inglaterra viu que tendo nos anos anteriores orçado por 20 mil o número de africanos anualmente importados no Brasil, esse número, em vez de diminuir, aumentou, chegando em 1846 a 50 mil, em 1847 a 56 mil, em 1848 a 60 mil!"

Tomando como base do cálculo o número de 20 mil

africanos anualmente importados, devemos aumentar a esse algarismo a soma de 220 mil africanos pirateados de 1831 a 1842.

Deu-se este tráfico? A demonstração é a portaria de Souza França.

O número de africanos importados criminosamente foi portanto de 546315.

Este algarismo demonstra que a maior parte dos escravos existentes atualmente, na zona compreendida entre o rio São Francisco e o arroio Chuí, é produzida pela pirataria impune, que elegeu o Sul do Império para o seu porto de descarga.

Comparando-se o algarismo 546315 com o de 1136648 escravos, apresentado pelo último relatório do ministro da Agricultura, vê-se que a escravidão nas províncias do Sul tem o cunho da mais revoltante ilegalidade.

Para que se apreenda melhor a verdade dessa afirmação, citaremos aqui as palavras de José Clemente Pereira,[42] na sessão de 4 de julho de 1827:

> Se vemos todos os dias com dor e mágoa descerem muitas fazendas do estado próspero a que subiram ao grau da mais deplorável decadência, e vivendo em pouca fortuna os netos e muitas vezes os filhos de poderosos lavradores, este mal, sr. presidente, é devido ao desgraçado comércio de escravos, porque estes morrem todos os anos uns pelos outros regularmente na razão de 5% ao menos; e sofrem além disto mortandade extraordinária na razão de 10%, 15%, 20% e mais ao ano, resultando daqui, por um cálculo fundado em experiência, que todas as fazendas que não recebem novos braços na proporção de sua perda hão de acabar indefectivelmente em muito poucos anos! E com braços tão precários, que estabelecimentos permanentes se podem esperar?

MANIFESTO DA CONFEDERAÇÃO ABOLICIONISTA   277

Sendo tamanha a mortalidade e, demais disso, a facilidade do tráfico até 1830, não prevenindo os proprietários para que eles tratassem de desenvolver a produção humana, importando mulheres; é claro que a população escrava teria diminuído consideravelmente se não tivesse o concurso do contrabando.

Diante destas palavras, é de fácil intuição que só depois de ameaçado o tráfico se procurou aumentar a escravidão crioula, que é, portanto, filha de mulheres africanas pirateadas.

———

A conclusão, que a fatalidade dos algarismos e os ensinamentos etnológicos impõem, é que a escravidão atual não tem uma origem genuinamente legal.

Ora, é princípio jurídico que a prova incumbe aos que são contra a liberdade, porque a seu favor está a presunção pleníssima do direito.

Este princípio, que é tradicional em jurisprudência, obriga o poder público, representado na magistratura, a inclinar-se em favor do escravo.

Juiz neste pleito de honra nacional e desafronta da humanidade, não se pode pensar que o Parlamento brasileiro hesite em pronunciar a sua sentença.

———

Augustos e digníssimos senhores representantes da nação brasileira.

A lei fundamental do nosso país garantiu na sua maior amplitude a propriedade, e nenhuma mais absoluta do que a liberdade natural de cada homem.

Desde que a propriedade escrava está eivada da mais flagrante ilegalidade, e que, em direito, a dúvida da autenticidade da posse favorece a liberdade, é claro que vós não podeis, sem que vos desautorizeis perante a civilização e a justiça universal, dificultá-la.

Uma consideração valiosa vem aqui a pelo.

A Constituição brasileira não fala em escravos, mas unicamente em libertos.

Ora, o espírito emancipador que presidiu a nossa independência é incontestável.

A Revolução de 1817, em Pernambuco, foi coagida a definir-se sobre este ponto. A metrópole explorou os interesses dos proprietários de escravos em seu favor, apontando como radicalmente abolicionista o novo governo.

A República, em vez de repelir com esforço a acusação, responde pelo seu secretário: que o seu *governo agradece uma suspeita que o honra*... e se é verdade que afiança não querer uma emancipação prepóstera, é igualmente verdade que a promete gradual e prudente, por ser a propriedade escrava uma das mais opugnantes à justiça.

No trabalho genesíaco da nossa nacionalidade sente-se viver a célula da emancipação.

A carta de lei de 20 de outubro de 1823, expedida pelo imperador por decreto da Assembleia Constituinte, estabelece no seu art. 24, §10, como obrigação do presidente de província: "Cuidar em promover o bom tratamento dos escravos e propor arbítrios para facilitar *a sua lenta e gradual emancipação*".

Este artigo de lei não é senão resultado do art. 254, do título XIII do primitivo projeto de Constituição: "Terá igualmente cuidado de criar estabelecimentos para a catequese e civilização dos índios, emancipação lenta dos negros, e a sua educação religiosa e industrial".

É verdade que a dissolução da Constituinte pode ser considerada à primeira vista como a condenação das suas ideias. O mais leve exame, porém, deixa ver que ela foi somente resultado de uma questão da supremacia entre as prerrogativas reais e populares.

E, ainda mesmo, que assim fosse, todas as ideias libe-

MANIFESTO DA CONFEDERAÇÃO ABOLICIONISTA 279

rais podiam ser condenadas, exceto as que diziam respeito à emancipação, porque aí estava a Inglaterra, chave da abóbada da independência, para não admitir a retrogradação.

A lógica manda mesmo ver na Constituição em si o decreto de emancipação geral, porque de um lado ela só estabelece como condição para a nacionalidade o nascimento em terras brasileiras, por outro lado extingue todas as penas e castigos que se julgam necessários para submeter o homem à escravidão. Se no meio desses dois estatutos se restringe a liberdade de voto aos libertos, esta restrição é feita pela posição de inferioridade mental e não pela condição, visto como ela se estende também a classes originariamente livres.

Essa restrição mesma deve ser considerada como uma confirmação da emancipação, pois que por ela entrava na sociedade uma massa enorme de cidadãos que poderiam, reclamando os seus direitos, servir de arma a ambiciosos políticos.

Há algum fundamento para esse modo de ver considerando-o à luz dos acontecimentos contemporâneos?

Quanto à emancipação total, não; porque se tratava ao mesmo tempo da abolição do tráfico e o governo procurava obter condescendências para continuá-lo, mas o que fica fora de dúvida é que a supressão da palavra "escravo" em toda a Constituição não foi um lapso de memória, mas um recurso premeditado para captar as simpatias do governo inglês.

As dificuldades opostas pela Inglaterra ao reconhecimento da nossa independência deviam ter aumentado com o ato despótico da dissolução da Constituinte, ato que produziu um abalo imenso no país e que teria como resultado certo uma revolução.

Na simples omissão da palavra "escravo" estava o penhor da nossa boa vontade emancipadora. A omissão foi, pois, proposital e consciente.

O finado Perdigão Malheiros, de saudosíssima memória, diz na sua obra *A escravidão no Brasil*:[43]

Declarada a independência e continuando o tráfico, contra as convenções referidas, o governo inglês, que havia tomado a peito levar a cabo empresa tão gigantesca, qual a da abolição desse infame comércio no mundo, entrou em ajustes com o nascente Império, *desejando* mesmo a abolição da própria escravidão.

O ofício, com que o marquês de Queluz[44] acompanhou a remessa da Convenção de 26 de maio de 1827 à Câmara dos Deputados em 22 de maio de 1827, é de uma importância transcendente e faz entrever a série de compromissos tomados pelo governo brasileiro, compromissos a que o governo faltou, embora apregoe sempre a sua lealdade.

Diz o marquês de Queluz:

Logo que o plenipotenciário britânico apresentou o seu projeto para a dita convenção, os plenipotenciários brasileiros lhe observaram que haviam mudado muito as circunstâncias depois da época de 18 de outubro de 1825, em que fora assinada a convenção feita com Sir Charles Stuart, e que não foi ratificada por Sua Majestade Britânica, pois que não estava reunida então a assembleia, e o governo podia atender aos interesses gerais da nação; e conseguintemente achava-se agora o mesmo governo embaraçado de concluir ajuste algum a este respeito, visto que na Câmara dos Deputados já havia aparecido um projeto de lei em que se propunha a abolição do tráfico dentro de seis anos; convindo por isso esperar pela próxima reunião da assembleia para proceder o governo com toda a circunspecção em um negócio de importância vital para a nação.

O plenipotenciário britânico respondeu que ele pensava que Sua Majestade o Imperador não havia mudado

MANIFESTO DA CONFEDERAÇÃO ABOLICIONISTA 281

dos seus sentimentos de justiça e humanidade, que tantas vezes manifestara sobre a *abolição da escravatura*, que não fora mandado pela sua corte para alongar, mas sim para abreviar o prazo, e que, além disto, achando--se já proibido o tráfico de escravos ao norte do equador, Sua Majestade Britânica querendo mostrar toda a contemplação para com os interesses deste Império, que desejava promover; não quis, depois do ato de sua independência, requerer ao governo português o cumprimento dos tratados existentes com a Inglaterra, pelos quais o mencionado tráfico é geralmente proibido às nações estrangeiras. Que sem isso, talvez dentro de seis meses, o Brasil não tivesse porto algum onde fizesse aquele tráfico, a não ser por contrabando. Que a resistência da parte do governo brasileiro seria completamente inútil, porque assentado, como está, entre todas as nações cultas acabar com esse tráfico geralmente, e tendo el-rei fidelíssimo prometido fazê-lo também gradualmente, promessa que não se cumpriu de maneira alguma, o governo britânico ou faria que Portugal fechasse os portos africanos ao comércio brasileiro de escravatura ou embaraçaria com suas esquadras o acesso aos navios brasileiros que para eles se dirigissem.

Destarte o governo *atentou pelo bem da nação cedendo por bem o que lhe seria tirado pela força*, poupando até as perdas que teria em caso contrário.

Dessas palavras francas, escapadas à verdade dos acontecimentos, por quem muito os conhecia e era neles grande parte, vê-se que o governo brasileiro se comprometera a mais do que a extinguir o tráfico: a abolir a escravidão.

Como desempenhou ele o compromisso?

O Parlamento brasileiro sabe que uma grande reação se operou no país, perturbando-lhe a constituição democrática e substituindo-a por uma telocracia, que subjugou todas as forças vivas da nação.

Uma época de agitações, que irrompiam em curtos períodos, se estendeu durante 24 anos, revolvendo o país no sul, norte e centro.

Para domar a insubordinação altiva das províncias, o governo só podia dispor de um meio: o proprietário de escravos, o fazendeiro que estava na sua imediata convivência por intermédio do Parlamento organizado por leis viciosas de eleição.

Em vez de tratar de cumprir os seus compromissos, vimos o governo brasileiro não só arquivar leis difamatórias dos nossos sentimentos de humanidade como a de 1835, mas ainda vangloriar-se de ter súditos capazes de competir com os antigos lacedemônios na astúcia e com os argelinos nas petulâncias da pirataria.

Ainda mais, quando a imprensa da época denunciava não só os navios, mas os traficantes, escrevendo-lhes por extenso os nomes, assinalando-lhes os depósitos, o governo brasileiro tem desembaraço o bastante para negar todos esses fatos, e anistiar assim os criminosos.[*]

*Lê-se no *Philantropo e Grito Nacional*.

"Há em Niterói os seguintes depósitos de africanos livres, que se vendem como escravos, contra a lei de 7 de novembro de 1831.

No fim do Campo de São Bento, em casa do falecido José de Souza França, pertencente a Clemente & Andrade.

Na Jurujuba, em casa de Jorge.

No Icaraí, em casa da viúva Salgueiro.

Na chácara de Santa Anna, casa de Manoel José Cardoso.

Na subida de Sant'Anna.

Na praia de Maruí, em casa de Mendonça & C.

No princípio da rua Nova, em casa de Leal.

No morro do Cavalão, em casa de Machado.

Na Ponta d'Areia, em casa de Francisco Xavier Baptista.

Na Corte, eram conhecidos como principais traficantes: Manoel Pinto da Fonseca, Joaquim Pinto da Fonseca, José Bernardino de Sá, Rivarosa, Antonio Pinto da Costa Saraiva, Amaral & Basto, Manoel Ferreira Gomes, Ramos, Maneta".

O sr. Paulino José Soares de Souza, depois visconde do Uruguai,[45] não trepida escrever ao governo inglês, contra o qual protesta:

> O abaixo-assinado não desconhece que o tráfego tem continuado com mais ou menos força, segundo as maiores ou menores alternativas de lucro que oferece em diversas épocas; mas por certo que não tem chegado ao ponto, figurado pelo sr. Hamilton, de conduzirem-se pelas ruas desta capital em dia claro, à vista de todos, negros boçais, de haver depósitos onde sejam expostos à venda pública. O governo imperial não tem conhecimento de tais fatos, e muito melhor fora que a pessoa que deu tais informações ao sr. Hamilton as houvesse também comunicado ao governo, que tem à sua disposição os meios convenientes para averiguar, e reprimir, se forem verdadeiros, e de convencer de falsas tais notícias quando o sejam. O abaixo-assinado duvida de que o número de africanos, ilicitamente importados, suba tanto quanto pretende o sr. Hamilton, e uma prova da exageração do seu cálculo é o preço extraordinário, e sempre crescente, dos escravos nesta província.

Entretanto, na sessão de 5 de junho de 1852, o sr. Paulino de Souza declarava que era verdade que todos os ministros, todos os governos, tinham tido mais ou menos relações com os agentes do comércio de escravos.

O governo, porém, escudou-se num falso pundonor nacional para satisfazer aos interesses de uma política sem horizontes, além do eito da fazenda.

A verdade é que se fazia o tráfico escandalosamente, porque a lavoura brasileira o queria, e o governo entre nós é exclusivamente a soma das vontades da lavoura.

Assim pensou Nunes Machado,[46] quando pintando o estado do país no problema da repressão do tráfico, lastimando que se violasse a lei de 1831, que, executada, teria melhorado muito as condições de riqueza nacional, exclamou na sessão de 1º de setembro de 1848:

> Infelizmente, por uma dessas calamidades com que a Providência se apraz de castigar os homens, o que prevaleceu foi aquele desgraçado erro. Os agricultores, *considerando-se isoladamente*, cada um de per si, fascinados pelo receio de não poderem progredir em sua indústria sem os braços africanos, caíram no precipício, e o país será para ele arrastado se a sabedoria dos poderes do Estado, se o bom senso da nação não tratarem de o evitar.

Para ver qual a pressão exercida pelas *conveniências* nessa malfadada questão, basta dizer que Nunes Machado, que soube morrer pelas suas convicções, exclamou:

> Se pois não há escravos no sentido que o sr. ministro disse... O mal é tamanho que, para tratar dos meios de remediá-lo, nem se pode ter a liberdade de pensamento, a liberdade de discussão: o meu pensamento é outro, mas eu não sei como hei de exprimir sem ofender as conveniências.

É, finalmente, desolador para uma consciência patriótica reler essas páginas, de onde surge como espectro a conivência criminosa dos ministros com os contrabandistas da mercadoria humana.

Acusações cruzam-se de partido a partido, porque os ministros eram comensais, parentes dos profissionais da pirataria, e haviam chegado mesmo a condecorá-los.

Em vão, desde 1852, começou um trabalho persistente de alguns representantes da nação para obter do governo a emancipação gradual.

Ora os projetos não eram julgados objetos de deliberação, como aconteceu aos de Pedro Pereira da Silva Guima-

MANIFESTO DA CONFEDERAÇÃO ABOLICIONISTA

rães, ora eram sepultados nos arquivos, ou rejeitados como os dos senadores Jequitinhonha e Silveira da Mota.[47]

Em vão, desde 1823, escritores notáveis, poetas e jornalistas se esforçaram por fazer entrar no Parlamento a ideia da emancipação. Entretanto no número desses evangelizadores estavam José Bonifácio, o maior colaborador na obra da nossa nacionalidade, e Tavares Bastos, uma das mais poderosas organizações intelectuais da nossa pátria.

De todos esses projetos, saiu a lei de 28 de setembro de 1871, e vós bem sabeis, augustos e digníssimos senhores, quanto sacrifício custou esse quinhão de glória ao imortal visconde do Rio Branco.

A lei de 28 de setembro não existiria se, do alto do trono, não viesse sustentar o braço do estadista a confiança patriótica de Sua Majestade o Imperador.

Ainda uma vez uma oposição de fazendeiros se quis contrapor aos compromissos solenes da pátria.

———

Augustos e digníssimos senhores representantes da nação brasileira.

A experiência da lei de 28 de setembro demonstra que nem mesmo hoje, quando somos na América a única nação que possui escravos, quando a história já cobriu de louros aqueles que trabalharam na extinção do tráfico, ou de maldições àqueles que sustentaram a escravidão, se pode conseguir da parte dos possuidores de escravos boa-fé e patriotismo.

Leis irrevogáveis como são as de liberdade, acusam-nos de um crime, que a lei de 1831 chamou pirataria, que o Código Criminal chama redução de pessoa livre à escravidão.

No entanto, os réus pronunciados pela própria flagrância do delito se revoltam contra a propaganda abolicionista, que não é senão a honra nacional feita juiz, e ousam anunciar à venda homens livres.

Acusam de anárquica, de antipatriótica, de criminosa a palavra da justiça irrefutável, a autenticidade do fato.

Tudo lhes foi concedido: o indulto do crime decretado pelo fato, a exploração tranquila de uma propriedade que não tem título legal que a defina.

Decretada a lei de 28 de setembro, supremo favor, decreto da mais inexplicável tolerância, em vez de se mostrarem gratos, os possuidores de escravos tratam de falseá-la, cometendo os mais clamorosos crimes.

Nas cidades, arrancam-se as criancinhas recém-nascidas aos seios maternos, e fazem do leite das mulheres reduzidas à escravidão o mais hediondo comércio, enquanto as criancinhas vão vagir a sua orfandade sem carinhos na roda dos hospícios, ou morrer de fome em casas que a baixo preço se encarregam de infanticídios sem vestígio.

Não obstante o aviso de 11 de abril de 1846, que proibiu o aluguel da africana a serviço, tem toda a aplicação à mãe escrava de hoje, porque a sua concepção e todas as funções dela derivadas já não são propriedade de terceiro.

As crianças que sobrevivem demonstram pelo seu organismo uma constituição fraca, completamente depauperada.

Depois são educadas com escravos, e como escravos apregoadas em editais e vendidas.

Na apresentação dos escravos para emancipações oficiais, preferem os escravos inválidos, aqueles que devem ser em breve recolhidos pelas casas da misericórdia.

Para defraudar o fisco, matriculam como de serviço rural escravos que vivem nas cidades, ganhando aluguéis enormes e aos quais nem ao menos é dada uma insignificante parte do dinheiro ganho.

O comércio da prostituição da mulher escrava tem sido explorado na maior escala, como se pode demonstrar pelos anais da polícia desta corte.

Obcecados pela ideia de que lhes foge a presa, desenvolvem sentimentos os mais desumanos.

MANIFESTO DA CONFEDERAÇÃO ABOLICIONISTA 287

É assim que, não conseguindo mais ver na praça pública o pelourinho e a forca, eles aplicam a lei de Lynch aos escravos, que perpetram o crime de homicídio. Rasgam assim as leis que instituíram o júri e investiram o supremo magistrado da nação do direito de comutar as penas.

Quer isto dizer que os possuidores de escravos, criminosos de violação da lei de 1831, que não lhes admitiu boa-fé, não consentem no país nenhuma vontade que não seja a sua. Eles circunscreveram a nação aos seus interesses, a humanidade, a civilização, a justiça à sua avareza.

De modo que a lei de 28 de setembro, longe de ter sido uma aurora de esperança para os míseros espoliados da liberdade, foi pelo contrário um decreto de extermínio de crianças, de prostituição de mulheres, de hecatombe de uma raça.

———

À vista desta exposição, tão sucinta quanto exata do elemento servil entre nós, julgamo-nos com o direito de pedir a extinção da escravidão.

A voz irrefutável da estatística vem em nosso auxílio.

Tomando como base do nosso cálculo a população escrava da capital da nação, em que há 40 mil escravos ocupados em serviços domésticos, não é exagerado supor que pelo menos um terço da população escrava está concorrendo nas cidades com o trabalho livre, em pura perda do progresso nacional.

Se a lavoura é que precisa de braços escravos, e se ela dispensa toda essa enorme soma de escravos existentes nas cidades, qual será o perigo de decretar logo a emancipação destes?

Nenhuma consideração de ordem econômica ou política se opõe a que se tome essa medida, que é aliás um passo extraordinário no caminho da justiça.

Quanto à lavoura, é dever do Parlamento convencê-la

de que, longe de cavar a sua ruína, a abolição da escravidão vem dar-lhe a maior pujança.

Dizia a lavoura que a extinção do tráfico era a sua ruína, e no entanto o algarismo da sua produção cresceu com aquele fato, como provam os seguintes algarismos:

A exportação, que não excedera até o exercício de 1849-50 de 57926:000$000 (em 1847-8), elevou-se em 1850-1 a 67788:000$000, e assim progressivamente, sendo a média por quinquênios a seguinte: 67989:600$ (de 1849-50 a 1853-4); 100514:000$ (1854-5 a 1858--9); 121978:800$000 (1859-60 a 1863-4); elevou--se a 141000:000$000 no exercício de 1864-5, e a 157016:485$000 no de 1865-6.

Os adversários da abolição da escravidão opõem a este fato eloquente a crise que tem abatido as províncias do Norte. Dizem que a exportação do escravo é a sua origem.

Não há objeção mais fácil de ser removida.

A crise do Norte tem a sua explicação no fato o mais natural de economia: a ruína de que sempre são ameaçados os povos que se entregam a uma produção exclusiva. Pernambuco e Paraíba se limitaram ao seu açúcar; Ceará, Maranhão ao norte e Alagoas ao sul limitaram-se ao algodão.

Apareceu no mercado por um lado, concorrendo com o açúcar, a beterraba, que preparada por melhores processos e mais baratos atraiu o comprador; por outro os Estados Unidos, produzindo algodão pelo trabalho livre, em proporções extraordinárias e por preço mais cômodo, monopolizaram por assim dizer o mercado.

Demais a unidade temporária no mercado dando grande preço à produção, os nossos agricultores não se lembraram de garantir o futuro; pelo contrário trataram de dissipar os lucros obtidos.

O escravo do Norte foi exportado depois da crise: era ele, o desgraçado, a única produção que restava.

MANIFESTO DA CONFEDERAÇÃO ABOLICIONISTA 289

O Sul é a contraprova. Apesar de ser o grande reservatório da escravidão, vê-se a braços com uma crise não menos tremenda.

A causa é a mesma. A agricultura limitou-se ao café. Nem os cereais necessários para a sua alimentação ela produz; prefere importá-los.

O aparecimento de concorrentes no mercado, trabalhando melhor o grão de ouro e com menor dispêndio, trouxe à agricultura a baixa, de que ela hoje se queixa, e que ela não pode fazer cessar.*

Não é pois claro que a crise do Norte provenha da exportação do escravo.

O que é claro, o que está experimentalmente demonstrado é que a escravidão, aferrando a lavoura à cultura extensiva e impossibilitando a concorrência da intensiva, prepara para o país o mais desastrado futuro.

Por um lado não se pode criar um pessoal livre educado na lavoura; por outro se pretende conservar em função uma máquina desorganizada, gastando uma a uma todas as suas peças, de modo que o resultado será extinguir-se a máquina com a última peça.

A lei de 28 de setembro se propôs, auxiliada pela colaboração da morte, a suprimir o trabalhador escravo.

Como se efetua esta supressão? Lentamente, abrindo claros aqui e acolá, mas de modo que não obriga o lavrador atual a reformar o seu sistema de trabalho.

A lei não vai tomar um município, uma zona, para transformá-lo não só no sistema de trabalho, como também no regime da propriedade.

O que ela faz é tirar à lavoura os instrumentos julgados necessários, deixando intactas a cultura extensiva e a grande propriedade.

Cada fazendeiro é privado de um, dois ou três trabalhadores, o que não causando sensível abalo à sua pro-

---

*Relatório de 1883 do presidente da província do Rio de Janeiro.

dução, não lhe chama a atenção para uma reforma de meios de produzir.

Este mal é de tamanha gravidade que exige remédio o mais pronto e eficaz.

Enquanto subsistirem a escravidão e a grande propriedade, as populações do interior não se afeiçoarão ao trabalho agrícola.

Desde que a paga não indeniza o trabalho, o trabalhador desaparece e a indústria é abandonada.

Ora, é justamente o que acontece ao trabalho agrícola.

O afastamento do mercado, a falta do consumidor, portanto, faz com que a produção diminua de valor. O transporte por si só absorve o lucro que o trabalhador poderia auferir. O resultado é que as populações preferem pedir à caça e à pesca os meios de vida que elas só obtêm do solo com grande esforço e sem lucro.

Os próprios fazendeiros têm articulado a queixa de que o café não compensa o trabalho, desde que ele tem de ser transportado de vinte léguas do litoral.

Não se consideram, porém, a causa do fenômeno, e, entretanto, é da fazenda que vem o mal.

O fazendeiro monopoliza a vida do interior. Com a grande propriedade ele impede que a população se condense.

Obstando a criação de núcleos de população, ele afasta os mercados, e quanto mais afastado é o mercado, tanto menor valor tem a produção agrícola.

A lavoura pequena é, pois, incompatível com a escravidão e com a grande propriedade. O trabalhador rural livre não pode concorrer com o fazendeiro servido pelo escravo.

Entretanto, a lei de 28 de setembro continua na sua marcha contra a função conservando o órgão fatal!

Qual o futuro que espera o país, colocada em tais circunstâncias a indústria agrícola? É evidente que há de ser arrastado na ruína dos que exploram a grande propriedade e a escravidão.

A lei de 28 de setembro querendo substituir o trabalha-

MANIFESTO DA CONFEDERAÇÃO ABOLICIONISTA   291

dor não conseguirá senão cooperar com a escravidão e a grande propriedade para extinguir uma indústria.

Para mais evidenciar o perigo, com que as duas fatais instituições nos ameaçam, tomemos como base de cálculo as hipotecas rurais do Banco do Brasil.

Este banco tem emprestado à província do Rio de Janeiro 13 741:909$928 sobre 356 fazendas e 19 657 escravos.*

À província de São Paulo 10 220:617$200 sobre 245 fazendas e 9417 escravos.

À província de Minas Gerais 5 027:734$740 sobre 5229 escravos e 145 fazendas.

À província do Espírito Santo 214:206$600 sobre 569 escravos e doze fazendas.

O que se conclui é que uma população de 34 872 trabalhadores, numa área de 758 fazendas, só tem o valor hipotecário de 29 204:468$468 réis.

Qualquer que seja o lado pelo qual encaremos este fato, ele enche de mágoa o observador imparcial.

Calculando ao trabalho de cada escravo um salário de 240$000 réis anuais, temos que este salário representa o valor anual de 8 469:280$000 réis, o que é o juro anual de 6% do enorme capital de 141 154:666$000, valor detido em trabalho nas mãos dos devedores hipotecários do Banco do Brasil.

Para se calcular o emprego desse capital basta a cifra que ele obteve do banco e demais disso acompanhado de uma área de 758 fazendas.

A depreciação da terra e do trabalho não pode ter mais clara e mais evidente demonstração.

A grande propriedade e a escravidão se apresentam diante dos algarismos em toda a sua tremenda estatura ameaçadora.

Por um lado elas afastam a população, matando o estímulo do trabalho; por outro lado elas não sabem utili-

* Relatório de 1882.

zar o capital social representado pelos trabalhadores escravos; finalmente elas assentam o país numa economia fictícia, que o vai arruinando constitucionalmente, como incombatível moléstia hereditária.

———

Assim pois, augustos e digníssimos senhores representantes da nação brasileira:

Considerações de direito positivo, oriundo de leis como as de 1755 e 1831; considerações de ordem moral, como as que resultam do histórico do nosso Parlamento e da lei de 28 de setembro de 1871; considerações de economia política, evidenciadas pelo depreciamento da terra e do trabalho, nos obrigam a insistir na urgência da abolição da escravidão.

O bem da pátria a exige, e não há interesse maior que ele.

A extinção do tráfico de africanos foi entre nós realizada ao clarão dos morrões da esquadra inglesa, enquanto a nossa bandeira quedava enrolada em funeral, sob o túmulo daqueles que Bernardo de Vasconcellos chamou: os operários da nossa civilização.

O direito não se deixa esmagar, e desde que alguém tem dele consciência, não o abandona senão pela violência.

O escravo tem sido o resignado secular; mas três séculos de dor são demais para formar uma hora de desespero.

A lei de 28 de setembro de 1871 enxertou a liberdade na árvore negra. O ingênuo é uma floração fanada ao nascer. Não obstante ela sabe que há um prazo fatal para o seu desabrochamento.

Terá o ingênuo a resignação necessária para esperar esse prazo?

O que deve ele ao senhor de seus pais? Noções de moral? Ele foi criado na senzala. Noções de bondade? Negaram-lhe até o leite materno. Noções de civilização? Ele é analfabeto. Noções de sociologia? Ele encontra os seus progenitores no eito, seviciados, famintos, como recompensa de haverem formado o patrimônio de um povo.

A própria dignidade do gênero humano o fará ter a sagrada impaciência da posse de si mesmo.

Ainda uma vez há de se operar a fatalidade das legislações de interesses de classe, mãe secular da anarquia.

A obra da civilização se há de efetuar cegamente, se vós, augustos e digníssimos senhores representantes da nação brasileira, não vos propuserdes a encaminhá-la pela estrada larga da experiência dos povos e do direito positivo.

José de Alencar, estudando a propriedade, historia a evolução do direito, acompanha-o do seu berço — a nação das águias — até o alto do Calvário. De lá desce pela torrente de dezoito séculos e quando chega a esse oceano enorme, que inundou o passado, e deixou o sedimento para o nosso século, exclama:

> A Revolução Francesa consumou o que o cristianismo iniciara, a redenção da humanidade. A religião começara reduzindo o homem interior, o *eu*, a consciência. O direito acabara resgatando ao despotismo o homem externo, o *meu*, a personalidade. A guilhotina há de ficar na posteridade como a cruz, instrumentos de suplício ambos, transformados em símbolos veneráveis de um sublime sacrifício. Na primeira padeceu o homem--Deus pela sua criatura; na segunda o homem-povo pela sua liberdade.
>
> Ainda é certo, o suor e o sangue da criatura, oprimida pela lei parricida, gotejam na terra que Deus formou para a existência inviolável e o trabalho livre.
>
> Cada gota, porém, que derrama é uma lágrima da humanidade, e vai arrancar um grito à consciência universal. Há um remorso de povo, uma vergonha de nação. Sentem-na os países onde a escravidão e a pena de morte já não foram, além de abolidas, completamente extintas na memória pública.

Mas que importam estes sobejos de uma sociedade transida? A escravidão e a pena de morte já estão condenadas pela ciência e sem apelo. Só falta que a legislação arranque-as do seu código para inumá-las nas misérias do passado. A redenção do homem, primeiro marco miliário da humanidade, que caminha incessante para a perfeição, está consumada na razão universal, no mundo das idades.

Augustos e digníssimos senhores representantes da nação brasileira: consumai-a na lei.

Rio de Janeiro, 11 de agosto de 1883

Representantes do Clube dos Libertos de Niterói
João F. Clapp, João Augusto de Pinho

Representantes da *Gazeta da Tarde*
José do Patrocínio, João F. Serpa Junior

Representantes da Sociedade Brasileira Contra a Escravidão
Dr. André Rebouças, Miguel A. Dias

Representantes da Libertadora da Escola Militar
Tenente Manoel J. Pereira, Alferes João P. Junqueira Nabuco, Dr. Luiz Valentim da Costa.

Representantes da Libertadora da Escola de Medicina
José Onofre Muniz Ribeiro, Medeiros Mallet, Amaro C. Roiz P. Cintra

Representantes da Caixa Libertadora José do Patrocínio
Capitão Emiliano Rosa de Senna, Domingos Gomes dos Santos, Abel da Trindade

Representantes da Abolicionista Cearense

Leonel Nogueira Jaguaribe, Dr. João Paulo G. de Mattos, Adolpho Herbster Junior

Representantes do Centro Abolicionista Ferreira de Menezes
Julio de Lemos, Procopio Lucio R. Russell, João F. Serpa Junior

Representantes do Clube Abolicionista Gutenberg
Alberte Victor G. da Fonseca, Evaristo Rodrigues da Costa, Luiz Pires

Representantes do Clube Tiradentes
Jeronymo Simões, Joaquim Gomes Braga

Representantes do Clube Abolicionista dos Empregados do Comércio
Ataliba Clapp, João Bento Alves, Francisco Joaquim Braga

Representantes da Caixa Abolicionista Joaquim Nabuco
Jarbas F. das Chagas, José de A. Silva, Luiz Rodrigues da Silva

Representante da Libertadora Pernambucana
Eugenio Bittencourt

Representantes da Abolicionista Espírito-Santense
Alferes Antonio Borges de Athayde Junior, Antonio Gomes Aguirre, Urbano Candido de Vasconcellos

Representantes da Sociedade Libertadora Sul-Rio-Grandense
Bruno Gonçalves Chaves, João Pedro Machado, Francisco Octaviano Pereira

Notas

1. Trecho de *Toussaint Louverture: Poème dramatique*, de Alphonse Marie Louis de Lamartine, 1850. François-Dominique Toussaint Louverture (1743-1803) liderou a rebelião escrava em São Domingos, em 1791, que aboliu a escravidão e instituiu o Estado do Haiti, e se tornou figura lendária no século XIX, internacionalmente celebrado por abolicionistas e execrado por escravistas. Todas as epígrafes de capítulo do livro fazem menção a abolicionistas, ora lideranças políticas de processos estrangeiros, ora brasileiros que Nabuco menciona com o propósito de criar uma tradição abolicionista nacional e assim apresentar como legítima e enraizada a reivindicação do livro pelo fim da escravidão no país.

2. Eram chamados "ingênuos" os nascidos de mãe escrava, formalmente livres ao cumprirem oito anos de idade, de acordo com a Lei do Ventre Livre, de 1871, que nunca se implementou completamente.

3. Nabuco era correspondente do *Jornal do Commercio* em Londres, onde viveu entre 1882 e 1884. Escreveu o livro fora do Brasil, portanto.

4. Nabuco cita, ao longo do livro, mais de três dezenas de políticos brasileiros de relevância em sua época ou na história política nacional desde a Independência. Destacam-se aí a família Andrada (além de José Bonifácio, seus irmãos Antônio Carlos e Martim Francisco); Evaristo Ferreira da Veiga e Barros, um liberal de rele-

vância durante a Regência, por sua atuação parlamentar e pelos artigos na *Aurora Fluminense*; e Bernardo Pereira de Vasconcellos, membro primeiro do Partido Liberal, depois do Partido Conservador, e que participou de praticamente todos os eventos relevantes do Primeiro Reinado ao início do Segundo Reinado. Da geração de políticos que antecedeu a sua própria, Nabuco cita membros proeminentes do Partido Liberal, caso de Zacarias de Góis e Vasconcelos, marquês de Olinda, José Antônio Saraiva e visconde de Sinimbu, todos chefes de gabinete, e de outros que quase chegaram a sê-lo, caso de Christiano Otoni, Silveira da Mota, Salles Torres Homem e Gaspar Silveira Martins, além do próprio pai de Nabuco, José Tomás Nabuco de Araújo. Sua figura de referência neste campo, contudo, é principalmente Aureliano Cândido Tavares Bastos, um dos primeiros a defender a abolição progressiva, como parte de um programa de reformas modernizadoras. Nabuco, como Rebouças e vários membros do movimento abolicionista, adotaria várias de suas propostas durante os anos 1880. Do lado conservador, menciona os também chefes de gabinete barão de Cotegipe e os viscondes de Itaboraí, de São Vicente e do Rio Branco, os dois primeiros antiabolicionistas, caso também dos adversários diretos de Nabuco, o deputado Ferreira Vianna e o senador Paulino de Souza, o grande líder do contramovimento escravista ao longo do Segundo Reinado. De sua própria geração, Nabuco cita sobretudo abolicionistas: o empresário e engenheiro André Rebouças, figura central do abolicionismo brasileiro e seu aliado ao longo de toda a campanha; Luiz Gama, liderança do abolicionismo paulista, que atuava na imprensa e nos tribunais; Joaquim Serra e Rui Barbosa, membros, como Nabuco, do Partido Liberal; Castro Alves, que se tornou o poeta símbolo do movimento abolicionista; e Quintino Bocaiuva, que, além de presidente do Partido Republicano, participou ativamente de toda a campanha abolicionista.

5. Havia associações abolicionistas no Brasil desde 1850, com crescimento expressivo a partir do fim da década

NOTAS   299

de 1860. No Parlamento, a questão fora levantada já em 1852, e voltou no final dos anos 1860, quando se debateu o que viria a ser a Lei do Ventre Livre em 1871. Na legislatura de 1879, formou-se um pequeno bloco parlamentar abolicionista, que Nabuco, estreante na Câmara dos Deputados, lideraria.

6. Ao longo do livro, Nabuco menciona mais de cinquenta nomes de personalidades de relevância no Ocidente de seu tempo. Há menções a estudiosos de assuntos análogos ou que podem ajudá-lo a calçar seus argumentos (caso de Theodor Mommsen e de Oliveira Martins), mas há, sobretudo, um longo elenco de políticos que trabalharam para o fim da escravidão por via parlamentar ou pela mobilização da sociedade, em especial na Inglaterra (por exemplo, William Wilberforce [1759-1833], líder parlamentar do abolicionismo inglês, cujas táticas Nabuco emulou), na França (caso de Victor Schoelcher [1804-93], com quem Nabuco estabeleceu relação direta) e nos Estados Unidos (o pregador antiescravista norte-americano William Channing [1780-1842]). Nabuco também se referia aos estadistas recentes ou do momento, como Cavour, na Itália. O destaque aí vai para William Ewart Gladstone (1809-98), o mais importante político liberal da Inglaterra do século XIX, quatro vezes primeiro-ministro, e reformista modelar para Nabuco, que lhe votava enorme admiração.

7. Desde 1870, havia três partidos no Império brasileiro: o Liberal, mais permeável à abolição; o Conservador, mais alinhado com a manutenção da escravidão; e o Republicano, cuja maioria dos membros participou ativamente da campanha abolicionista. Neste e noutros trechos, Nabuco remete ao sentido oitocentista de partido político, como facção, grupo sem institucionalização formal, atuante em torno de mesmos princípios ou interesses. Ele próprio tentaria várias vezes criar o Partido Abolicionista, sem sucesso.

8. Refere-se ao voto de um bloco liberal no Senado, do qual seu pai fez parte, em favor do projeto do gabinete Rio Branco, do Partido Conservador. Como os conser-

vadores se dividiam em duas facções, uma a favor e outra contrária ao projeto, o apoio liberal foi decisivo para a aprovação da Lei do Ventre Livre, promulgada em 28 de setembro de 1871.

9. Em reação ao projeto de lei de ventre livre, apresentado pelo gabinete Rio Branco (1870-5), formaram-se associações civis, os Clubes da Lavoura, jornais e panfletos escravistas. O imperador foi acusado, no Parlamento e na imprensa, de omissão, por viajar à Europa enquanto o Parlamento discutia o projeto (não participou das negociações durante a tramitação e retornou apenas depois da lei aprovada).

10. Os termos "democracia" e "oportunismo", mencionados no parágrafo seguinte, eram correntes no debate público brasileiro. O primeiro tinha o sentido de antônimo de monarquia, isto é, regime de governo de autodeterminação, sem um soberano. Já o segundo expressava a oposição aos políticos "de razão", que abraçavam um princípio por seu valor intrínseco; os "oportunistas" focalizavam esforços em uma causa considerada mais "oportuna", isto é, de aprovação mais viável na conjuntura. Nabuco advoga neste trecho, portanto, que, em vez de se fixarem em um princípio, a República, os republicanos deveriam priorizar a abolição da escravidão, por mais "oportuna".

11. "Governo Pessoal" era o termo usado para designar as intervenções consideradas excessivas do Poder Moderador, exercido por Pedro II, na dinâmica parlamentar. O Partido Liberal designou de "estelionato político" a intervenção de 1868, que substituiu o gabinete de seu partido (que trabalhava em projeto emancipacionista) por um conservador escravista, apesar da maioria liberal no Parlamento.

12. Lei 2040, de 28 de setembro de 1871, que ficou conhecida como Lei do Ventre Livre. Nabuco a examina em detalhes no capítulo 8. Até o momento em que escreve, a lei tinha sido bem pouco aplicada, como pouco se aplicaria adiante.

13. As eleições no Segundo Reinado tinham dois níveis: votantes, que votavam nos eleitores, e eleitores, que vota-

NOTAS   301

vam em deputados e senadores. Os níveis eram diferenciados por renda. A reforma eleitoral de 1881 criou a "eleição direta", ao eliminar os níveis, mas aumentou a renda necessária para se registrar como eleitor, resultando em elitização do eleitorado.

14. O Partido Republicano não era constitucional, já que combatia a monarquia, regime de governo estabelecido na Constituição de 1824.

15. A expressão "Lei de Lynch" era fartamente usada pelos abolicionistas, em referência a torturas e assassinatos de escravos e de negros livres. A expressão veio dos Estados Unidos, corrente desde a Guerra de Independência. Um exemplo de uso é o artigo do abolicionista negro Frederick Douglass, "Lynch Law in the South", de 1892.

16. Neste e no próximo parágrafo, assim como em capítulos subsequentes, Nabuco cita nomes de vários defensores da abolição da escravidão no Brasil e no Ocidente, com o mesmo propósito com que elege as epígrafes dos capítulos: o de sublinhar a existência de uma tradição política abolicionista que legitimasse o movimento abolicionista brasileiro. Aqui o contraste é entre abolicionistas que tomaram armas, caso do norte-americano John Brown, e os que apostaram em vias parlamentares, caso do britânico William Wilberforce, ou na propaganda no espaço público, como o norte-americano William Lloyd Garrison.

17. Nabuco criou, com André Rebouças, a Sociedade Brasileira Contra a Escravidão, em setembro de 1880. O *Manifesto* é de autoria dele próprio.

18. Nabuco refere-se à lei n. 4, de 10 de junho de 1835, que punia com pena de morte os escravos que atentassem contra a vida de senhores e feitores.

19. Nabuco refere-se aqui ao fato de a Lei do Ventre Livre, de 1871, ter deixado ao proprietário da mãe do nascido livre a opção de mantê-lo sob sua guarda até a maioridade, o que, na prática, significaria sua permanência como escravo até os 21 anos.

20. *A cabana do pai Tomás* (1852), de Harriet Beecher Stowe, filha de um abolicionista norte-americano, foi

um romance proselitista de grande sucesso no século XIX, em vários países, e que Nabuco cogitou traduzir. Ao falar da *Vida* de Frederick Douglass, Nabuco se refere à autobiografia (*Narrative of the Life of Frederick Douglass, an American Slave*, de 1845), também um sucesso editorial norte-americano, do ex-escravo convertido em grande liderança abolicionista. Cf. edição brasileira da Penguin--Companhia das Letras, *Narrativa da vida de Frederick Douglass e outros textos*, de 2021.

21. A lei de 7 de novembro de 1831 declarava livres todos os africanos entrados compulsoriamente no país a partir de então e previa pena para os importadores.

22. O art. 179 da Constituição então vigente, a de 1824, garantia no inciso XXII o direito de propriedade e de indenização em caso de desapropriação: "É garantido o direito de propriedade em toda a sua plenitude. Se o bem público legalmente verificado exigir o uso e emprego da propriedade do cidadão, será ele previamente indenizado do valor dela. A lei marcará os casos em que terá lugar esta única exceção, e dará as regras para se determinar a indenização".

23. "Questão de forma e oportunidade" foi a expressão usada na resposta oficial da Coroa brasileira à carta de eminências políticas e intelectuais francesas pedindo a abolição da escravidão no país. A carta, de 1867, resultou de uma articulação política do abolicionista Abílio Borges. Nabuco narra os seus desdobramentos políticos no capítulo 7.

24. Zacarias de Góis e Vasconcelos (1815-77) foi três vezes chefe de governo (de 24 a 30 de maio de 1862; de 15 de janeiro a 31 de agosto de 1864; de 3 de agosto de 1866 a 16 de julho de 1868), e nas duas últimas empenhou--se em pôr a abolição em pauta. Nabuco se refere neste trecho à terceira tentativa de Zacarias, que levaria à sua queda, em 1868.

25. O cargo de presidente de Conselho de Ministros era o equivalente aproximado ao de primeiro-ministro, pois era ocupado pelo partido com maioria na Câmara dos Deputados, para exercer o Poder Executivo.

NOTAS 303

26. João Maurício Wanderley (1815-89), futuro barão de Cotegipe, foi um dos líderes do escravismo político. Seu projeto de proibição da venda de escravos de uma província a outra visava evitar a concentração da escravaria em uma parte do país, o que, temia ele, poderia gerar situação análoga à norte-americana de antes da Guerra Civil, com o território nacional divido em áreas com e sem escravidão.

27. O uso de "código negreiro" aqui é figurado. No Brasil não se coligiram em um único corpus as regulamentações relativas ao tráfico negreiro e à escravidão.

28. Eusébio de Queirós, então ministro da Justiça, instituiu e implementou a lei proibindo a entrada de novos escravos no Brasil, em 4 de setembro de 1850.

29. Durante o Império, o país estava dividido em apenas duas regiões: o Norte, que incluía as províncias de Amazonas, Pará, Maranhão, Piauí, Ceará, Rio Grande do Norte, Paraíba, Pernambuco, Alagoas, Sergipe e Bahia; e o Sul, composto por Espírito Santo, Rio de Janeiro, São Paulo, Paraná, Santa Catarina, Rio Grande do Sul, Minas Gerais, Goiás e Mato Grosso.

30. Termo corrente no português escrito e falado no Brasil oitocentista para se referir aos chineses.

31. Trata-se de um fungo ("ferrugem") que atacava então plantações de café em território holandês.

32. João Lins Vieira Cansanção de Sinimbu (1810-1906), visconde de Sinimbu, foi chefe do Conselho de Ministros entre 1878 e 1880.

33. A Lei Moret, de 1870, válida para as colônias espanholas de Cuba e Porto Rico, libertou os escravos idosos e os por nascer, e foi o modelo para as leis brasileiras de 1871 (Lei do Ventre Livre) e 1885 (Lei dos Sexagenários).

34. A Confederação Abolicionista foi criada em 9 de maio de 1883, por iniciativa de André Rebouças e José do Patrocínio, a partir da reunião de quinze associações abolicionistas em funcionamento na Corte. Muitas outras se juntaram pelo país logo depois e nos anos seguintes. João Clapp tornou-se o presidente, e Rebouças, Patrocínio e Aristides Lobo foram incumbidos de redigir o manifesto, que, contudo, terminou por ser redigido ape-

nas pelos dois primeiros. O manifesto foi aprovado em assembleia da Confederação Abolicionista e publicado em 11 de agosto de 1883.

35. Pedro Álvares Cabral.

36. Manoel José de Souza França (1780-1852) foi membro do governo durante a Regência Trina Provisória, ocupando a pasta da Justiça (de 7 de abril a 5 de julho de 1831) e a dos Negócios do Império (de 26 de abril a 16 de julho de 1831), quando o governo tentou obstar a continuação do tráfico negreiro.

37. Eram chamados "boçais" os africanos recém-importados, que ainda não conheciam a língua e os costumes locais, ao passo que "ladino" era o já adaptado ao país, e "crioulo" era o filho de africanos nascido no Brasil.

38. Trata-se de Antônio Pereira Rebouças (1798-1880), pai de André Rebouças, político ativo no Império desde o movimento pela Independência, deputado também na Regência e no início do Segundo Reinado, quando ganhou o direito de advogar, mesmo sem diploma, e recebeu o título de conselheiro.

39. A lei de 7 de novembro de 1831, aprovada na Regência, proibiu a entrada compulsória de africanos no país, considerando livres os que fossem traficados e determinando sua tutela pelo governo até que fossem reenviados à África. A lei também definia punições para todos os envolvidos no comércio negreiro e na receptação de africanos.

40. Se uma sentença dita a liberdade, voltar atrás não é oportuno.

41. Trata-se, respectivamente, da lei n. 581, de abolição do tráfico negreiro, conhecida pelo nome do ministro da Justiça que a assinou, Eusébio de Queirós, e do decreto n. 731, que endureceu as medidas punitivas ao tráfico clandestino, redundando na abolição de fato do comércio em larga escala de africanos para o Brasil.

42. José Clemente Pereira (1787-1854) era deputado geral quando fez este discurso. No ano seguinte, em 1828, seria alçado a ministro da Justiça.

43. Agostinho Marques Perdigão Malheiros Filho (1824--81) foi o compilador da legislação brasileira acerca da

NOTAS   305

escravidão, em obra de três tomos, que se tornou uma referência no assunto: *A escravidão no Brasil: Ensaio histórico-jurídico-social*, publicada entre 1864 e 1867, quando se iniciavam os debates sobre o que viria a ser a Lei do Ventre Livre. Embora tido até então pelos abolicionistas como um dos seus, Perdigão Malheiros, que era membro do Partido Conservador, votou contra o projeto do gabinete Rio Branco, em 1871.

44. João Severiano Maciel da Costa (1769-1833), o marquês de Queluz, era ministro da Fazenda quando assinou o ofício citado. Antes, em 1821, escrevera *Memória sobre a necessidade de abolir a introdução dos escravos africanos no Brasil: Sobre o modo e condições com que esta abolição se deve fazer; e sobre os meios de remediar a falta de braços que ela pode ocasionar.*

45. Paulino José Soares de Souza (1807-66), o visconde do Uruguai, foi participante-chave, como ministro dos Negócios Estrangeiros, no conflito diplomático brasileiro com a Inglaterra em torno do fim do tráfico negreiro. O "sr. Hamilton" é Hamilton Charles James Hamilton, ministro britânico no Brasil entre 1836 e 1846.

46. Joaquim Nunes Machado (1809-49) foi uma das lideranças da Revolta Praieira, de 1848, que, entre outras medidas reformistas, propunha a emancipação gradual dos escravos.

47. Pedro Pereira da Silva Guimarães (1814-76) foi o deputado que pela primeira vez sugeriu ao plenário da Câmara dos Deputados uma lei de ventre livre, em projetos de 1850 e 1852, que não tiveram nenhum seguimento. Francisco Jê Acaiaba de Montezuma (1794-1870), senador e visconde de Jequitinhonha, defendera a abolição em quinze anos, em prefácio de tradução que fez em 1865 (*Carta do bispo de Orleans ao clero de sua diocese sobre a escravidão*), e apresentaria depois projetos nesta direção. O senador José Inácio Silveira da Mota (1811-93) apresentou um projeto emancipacionista ainda nos anos 1850 e seguiu engajado na defesa parlamentar da abolição. Seu filho Arthur seria também um abolicionista empenhado.

Cronologia*

1823 Projeto de José Bonifácio de Andrada e Silva, à Assembleia Constituinte, de emancipação progressiva dos escravos.
Abolição da escravidão no Chile.

1826 Em 23 de novembro, Brasil assina um tratado com a Grã-Bretanha para extinção do tráfico negreiro.
Abolição da escravidão na Bolívia.

1829 Abolição da escravidão no México.

1831 Em 7 de novembro, novo tratado entre Brasil e Grã-Bretanha torna livres os africanos entrados no país desde então.

1833 Abolição da escravidão na Guiana Britânica.

1838 Abolição da escravidão nas Ilhas Maurício.
Em 13 de janeiro, nasce em Cachoeira, na Bahia, André Pinto Rebouças, filho do conselheiro Antônio Pereira Rebouças e de Carolina Pinto Rebouças.

1849 Em 19 de agosto, no Recife, nasce Joaquim Aurélio Barreto Nabuco de Araújo, filho do político José Tomás Nabuco de Araújo.

1850 Fundação da Sociedade Libertadora 2 de Julho, em Salvador, e da Sociedade contra o Tráfico de Africanos e Promotora da Colonização e da Civilização dos Índios, no Rio de Janeiro.

*Cronologia extraída de Angela Alonso, *Flores, votos e balas: O movimento abolicionista brasileiro* (1868-88). São Paulo: Companhia das Letras, 2015.

308 PANFLETOS ABOLICIONISTAS

Em 4 de setembro, o governo conservador aprova a Lei Eusébio de Queirós, que proíbe o tráfico de escravos para o Brasil.

1851 Abolição da escravidão na Colômbia e no Panamá.

1852 Primeira manifestação abolicionista no Rio de Janeiro. Manifesto da Sociedade contra o Tráfico de Africanos e Promotora da Colonização e da Civilização dos Índios defende emancipação progressiva dos escravos, imigração e pequena propriedade.

1853 Abolição da escravidão na Argentina.
Em 9 de outubro, em Campos dos Goytacazes, nasce José Carlos do Patrocínio, filho da liberta Justina Maria do Espírito Santo e do vigário João Carlos Monteiro.

1854 Abolição da escravidão no Peru e na Jamaica.

1855 Abolição da escravidão na Moldávia.

1860 Questão Christie: conflito entre Brasil e Grã-Bretanha envolvendo a escravidão leva à ruptura de relações diplomáticas.
Abolição da servidão na Índia.

1861 Abolição da servidão na Rússia.
Início da Guerra Civil Americana. A Confederação luta para preservar a escravidão no sul dos Estados Unidos.

1862 Sociedade Libertadora 2 de Julho faz a primeira passeata abolicionista do Brasil.

1863 Abolição da escravidão no Suriname e nas Antilhas.
Em 1º de janeiro, o presidente Lincoln emite a Emancipation Proclamation, abolindo a escravidão nos Estados Unidos.

1864 A British and Foreign Anti-Slavery Society faz uma petição ao imperador d. Pedro II, pedindo o fim da escravidão no Brasil.
Em dezembro, Brasil entra em guerra com o Paraguai.

1866 O Conselho de Estado discute o fim paulatino da escravidão. O visconde de São Vicente prepara cinco projetos de abolição progressiva.
O abolicionista Abílio Borges começa a usar a estratégia do bumerangue, pedindo ajuda aos abolicionistas estrangeiros para pressionar o governo brasileiro e, em junho, uma petição assinada por eminentes políticos

CRONOLOGIA

franceses é enviada a d. Pedro II, pedindo o fim da escravidão no Brasil.

Em 3 de agosto, o Partido Liberal assume o poder, e Zacarias de Góis e Vasconcelos assume o governo.

Em 11 de novembro, o Decreto 3725-A concede liberdade aos escravos recrutas do Exército brasileiro.

1867 O gabinete liberal de Zacarias de Góis e Vasconcelos inclui a escravidão na agenda institucional. O assunto é mencionado no discurso do monarca ao Parlamento. O Conselho de Estado volta a debater a escravidão.

1868 André Rebouças adere à campanha abolicionista.

Em 16 de julho, o imperador substitui o gabinete Zacarias pelo conservador e escravista visconde de Itaboraí, gerando crise política e conferências públicas de protesto.

Rebouças leva ao governo seus planos de emancipação.

1869 Castro Alves publica *Navio negreiro*.

Manifesto da facção moderada do Partido Liberal demanda uma lei do ventre livre, e manifesto da facção radical demanda emancipação progressiva dos escravos.

A Associação Abolicionista Internacional envia moção a d. Pedro II, pedindo o fim da escravidão no Brasil.

Luiz Gama inicia ações judiciais de contestação da propriedade de escravos em São Paulo.

Abílio Borges funda a Sociedade Libertadora 7 de Setembro, em Salvador, promovendo cerimônias cívicas pró-abolição.

Em 15 de setembro, o decreto n. 1695 proíbe a venda de escravos em leilões públicos ou privados.

Conde d'Eu, comandante das forças brasileiras do Paraguai, proíbe a escravidão em território paraguaio.

Nova petição British and Foreign Antislavery Society é enviada a d. Pedro II, exigindo o fim da escravidão no Brasil.

1870 Abílio Borges pede intervenção do papa pelo fim da escravidão no Brasil.

O liberal Manuel de Sousa Dantas sucede Borges como novo presidente da Sociedade Libertadora da Bahia.

Fim da guerra brasileira com o Paraguai.

André Rebouças articula a Associação Central Proteto-
ra dos Emancipados, no Rio de Janeiro.

Em 4 de julho, Lei Moret liberta os filhos de escravas
e os escravos com mais de sessenta anos nas colônias
espanholas de Cuba e Porto Rico.

Em 29 de setembro, José Pimenta Bueno (visconde de
São Vicente), do Partido Conservador, assume a chefia
de gabinete e repõe o tema da emancipação na agenda.

Em 4 de dezembro, é lançado o Manifesto Republicano
no Rio de Janeiro.

1871 A Sociedade Libertadora 7 de Setembro, de Salvador,
lança o jornal O *Abolicionista*.

Visconde do Rio Branco, do Partido Conservador, assume a chefia de gabinete, com projeto de libertação do
ventre escravo, inspirado nos projetos de São Vicente e
na Lei Moret espanhola.

André Rebouças leva projetos pró-emancipação ao
novo chefe de governo.

O imperador viaja à Europa em licença de um ano. A
princesa Isabel assume a regência do trono.

Em reação ao projeto de ventre livre, funda-se o Clube
da Lavoura e do Comércio do Rio de Janeiro; 33 peti-
ções contrárias chegam à Câmara, e onze ao Senado.

Em 28 de setembro, a lei n. 2040, ou Lei do Ventre Livre,
liberta os nascidos de mãe escrava, com a condição de
ficarem sob protetorado do senhor da mãe obrigatoria-
mente até os oito anos de idade e condicionalmente até os
21. A lei cria ainda o Fundo de Emancipação, com verba
a ser revertida para a compra de alforrias.

1872 Primeiro censo demográfico da população brasileira:
1 524 000 escravos, 15,2% da população total.

1875 Início do Gabinete 25 de Junho, chefiado por Luís Alves de Lima (Duque de Caxias, Partido Conservador).

1877 José do Patrocínio começa a escrever artigos antiescravistas na imprensa.

1878 Abolição da escravidão em Gana.

Em 5 de janeiro, depois de uma década na oposição, o
Partido Liberal volta ao poder, chefiado por João Lins
Vieira Cansanção de Sinimbu (visconde de Sinimbu).

CRONOLOGIA

Fazendeiros organizam congressos agrícolas no Rio de Janeiro e no Recife para discutir os "braços" que faltariam à lavoura. Decretos n. 6966 e n. 6967 ampliam prazo da Lei do Ventre Livre para que os senhores matriculem seus escravos e os filhos de escravas nascidos depois de 1871. Eleições parlamentares: Partido Liberal faz a maioria da Câmara, mas o Partido Conservador elege minoria robusta.

1879 Em 5 de março, o liberal Jerônimo Sodré Pereira, membro da Sociedade Libertadora 2 de Julho, da Bahia, e do Partido Liberal, discursa no Parlamento em favor da abolição.
Em 22 de março, Joaquim Nabuco, eleito pelo Partido Liberal de Pernambuco, defende a abolição na Câmara.
Em 7 de setembro, funda-se em Fortaleza a associação Perseverança e Porvir, que se converteria em Sociedade Cearense Libertadora (SCL).
Joaquim Nabuco estabelece laços com a British and Foreign Anti-Slavery Society.

1880 Nabuco obtém apoio para a abolição do ministro plenipotenciário dos Estados Unidos no Brasil. Ele viaja para a Europa e forma novas alianças com abolicionistas na Espanha, França e Grã-Bretanha.
José do Patrocínio é um dos insufladores da Revolta do Vintém, contra imposto sobre a passagem de bonde.
No dia 28 de março, José Antônio Saraiva, do Partido Liberal, assume o governo.
Em agosto, Rebouças, Patrocínio e Vicente de Sousa criam a Associação Central de Emancipação (ACE), que passa a organizar "concertos-conferências" pró-abolição.
Em 24 de agosto, Nabuco apresenta projeto à Câmara, fixando o ano de 1890 como data-limite para abolição da escravidão.
Em 7 de setembro, Nabuco e André Rebouças fundam a Sociedade Brasileira Contra a Escravidão (SBCE) e o jornal O Abolicionista.
Em 1º de novembro, morre o visconde do Rio Branco. Os abolicionistas tentam transformar o funeral em um evento abolicionista.

1881 Joaquim Nabuco concorre à reeleição pelo Partido Liberal e recebe apoio dos abolicionistas nas ruas, mas não consegue se eleger. Muda-se para Londres e fortalece seus laços com os abolicionistas europeus.

Reestruturação da Sociedade Brasileira Contra a Escravidão, para contemplar três facções de ativismo abolicionista: a parlamentar, de Nabuco; a do espaço público, de Patrocínio; a do ativismo judicial, de Luiz Gama.

Em janeiro, em Fortaleza, a SCL impede o embarque de escravos que seriam vendidos para fora do Ceará.

Em 17 de março, o decreto n. 8067 regulamenta declarações de fuga e apreensão dos escravos.

A SCL inicia "festas de libertação" e estabelece conexões com a ACE e a SBCE.

Em agosto, a SCL, com a conivência das tropas militares, faz passeata sob a palavra de ordem: "No porto do Ceará não embarcam mais escravos".

1882 Fundação do Centro Abolicionista de São Paulo, pelo grupo de Luiz Gama.

A escravidão é proibida em todo o Império Otomano.

O jornal *Gazeta da Tarde*, com José do Patrocínio como editor-chefe, torna-se o porta-voz oficial da ACE e da SBCE.

O abolicionista francês Victor Schoelcher critica o imperador d. Pedro II e declara apoio aos abolicionistas brasileiros.

Sancho de Barros Pimentel, membro da SBCE, assume a presidência do Ceará e aprova lei provincial de punição fiscal ao comércio interprovincial de escravos.

Em 21 de janeiro, assume a chefia de governo Martinho Álvares da Silva Campos, do Partido Liberal, que se declara "escravista da gema".

Em 3 de julho, assume a chefia de governo João Lustosa da Cunha (marquês de Paranaguá, do Partido Liberal), que admite o crescimento do ativismo abolicionista e repõe a questão da agenda institucional.

Em 24 de agosto, morre Luiz Gama. O funeral em São Paulo se transforma em uma manifestação abolicionista.

1883 Em 1º de janeiro, José do Patrocínio declara Acarape o primeiro município livre da escravidão do Império.

CRONOLOGIA

Em 9 de maio, Patrocínio e Rebouças fundam a Confederação Abolicionista (CA), que envia delegados ao Ceará, Pará, Pernambuco, Alagoas, Bahia e Rio Grande do Sul para acelerar a campanha.

Em Santos, abolicionistas incitam fugas coletivas de escravos e a criação de quilombos.

O governo central envia o 7º Batalhão de Infantaria para conter as ações abolicionistas no Ceará.

Em 21 de maio, os abolicionistas declaram Fortaleza "libertada" da escravidão, produzindo crise ministerial.

Em 24 de maio, Lafaiete Rodrigues Pereira, do Partido Liberal, assume a chefia de gabinete e encaminha à Câmara projeto que fixa o domicílio dos escravos e aumenta o Fundo de Emancipação.

Nabuco publica *O Abolicionismo* na Grã-Bretanha.

Em 9 de junho, Nabuco organiza banquete em Londres, com abolicionistas e autoridades locais, em apoio à libertação de Fortaleza.

Em 2 de agosto, o gabinete Lafaiete encaminha à Câmara projeto com vistas a fixar o domicílio dos escravos e aumentar o Fundo de Emancipação.

Em 11 de agosto, o *Manifesto da Confederação Abolicionista do Rio de Janeiro* pede abolição imediata da escravidão sem indenização. A CA distribui 18 mil cópias do manifesto.

Mossoró é a primeira cidade do Rio Grande do Norte decretada livre da escravidão.

O jornalista Apulco de Castro é assassinado no Rio de Janeiro. A Sociedade Abolicionista Luso-Brasileira, da qual era membro, transforma sua missa de sétimo dia em uma manifestação abolicionista, com a presença de cerca de mil pessoas.

1884 Em janeiro, a Associação Central Emancipadora cria a Comissão Central Emancipadora (CCE) para fazer a campanha de libertação de territórios na capital do Império.

A SCL envia o abolicionista Almino Affonso para acelerar a campanha em Manaus. Formam-se várias associações abolicionistas no Amazonas.

O abolicionista Sátiro Dias assume a presidência do Ceará e eleva impostos sobre a propriedade de escravos.

Em 25 de março, abolicionistas fazem grandes eventos pelo país e declaram o Ceará a primeira província livre da escravidão no país.

Teodureto Carlos de Faria Souto assume o governo do Amazonas e proíbe a entrada e a saída de escravos da província.

Em abril, abolicionistas declaram a "libertação" de Vitória, capital da província do Espírito Santo.

Em 11 de maio, os abolicionistas declaram o Amazonas a segunda província "libertada" do Império.

Em 6 de junho, o abolicionista moderado Manuel de Sousa Dantas, do Partido Liberal, assumia a chefia do governo.

Em 15 de julho, o governo Dantas apresenta o Projeto 48 ao Parlamento. O projeto de lei, que os abolicionistas ajudaram a redigir, pede o fim do comércio interprovincial de escravos com sessenta anos ou mais; a liberação gradual de todos os demais escravos por meio do Fundo de Emancipação, que o projeto também pretende ampliar; a introdução de um salário mínimo e lotes de terras cultiváveis para escravos libertos.

Os abolicionistas defendem o projeto Dantas em publicações, na imprensa e em congressos.

Fundação da Comissão Central Abolicionista Amazonense, que inicia campanha de libertação de territórios em Manaus.

A Reforma Dantas encontra forte oposição no Parlamento. Quarenta e nove Clubes da Lavoura se formam em uma tentativa de bloquear a reforma.

O gabinete sofre voto de desconfiança da Câmara.

Em 29 de julho, o imperador convoca o Conselho de Estado para discutir o destino do governo. A maioria do conselho fica contra Dantas, mas o Imperador decide mantê-lo no poder.

Convocam-se eleições, e candidaturas abolicionistas são lançadas em todo o país.

Em 7 de setembro, os abolicionistas declaram Porto Alegre "libertada".

Em 3 de dezembro, durante as eleições parlamentares, há fraude eleitoral e violência. Vários mandatos são contestados. Os principais abolicionistas não se elegem e o governo Dantas cai.

1885   Em 6 de maio, José Antônio Saraiva, do Partido Liberal, assume a chefia de gabinete, faz drásticas alterações na reforma Dantas e a aprova na Câmara, com apoio conservador. Saraiva deixa a chefia de gabinete. Em 7 de junho, novas eleições em Pernambuco. Nabuco é eleito e empossado. Funda o Grupo Parlamentar Abolicionista (GPA), com catorze deputados.

Em 20 de agosto, o barão de Cotegipe, do Partido Conservador, assume o governo, aprova o projeto Saraiva no Senado e adota postura repressiva contra o movimento abolicionista.

A *Gazeta da Tarde*, de José do Patrocínio, é depredada, assim como outros jornais abolicionistas pelo país.

Em 28 de setembro, é promulgada a lei n. 3270, a Lei Saraiva-Cotegipe (ou Lei dos Sexagenários), que liberta escravos com mais de sessenta anos, mediante três anos adicionais de trabalho a título de indenização ao proprietário.

Em 14 de novembro, o decreto n. 9517 regulamenta nova matrícula de escravos, que retarda o início de vigência da Lei Saraiva-Cotegipe e institui pena para fugas de escravos e seus cúmplices.

1886   Em 15 de janeiro, o governo dissolve a Câmara. A CA lança candidatos no Ceará, na Bahia, em São Paulo, no Rio de Janeiro e em Pernambuco, por onde concorre Nabuco. O governo usa fraude e violência para controlar os resultados. De todos os candidatos abolicionistas, apenas Patrocínio consegue ser eleito vereador do Rio de Janeiro.

Em fevereiro, a CA faz desfile com escravas torturadas por sua proprietária no Rio de Janeiro. A estratégia se repetiria noutras partes do país.

Sob repressão, abolicionistas recorrem a apoios internacionais e seguem a campanha por meio de eventos artísticos.

Via British and Foreign Anti-Slavery Society, Nabuco obtém declaração do primeiro-ministro inglês William Gladstone em favor da abolição no Brasil.

Os abolicionistas tornam sistemática e nacional a estratégia de fugas coletivas orientadas.

Dantas denuncia no Senado a morte de escravos por chibatadas. Os abolicionistas fazem campanha pelo fim da pena de açoites, e o bloco liberal pressiona o gabinete do Senado no mesmo sentido.

Em 7 de outubro, termina o período de transição para o trabalho livre em Cuba.

Em 15 de outubro, é promulgada a lei n. 3310, que revoga o artigo 60 do Código Penal e a lei n. 4, de 10 de junho de 1835, extinguindo a pena de açoites no Brasil.

1887   Em fevereiro, o imperador vai à Europa para tratamento de saúde. Isabel assume a Regência.

Em março, o Partido Liberal propõe abolição em cinco anos. Deputados abolicionistas apresentam projetos de abolição imediata à Câmara.

Em junho, sob liderança de Dantas, catorze senadores subscrevem projeto de fim da escravidão para 31 de dezembro de 1889.

Intensifica-se a campanha de libertação de territórios em São Paulo e em Salvador.

Em junho, o chefe de polícia do Recife envia um comunicado proibindo seus oficiais de caçar escravos fugitivos.

Em julho, Nabuco concorre à eleição em Pernambuco. É eleito e celebrado nacionalmente pelos abolicionistas.

Em agosto, o governo proíbe aglomerações nas ruas e em edifícios públicos à noite e demite abolicionistas de empregos públicos. Abolicionistas são presos, processados ou perseguidos em várias partes do país.

A CA apela à princesa contra a violência e pela abolição. Isabel encerra o ano parlamentar sem mencionar a questão servil.

Começa o conflito entre Gabinete e Exército (a Questão Militar). Os abolicionistas pedem apoio aos militares contra o governo.

Em outubro, confronto violento entre autoridades e abo-

CRONOLOGIA

licionistas em Campos dos Goytacazes, no Rio de Janeiro. Abolicionistas são presos. A CA busca apoio internacional. Dantas, no Senado, pede ao ministro da Justiça garantia de vida para os abolicionistas.

Uma fuga em massa de escravos começa em Capivari, atravessa Itu e ruma para Santos. O Exército reprime a marcha na serra de Cubatão, deixando vários mortos. Os abolicionistas acolhem os remanescentes e reagem com indignação nos jornais.

Em 25 de outubro, o presidente do Clube Militar, Manuel Deodoro da Fonseca, leva petição à princesa regente, em nome do Exército, recusando-se a capturar escravos fugidos.

Bispos de Minas Gerais, Bahia, Pernambuco, Cuiabá e São Paulo lançam cartas públicas pró-abolição.

O presidente de São Paulo apela ao governo central por reforços militares para conter fugas de escravos e reprimir rebeliões. Dada a recusa do Exército, o governo não tem como atender ao seu pedido.

O ministro Antônio da Silva Prado sai do governo para tentar controlar o processo de libertação em sua província, São Paulo.

Concessão em massa de cartas de liberdade por proprietários nas províncias de São Paulo e do Rio de Janeiro, a fim de evitar a desorganização do trabalho.

1888 Em janeiro, abolicionistas declaram "libertadas" as capitais do Paraná e do Rio Grande do Norte. Abolicionistas de Santos e da Corte referendam moção da Câmara Municipal de São Borja (Rio Grande do Sul) por plebiscito sobre a sucessão dinástica.

Patrocínio defende que uma Assembleia Constituinte decida sobre a forma de governo.

Nabuco pede ao papa Leão XIII uma bula condenando a escravidão no Brasil.

Em fevereiro, Rebouças consegue apoio da princesa Isabel para a campanha de libertação de territórios em Petrópolis.

Em 21 de fevereiro, dois ex-soldados confederados incitam membros do Clube da Lavoura em Penha do Rio

Peixe (atual Itapira) para linchar um delegado local, acusado de proteger escravos fugidos.

Em 1º de março, confrontos entre a polícia e a Marinha no Rio de Janeiro. Duas mil pessoas protestam nas ruas contra Cotegipe e a favor dos militares. Cotegipe deixa a chefia de governo.

Em 10 de março, João Alfredo Correia de Oliveira, do Partido Conservador, assume o governo. Rebouças encaminha a ele projetos de democracia rural e abolição sem indenização.

Ainda em março, abolicionistas declaram "libertadas" as capitais das províncias de Goiás e de São Paulo.

Em 8 de maio, o governo encaminha à Câmara dos Deputados projeto de abolição não indenizada. Nabuco propõe apreciação do projeto em regime de urgência e se torna um dos relatores e membro da comissão de redação.

A Confederação Abolicionista organiza desfile pela rua do Ouvidor, com cerca de 5 mil pessoas, em apoio ao projeto abolicionista.

Em 10 de maio, a Câmara dos Deputados aprova projeto de lei extinguindo a escravidão.

Em 13 de maio, o Senado aprova a lei n. 3353, a Lei Áurea, que em seguida é sancionada pela princesa regente. As celebrações reúnem cerca de 10 mil pessoas no Rio de Janeiro.

Em 24 de maio, Cotegipe apresenta ao Senado um projeto de lei exigindo indenização para ex-proprietários de escravos. Um projeto semelhante é lançado na Câmara. Começa o movimento "indenizista".

1889 Em 31 de agosto, Nabuco é reeleito deputado pelo Recife, com apoio de João Alfredo.

Em 15 de novembro, a maioria dos abolicionistas participa do golpe republicano, vendo a República como continuidade das reformas iniciadas com a abolição.

Patrocínio proclama a República na Câmara dos Vereadores.

Rebouças tenta articular contragolpe monarquista. Vencido, acompanha a família imperial ao exílio.

Nabuco se mantém monarquista.

CRONOLOGIA

1890 Em 14 de dezembro, o abolicionista Rui Barbosa, ministro da Fazenda do Governo Provisório, com o apoio da CA, queima os registros da escravidão, para evitar concessão de indenizações a ex-proprietários de escravos.

1898 Em 9 de maio, Rebouças é encontrado morto no mar, ao pé de um rochedo de sessenta metros, em frente ao hotel em que vivia, em Funchal, na Ilha da Madeira.

1900 Nabuco discursa no Congresso Antiescravagista de Paris.

1905 Em 29 de janeiro, José do Patrocínio morre em decorrência da tuberculose, no Rio de Janeiro, onde é sepultado.

1910 Em 17 de janeiro, Nabuco morre em Washington, vítima de congestão cerebral. Em maio, seu corpo é velado no Rio de Janeiro e sepultado no Recife.

Escritos sobre escravidão e abolição

Joaquim Nabuco

BETHELL, Leslie; CARVALHO, José Murilo de (Orgs.). *Joaquim Nabuco e os abolicionistas britânicos: Correspondência, 1880-1905*. Rio de Janeiro: Topbooks, 2008.

CARVALHO, José Murilo de; SANDRONI, Cícero; BETHELL, Leslie (Orgs.). *Joaquim Nabuco: Correspondente internacional, 1882-1891*. 2 v. São Paulo: Global, 2013.

FREYRE, Gilberto. *Joaquim Nabuco: Discursos parlamentares*. Brasília: Câmara dos Deputados, 1983.

MELLO, Evaldo Cabral de (Org.). *Joaquim Nabuco: Diários*. Recife: Bem-Te-Vi; Massangana, 2005. v. 1: 1873-1888; v. 2: 1889-1910.

_____. (Org.). *Essencial Joaquim Nabuco*. São Paulo: Penguin--Companhia das Letras, 2010.

NABUCO, Joaquim. *Cartas do presidente Joaquim Nabuco e do ministro americano H. W. Hilliard sobre a emancipação nos Estados Unidos*. Rio de Janeiro: Sociedade Brasileira Contra a Escravidão; Leuzinger & Filhos, 1880.

_____. *Manifesto da sociedade brasileira contra a escravidão*. Rio de Janeiro: Leuzinger & Filhos, 1880.

_____. *A emancipação no Ceará e os brasileiros em Londres*. Rio de Janeiro: Typografia Central de Evaristo da Costa, 1883.

_____. *Reformas Nacionais: O Abolicionismo*. Londres: Tipografia de Abraham Kingdon, 1883.

_____. *Confederação Abolicionista: Conferência do sr. Joaquim*

Nabuco a 22 de junho de 1884 no Theatro Polytheama. Rio de Janeiro: Leuzinger & Filhos, 1884.

NABUCO, Joaquim. *Henry George: Nacionalização do solo — Apreciação da propaganda para abolição do monopólio territorial na Inglaterra*. Rio de Janeiro: Lamoureux, 1884.

_____. *Campanha abolicionista no Recife: Eleições de 1884, discursos de Joaquim Nabuco*. Rio de Janeiro: Comissão Central Emancipadora; Leuzinger & Filhos, 1885.

_____. *Um estadista do Império: Nabuco de Araújo: sua vida, suas opiniões, sua época, por seu filho Joaquim Nabuco*, v. 1 (1813-57), v. 2 (1857-66), v. 3 (1866-78). Rio de Janeiro: Garnier, [1895].

_____. *Eleições liberais e eleições conservadoras*. Rio de Janeiro: Leuzinger & Filhos, 1886. Propaganda Liberal, Série para o Povo (terceiro opúsculo).

_____. *Escravos!: Versos franceses a Epicteto*. Rio de Janeiro: Leuzinger & Filhos, 1886. Propaganda Liberal, Série para o Povo (quarto opúsculo).

_____. *O eclipse do abolicionismo*. Rio de Janeiro: Leuzinger & Filhos, 1886. Propaganda Liberal, Série para o Povo (segundo opúsculo).

_____. *O erro do imperador*. Rio de Janeiro: Leuzinger & Filhos, 1886. Propaganda Liberal, Série para o Povo (primeiro opúsculo).

_____. *Minha formação*. Rio de Janeiro: Garnier, 1900.

_____. "A escravidão" [1870]. *Revista do Instituto Histórico e Geográfico Brasileiro*. Rio de Janeiro: Nova Fronteira, 1949.

_____. *Campanhas de imprensa* (1884-1887). In: _____. *Obras completas*. São Paulo: Instituto Progresso Editorial, 1949. v. 12.

_____. "Pequeno tributo à princesa Isabel" [1891]. In: MATHIAS, H. G. (Org.). *Joaquim Nabuco, um estadista: Sesquicentenário de nascimento* (1849-1999). Rio de Janeiro: Academia Brasileira de Letras, 1999.

NABUCO, José Thomaz (Org.). *Cartas aos abolicionistas ingleses*. Recife: Fundação Joaquim Nabuco; Massangana, 1985.

ESCRITOS SOBRE ESCRAVIDÃO E ABOLIÇÃO

André Rebouças

REBOUÇAS, André. "Charles Darwin e a escravidão no Brasil". *Boletim da Associação Central Emancipadora*, n. 8, 1881.

_____. *Agricultura nacional: Estudos econômicos — Propaganda abolicionista e democrática, setembro de 1874 a setembro de 1883*. Rio de Janeiro: A. J. Lamoureux, 1883.

_____. "Abolição da miséria". *Revista de Engenharia*, v. 10, 1888.

_____. *Orphelinato Gonçalves D. Araújo: Lemmas e Contribuições para Abolição da Miseria*. Rio de Janeiro: Leuzinger, 1889.

_____. "Ephemérides de Carlos Gomes (Notas para o Taunay)". *Revista do Instituto Histórico e Geográfico Brasileiro*, v. 73, parte 2, 1910.

_____. *Diário e notas autobiográficas*. Org. de Ana Flora Veríssimo e Inácio José Veríssimo. Rio de Janeiro: José Olympio, 1938.

_____. "Excerptos dos Diários do engenheiro André Rebouças". 1870; 1873; 1876; 1878; 1879; 1880; 1889. Arquivo Digital do Museu Imperial, Petrópolis, RJ.

_____. "Correspondência ativa e passiva de André Rebouças". Arquivo Digital do Museu Imperial, Petrópolis, RJ.

_____. "Registro de Correspondência" (RCAR), v. 1 (junho de 1873 a janeiro de 1891). Acervo Fundaj, Recife.

_____. "Depoimento de André Rebouças sobre o quilombo do Leblon e outros quilombos apoiados pelo movimento abolicionista" [1889]. In: SILVA, Eduardo. *As camélias do Leblon e a abolição da escravatura*. São Paulo: Companhia das Letras, 2003.

José do Patrocínio

PATROCÍNIO, José do. "Conferência n. 27. Teatro S. Luiz, domingo, 30 de janeiro de 1881". *Boletim da Associação Central Emancipadora*, n. 8, 20 mar. 1881.

_____. *L'Affranchissement des esclaves de la province de Ceará au Brésil: Notes par José do Patrocínio*. Paris; Rio de Janeiro: Bureaux de la Gazeta da Tarde, 1884.

PATROCÍNIO, José do. "Conferência Pública do jornalista José do Patrocínio feita no Theatro Polytheama em sessão da Confederação Abolicionista, de 17 de maio de 1885". *Folheto da Confederação Abolicionista*, Rio Janeiro: Typografia Central de Evaristo da Costa, n. 8, 1885.

_____. *Campanha abolicionista: Coletânea de artigos*. Org. de José Murilo de Carvalho. Rio de Janeiro: Biblioteca Nacional, 1996.

PATROCÍNIO, José do; FONSECA, Demerval da. *Os Ferrões*. In: NASCIMENTO, José Leonardo do (Org.). *Os Ferrões: 1º de junho a 15 de outubro de 1875 — José do Patrocínio, Demerval da Fonseca*. São Paulo: Editora da Unesp, 2013.

Sugestões de leitura

ALONSO, Angela. *Nabuco: Os salões e as ruas*. São Paulo: Companhia das Letras, 2007.

_____. "O abolicionista cosmopolita: Joaquim Nabuco e a rede abolicionista transnacional". *Novos Estudos Cebrap*, n. 88, pp. 55-70, 2010.

_____. *Joaquim Flores, votos e balas: O movimento abolicionista brasileiro (1868-1888)*. São Paulo: Companhia das Letras, 2015.

ALVES, Uelinton Farias Alves. *José do Patrocínio: A imorredoura cor do bronze*. Rio de Janeiro: Garamond, 2009.

AZEVEDO, Célia. "Quem precisa de São Nabuco?". *Estudos Afro-Asiáticos*, v. 23, n. 1, 2001.

BEIGUELMAN, Paula. "Joaquim Nabuco: teoria e práxis". In: _____. (Org.). *Joaquim Nabuco: Política*. São Paulo: Ática, 1982.

BETHELL, Leslie; CARVALHO, José Murilo de (Orgs.). *Joaquim Nabuco no mundo: Abolicionista, jornalista e diplomata*. Rio de Janeiro: Bem-Te-Vi, 2016.

BRITO, Luciana da Cruz. "'Mr. Perpetual Motion' enfrenta o Jim Crow: André Rebouças e sua passagem pelos Estados Unidos no pós-abolição". *Estudos Históricos*, v. 32, n. 66, pp. 241-66, 2019.

CANDIDO, Antonio. "Radicalismos". *Estudos Avançados*, v. 4, n. 8, pp. 4-18, 1990.

CARDOSO, Fernando Henrique. *Capitalismo e escravidão no Brasil meridional: O negro na sociedade escravocrata no Rio Grande do Sul*. Rio de Janeiro: Paz & Terra, 1977.

CARVALHO, José Murilo de. "Escravidão e razão nacional". *Dados — Revista de Ciências Sociais*, v. 31, n. 3, pp. 287-308, 1988.

_____. "Com o coração nos lábios". In: PATROCÍNIO, José do. *Campanha abolicionista: Coletânea de artigos*. Org. de José Murilo de Carvalho. Rio de Janeiro: Biblioteca Nacional, 1996.

CARVALHO, Maria Alice Rezende de. *O quinto século: André Rebouças e a construção do Brasil*. Rio de Janeiro: Revan, 2007.

_____. "Três pretos tristes: André Rebouças, Cruz e Sousa e Lima Barreto". *Topoi — Revista de História*, v. 18, n. 34, pp. 6-22, 2017.

FARIAS, Tom. *José do Patrocínio: A pena da abolição*. São Paulo: Kapulana, 2020.

FREYRE, Gilberto. *Joaquim Nabuco*. Rio de Janeiro: José Olympio, 1948.

_____. *Em torno de Joaquim Nabuco*. Org. de Edson Nery da Fonseca e Jamile Pereira Barbosa. São Paulo: A Girafa, 2010.

JUCÁ, Joselice. "A questão abolicionista na visão de André Rebouças". *Cadernos de Estudos Sociais*, v. 4, n. 2, pp. 207-18, 1988.

_____. *André Rebouças: Reforma e utopia no contexto do Segundo Império — Quem possui a terra possui o homem*. São Paulo: Odebrecht, 2001.

LIMA, Angela Bernadete. "'Quem possui a terra, possui o homem': Abolicionismo e democracia rural nas ideias agrárias de André Rebouças". *PerCursos*, v. 20, n. 43, pp. 295-314, 2019.

MAGALHÃES JUNIOR, Raimundo. *A vida turbulenta de José do Patrocínio*. Rio de Janeiro: Sabiá, 1969.

MARSON, Izabel Andrade. *Política, história e método em Joaquim Nabuco: Tessituras da revolução e da escravidão*. Uberlândia: Edufu, 2009.

MATTOS, Hebe. "De pai para filho: África, identidade racial e subjetividade nos arquivos privados da família Rebouças (1838-1898)". In: MATTOS, Hebe; COTTIAS, Myriam. *Escravidão e subjetividades no Atlântico luso-brasileiro e francês (séculos XVII-XX)*. Marselha: OpenEdition Press, 2016.

MEIRA, Roberta Barros. "Os rumos da centralização agrícola e industrial no Brasil: A agricultura nacional segundo André Rebouças". *Antíteses*, v. 5, n. 9, pp. 401-20, 2012.

SUGESTÕES DE LEITURA

MELLO, Evaldo Cabral de. "Nabuco: sua visão do passado brasileiro". In: NABUCO, Joaquim. *O abolicionismo*. Brasília: Edições Câmara, 2019. (Coleção Joaquim Nabuco, n. 2).

NABUCO, Carolina. *A vida de Joaquim Nabuco*. São Paulo: Companhia Editora Nacional, 1929.

NOGUEIRA, Marco Aurélio. *As desventuras do liberalismo: Joaquim Nabuco, a Monarquia e a República*. São Paulo: Paz & Terra, 1984. [2. ed.: *O encontro de Joaquim Nabuco com a política: As desventuras do liberalismo*. São Paulo: Paz & Terra, 2010.]

ORICO, Osvaldo. *O tigre da abolição*. Rio de Janeiro: Olímpia, 1953.

PASSOS, Eridan. *José do Patrocínio: O abolicionista dionisíaco*. Rio de Janeiro: Clube de Autores, 2016.

ROCHA, Antônio Penalves. *Abolicionistas brasileiros e ingleses: A coligação entre Joaquim Nabuco e a British and Foreign Anti-Slavery Society (1880-1902)*. São Paulo: Editora da Unesp, 2008.

SALLES, Ricardo. *Joaquim Nabuco: Um pensador do Império*. Rio de Janeiro: Topbooks, 2002.

SANTOS, Antônio Higino dos. "Por uma socionomia oitocentista: Pensamento, vida e ação de André Rebouças, século XIX". *Revista da ABPN*, v. 10, n. 25, pp. 8-25, 2018.

SCHUELER, Alessandra Frota Martinez de. "Trajetórias cruzadas e ação docente em luta por educação: André Rebouças, José do Patrocínio e Manuel Querino". In: FONSECA, Marcus Vinícius; BARROS, Surya Aaronovich Pombo de (Orgs.). *A história da educação dos negros no Brasil*. Niterói: Eduff, 2016.

SOARES, Anita Maria Pequeno. "'O Negro André': A questão racial na vida e no pensamento do abolicionista André Rebouças". *Plural*, v. 24, n. 1, pp. 242-69, 2017.

SOUZA, Marcos Teixeira de. "José do Patrocínio: Uma trajetória em meio a memórias". *Grau Zero — Revista de Crítica Cultural*, v. 3, n. 1, pp. 167-82, 2015.

TRINDADE, Alexandro Dantas. *André Rebouças: Um engenheiro do Império*. São Paulo: Hucitec; Fapesp, 2011.

VIANA FILHO, Luís. *A vida de Joaquim Nabuco*. São Paulo: Martins, 1973.

Esta obra foi composta por Alexandre Pimenta em Sabon e impressa em ofsete pela Lis Gráfica sobre papel Pólen Natural da Suzano S.A. para a Editora Schwarcz em maio de 2024

A marca FSC® é a garantia de que a madeira utilizada na fabricação do papel deste livro provém de florestas que foram gerenciadas de maneira ambientalmente correta, socialmente justa e economicamente viável, além de outras fontes de origem controlada.